POLITIQUES PUBLIQUES

ADMIS FONCTION PUBLIQUE

CONCOURS 2022-2023

POLITIQUES PUBLIQUES

Ouvrage coordonné par **Jérôme Calauzènes,**
professeur en CPGE, enseignant en histoire à Sciences Po Saint-Germain-en-Laye

Nathalie Coste Trin Dinh,
directrice des études du 1er cycle et professeure d'histoire à Sciences Po Saint-Germain-en-Laye

Frédéric Ingelaere,
fonctionnaire au ministère de l'Action et des Comptes publics, chargé d'enseignement en droit public à l'Ulco

Jean-René Pioche,
administrateur au Sénat et professeur à la Prépa ISP

Pascal Simon-Doutreluingne,
professeur agrégé d'économie-gestion, doctorant à l'université de Strasbourg

Vuibert

Ressources numériques

Téléchargez nos compléments en ligne :

- **100 QCM interactifs**
- **Un fil d'actualité mois par mois**

sur www.Vuibert.fr/site/208887

Crédits photographiques : Adobe stock

ISSN : 2114-9305
ISBN : 978-2-311-20888-7

Conception de la couverture et de l'intérieur : Séverine Tanguy
Composition : STDI

Site Internet : http://www.vuibert.fr

Sommaire
pour se repérer

Travail réalisé

PARTIE 2 Les politiques régaliennes

PARTIE 3 Les politiques sectorielles

Europe et affaires étrangères

Éducation nationale, jeunesse et sport

Enseignement supérieur, recherche et innovation

Économie, finances, relance

Agriculture, alimentation et mer

Travail, emploi et insertion

Solidarités et santé

Outre-mer

Transition écologique et cohésion des territoires

Culture

Introduction

1. Qu'entend-on par « politique publique » ?

Les politiques publiques sont aujourd'hui sous le feu des projecteurs. À la suite de la crise de la Covid-19 et en lien avec une volonté des citoyens de se réapproprier la politique, chacun y va de son avis sur les mesures prises par les pouvoirs publics. En outre, à l'heure des réseaux sociaux et d'une certaine défiance vis-à-vis du politique, elles sont soumises à nombre de critiques, par différents acteurs, qu'ils soient spécialistes de ces questions ou non.

La notion de politique publique reste pourtant complexe. Le sociologue Jean-Claude Thoenig, dans son *Dictionnaire des politiques publiques* (2014), affirme que ce terme désigne les « *interventions d'une autorité investie de puissance publique et de légitimité gouvernementale sur un domaine spécifique de la société ou du territoire* ». Quant à Jean Turgeon, professeur émérite à la faculté de droit de Laval, au Canada et Jean-François Savard, professeur de science politique à l'École nationale d'administration publique au Québec, ils établissent plutôt que la politique publique est avant tout un **document élaboré par des acteurs publics, notamment gouvernementaux, afin de présenter une vision à propos d'une question susceptible de faire l'objet d'une action publique**. Certains y voient également **un processus où les élus décident d'une action publique sur un thème pour lequel les décideurs publics ont exigé d'agir.**

Pour résumer, on pourrait reprendre les propos de Cirille Nyeck, consultant et formateur en conduite du changement, dans son *Dictionnaire d'administration publique* (2014), et affirmer que les **politiques publiques représentent des « *actions spécifiques interreliées et officielles, annoncées ou entreprises à un moment donné par une autorité étatique légitime, au niveau local, national ou international, et orientées vers la résolution d'un problème public* »**.

Ces politiques publiques peuvent être analysées lors des différentes étapes de leur mise en œuvre, depuis leur genèse, c'est-à-dire à partir du moment où un problème public a été sélectionné, jusqu'à l'instauration d'une ou de plusieurs mesures. Elles sont ainsi mises en œuvre par **divers acteurs et à différentes échelles**. Si l'État a longtemps eu le monopole de la mise en place des politiques publiques, la décentralisation et la construction européenne tendent à donner une certaine marge de manœuvre aux collectivités et aux institutions communautaires. Les politiques publiques touchent à différents domaines qui semblent aujourd'hui de plus en plus larges, même si elles se heurtent à une logique financière et à la question des coûts.

La science administrative tend par conséquent de plus en plus à **analyser et évaluer les politiques publiques** en fonction de leur capacité à atteindre des objectifs, et donc à mesurer l'efficacité des moyens déployés. Il est ainsi possible de décrire la capacité de la puissance publique à gérer les attentes des citoyens et les problèmes de la société, à agir en fonction d'une stratégie publique à différents termes.

2. En quoi consiste cet ouvrage ?

Le présent ouvrage a pour ambition de dresser un panorama structuré, lisible et détaillé de l'ensemble des politiques publiques mises en place en France. Chacune des **50 fiches** suit ainsi le même plan :

– Chaque politique publique est d'abord replacée dans son **contexte**, afin de pouvoir en extraire les enjeux.

– Les principaux **objectifs** sont ensuite présentés, pour permettre d'étudier quelles sont les finalités de l'action publique.

– Les **outils** dégagent les principaux axes de ces politiques : administrations en charge, rapports, lois, actions diverses, etc.

– Les **résultats** et les **débats** en cours permettent enfin d'établir un premier bilan des actions menées et d'expliquer les critiques qui sont parfois à l'œuvre et qui seraient susceptibles, ou non, de réorienter ces actions à court ou à moyen terme.

3. À qui s'adresse-t-il ?

Il est en premier lieu destiné aux **candidats et futurs candidats des concours de la fonction publique de catégories A et B**.

De nombreux concours supposent des connaissances précises en matière de politiques publiques. En voici quelques exemples, pour des épreuves écrites :

Concours de la fonction publique et catégorie	Épreuves pour lesquelles la connaissance des politiques publiques est notamment indispensable
Administrateur du Sénat **Cat. A**	Admissibilité : Deuxième épreuve : composition portant sur le droit constitutionnel et les institutions politiques (durée : 4 heures – coefficient 4)
Administrateur de l'Assemblée nationale **Cat. A**	Admissibilité : Composition portant sur la science politique et le droit constitutionnel (durée : 4 heures – coefficient 4)
Administrateur adjoint de l'Assemblée nationale **Cat. A**	Admission : Épreuve écrite de Question à réponse courte portant sur les institutions politiques (durée : 3 heures – coefficient 2)
IRA **Cat. A**	Admissibilité : Deuxième épreuve : QCM comprenant un maximum de 120 questions, dans les domaines de la culture juridique et administrative, des finances publiques, de l'organisation, du fonctionnement et des politiques des institutions européennes, de la culture numérique (durée : 1 h 30 – coefficient 2)
Commissaire/Officier de la police nationale **Cat. A**	Admissibilité : Épreuve consistant en un questionnaire à choix multiple ou à réponses courtes portant sur les connaissances générales des événements qui font l'actualité politique française et internationale, le fonctionnement institutionnel politique français et européen, etc.

De nombreux autres concours de catégories A et B nécessitent aussi une solide connaissance des politiques publiques, qu'il s'agisse d'épreuves écrites (notes sur dossier, dissertations ou compositions, QCM, etc.) ou orales. Ces connaissances sont notamment les bienvenues pour les concours d'attaché territorial, de rédacteur territorial, de directeur des services pénitentiaires, de gardien de la paix, de directeur pénitentiaire d'insertion et de probation, de conseiller pénitentiaire d'insertion et de probation, etc.

De manière générale, enfin, **tous les entretiens oraux d'admission** nécessitent une solide connaissance des politiques publiques, en général, et de certaines d'entre elles en particulier (en fonction de la spécialisation du concours).

4. Comment l'ouvrage est-il organisé ?

Le début de l'ouvrage présente une **première autoévaluation autour d'un QCM de 20 questions**. C'est un point de départ pour vous permettre de faire un bilan de vos connaissances de départ sur les politiques publiques. À la suite de ce test, nous vous soumettrons un planning qui, en fonction de vos résultats, vous proposera des pistes, afin d'organiser vos révisions et, ainsi, de progresser.

L'intégralité du cours est proposée sous forme de **50 fiches synthétiques**, contenant les connaissances essentielles. Elles sont organisées en trois parties :

- Partie 1 – L'État : organisation, moyens, objectifs, réforme, valeurs.
- Partie 2 – Les politiques régaliennes.
- Partie 3 – Les politiques sectorielles. Elles se déclinent en plusieurs sous-parties :
  - Europe et affaires étrangères.
  - Éducation nationale, jeunesse et sports.
  - Enseignement supérieur, recherche et innovation.
  - Économie, finances, relance.
  - Agriculture, alimentation et mer.
  - Travail, emploi, insertion.
  - Solidarités et santé.
  - Outre-mer.
  - Transition écologique et cohésion des territoires.
  - Culture.

Chaque fiche comprend, à la fin, un exercice de rédaction : une **question à réponse courte, avec sa correction**.

En fin d'ouvrage, vous trouverez enfin un **QCM général de 20 questions**, afin d'évaluer à nouveau vos connaissances et vos progrès. Il vous permettra également de réviser les notions assimilées. Vous trouverez par ailleurs, en ligne, d'autres QCM pour évaluer vos connaissances.

Auto-évaluation

Afin d'organiser vos révisions, nous vous proposons ce QCM d'auto-évaluation. Il comporte 20 questions portant sur les différentes épreuves qui constituent le concours. Pour chaque question, une seule réponse est possible.

QCM

1 Que signifie FEADER ?

☐ **a.** Fonds européen agricole pour le développement rural.
☐ **b.** Fonds européen agricole pour la dotation économique régionale.
☐ **c.** Fonds européen d'aménagement et de développement économique régional.
☐ **d.** Fonds européen d'action pour la dotation d'équipements régionaux.

2 Quel article de la Constitution de 1958 évoque le fait que les collectivités territoriales « *s'administrent librement par des conseils élus et disposent d'un pouvoir réglementaire pour l'exercice de leurs compétences* » ?

☐ **a.** L'article 1.
☐ **b.** L'article 53.
☐ **c.** L'article 72.
☐ **d.** L'article 74.

3 En 2021, combien l'Organisation internationale de la francophonie compte-t-elle de membres à part entière ?

☐ **a.** 34.
☐ **b.** 44.
☐ **c.** 54
☐ **d.** 64.

4 Qu'est-ce que le principe de co-construction de la politique de la ville ?

☐ **a.** Le fait d'établir un partenariat public-privé dans le cadre de projets de reconstruction urbaine.
☐ **b.** Le fait d'associer les habitants à des projets de reconstruction urbaine.
☐ **c.** Le fait d'associer État et collectivités territoriales dans le cadre de projets de reconstruction urbaine.
☐ **d.** Le fait d'encourager la multiplication de contrats entre les trois niveaux de collectivités territoriales dans le cadre de projets de reconstruction urbaine.

5 Qu'énonce le décret du 24 janvier 2020 en matière de lutte contre la pauvreté ?

☐ **a.** La création d'un préfet délégué à la lutte contre la pauvreté dans chaque département.
☐ **b.** La création d'un commissaire à la lutte contre la pauvreté dans chaque région.

☐ **c.** La création d'un commissaire à la lutte contre la pauvreté dans chaque département.
☐ **d.** La création d'un commissaire à la lutte contre la pauvreté dans chaque intercommunalité de plus de 50 000 habitants.

❻ À quelle date la nouvelle PAC doit-elle entrer en vigueur ?
☐ **a.** Le 1er janvier 2022.
☐ **b.** Le 1er janvier 2023.
☐ **c.** Le 1er janvier 2024.
☐ **d.** Le 1er janvier 2025.

❼ Sous quel nom est plus connue la « loi pour l'équilibre des relations commerciales dans le secteur agricole et une alimentation saine et durable » de 2018 ?
☐ **a.** La loi sur le commerce des produits agricoles.
☐ **b.** La loi agriculture et équité.
☐ **c.** La loi agriculture et santé.
☐ **d.** La loi agriculture et alimentation.

❽ Que signifie DJA en matière de politique agricole ?
☐ **a.** Développement des jachères agricoles.
☐ **b.** Développement des jeunes agriculteurs.
☐ **c.** Dotation jeunes agriculteurs.
☐ **d.** Dotation journalière agricole.

❾ Qui a présenté, en octobre 2018, le rapport de la mission d'information sur une nouvelle régulation de la communication audiovisuelle à l'ère numérique ?
☐ **a.** Aurore Bergé.
☐ **b.** Françoise Nyssen.
☐ **c.** Franck Riester.
☐ **d.** Bruno Racine.

❿ L'Ifrecor a pour but de protéger :
☐ **a.** les écosystèmes régionaux.
☐ **b.** les récifs coralliens.
☐ **c.** l'économie régionale outre-mer.
☐ **d.** l'écologie des rivages.

⓫ Qu'est-ce que la DGESCO ?
☐ **a.** La Direction générale de l'enseignement scolaire.
☐ **b.** La Direction générale de l'évaluation des services collectifs.
☐ **c.** La Direction générale de l'évaluation scolaire.
☐ **d.** La Direction générale des études sociales et des collectivités.

⓬ Qui la loi du 27 novembre 2015 vise-t-elle à protéger dans le cadre de la politique sportive ?
☐ **a.** Les clubs.
☐ **b.** Les fédérations.
☐ **c.** Les sportifs de haut niveau.
☐ **d.** Les personnes handicapées dans le sport.

⓭ La réforme des retraites proposée sous le mandat d'Emmanuel Macron propose de supprimer les régimes spéciaux de retraite. Combien en compte-t-on ?

☐ **a.** 12.
☐ **b.** 22.
☐ **c.** 32.
☐ **d.** 42.

⓮ En quoi consiste la règle d'or inscrite dans la loi organique votée par l'Assemblée nationale en mars 2020, en lien avec la réforme des retraites ?

☐ **a.** Elle oblige le système de retraite à être à l'équilibre pendant 5 ans.
☐ **b.** Elle oblige le système de retraite à être à l'équilibre pendant 10 ans
☐ **c.** Elle oblige le système de retraite à être à l'équilibre pendant 15 ans
☐ **d.** Elle oblige le système de retraite à être à l'équilibre pendant 20 ans.

⓯ Quel comité a été créé par Brigitte Bourguignon le 15 février 2021 ?

☐ **a.** Le comité stratégique de lutte contre l'isolement des personnes âgées.
☐ **b.** Le comité stratégique de lutte contre la dépendance.
☐ **c.** Le comité stratégique de lutte contre la maltraitance des personnes âgées.
☐ **d.** Le comité stratégique de lutte contre la pauvreté des personnes âgées.

⓰ Qu'est-ce qui n'était pas prévu par le plan de transformation ministériel de 2018 dans le cadre de la relation entre l'administration et les usagers ?

☐ **a.** Assouplir la centralisation de l'État.
☐ **b.** Simplifier les instances de dialogue social.
☐ **c.** Développer le recours aux contractuels dans la fonction publique.
☐ **d.** Augmenter le volume des horaires d'ouverture au public.

⓱ Que sont les BOP en matière de finances publiques ?

☐ **a.** Budgets opérationnels de programme.
☐ **b.** Budgets d'orientation programmatiques.
☐ **c.** Budgets en matière d'organisation politique.
☐ **d.** Budgets d'ouverture programmatique.

⓲ La politique de concurrence est :

☐ **a.** une compétence exclusive de l'UE.
☐ **b.** une compétence exclusive de l'État français.
☐ **c.** déléguée aux collectivités territoriales.
☐ **d.** une compétence partagée entre l'UE et l'État français.

⓳ Que ne prévoit pas la loi relative à l'énergie et au climat du 8 novembre 2019 ?

☐ **a.** Elle décrète l'urgence écologique et climatique.
☐ **b.** Elle prévoit d'atteindre la « neutralité carbone » en France à l'horizon 2050.
☐ **c.** Elle prévoit de diviser les émissions de gaz à effet de serre par un facteur supérieur à six.
☐ **d.** Elle décrète la fermeture progressive des centrales nucléaires d'ici à 2050.

⓴ Que signifie RGPD ?

☐ **a.** Règlement général sur les politiques décentralisées.
☐ **b.** Règlement général sur la protection des données.
☐ **c.** Règlement général sur la politique des données.
☐ **d.** Règlement général la prévention et les données.

Corrigé du QCM d'autoévaluation

1. a. ; **2.** a., b., c. et d. ; **3.** c. ; **4.** b. ; **5.** b. ; **6.** b. ; **7.** d. ; **8.** c. ; **9.** a. ; **10.** b. ; **11.** a. ; **12.** c. ; **13.** d. ; **14.** a. ; **15.** a. ; **16.** d. ; **17.** a. ; **18.** a. ; **19.** d. ; **20.** b.

Analyse des résultats

Résultats	Vous avez entre 0 et 7/20	Vous avez entre 8 et 11/20	Vous avez entre 12 et 16/20	Vous avez 17/20 ou plus
Analyses et conseils	Vous manquez de connaissances sur les politiques publiques. Les correcteurs peuvent le constater dans les copies et de nombreux jurys le remarquent aussi à l'oral. Il vous faut donc acquérir des bases plus solides, pour mettre le maximum de chances de votre côté. De nombreux éléments sont à votre disposition dans cet ouvrage.	Vous disposez de quelques bases, mais elles sont loin d'être générales et sont peut-être trop spécialisées sur certains aspects. Il se peut également que vous ne maîtrisiez que les grandes lignes des politiques publiques. Le présent ouvrage va vous permettre d'approfondir votre savoir et de le généraliser à l'ensemble des politiques publiques.	Votre niveau de connaissance est assez solide, mais vous pouvez encore progresser. Certaines politiques publiques ne sont vraisemblablement pas encore bien maîtrisées et vous n'avez pas pu répondre à certaines questions plus pointues. Notre ouvrage va vous aider à aller plus dans le détail des différentes politiques publiques, pour devenir un expert dans la totalité d'entre elles.	Vous disposez d'un très bon niveau de connaissances. Cela dit, l'ouvrage a pour but de vous faire acquérir, encore plus en détail, des éléments plus précis, qui vous permettront de faire la différence lors des concours, à l'écrit comme à l'oral. Il est toujours possible de progresser.

Planning de révisions

En fonction du résultat obtenu lors de la première série de 20 questions, nous vous proposons de **vous aider à organiser votre travail pour progresser.**

Comme tous les candidats ne commencent pas la préparation au même moment (certains disposent d'un an, d'autres de quelques mois), nous vous laissons la liberté de compléter la colonne « période » du tableau ci-dessous, en fonction du temps dont vous disposez.

Profil 1 : Vous avez obtenu entre 0 et 7/20

PÉRIODES	NOTIONS À ABORDER	NOS OUTILS
Période 1	Partie 1 sur l'État	Fiches de cours à mémoriser Questions à réponse courte QCM interactifs ☐
Période 2	Partie 2 sur les politiques régaliennes	Fiches de cours à mémoriser Questions à réponse courte QCM interactifs ☐
Période 3	Partie 3 sur les politiques sectorielles : Europe et affaires étrangères, Éducation nationale, jeunesse et sports, Enseignement supérieur, recherche et innovation, Économie, finances et relance, Agriculture, alimentation et mer.	Fiches de cours à mémoriser Questions à réponse courte QCM interactifs ☐
Période 4	Partie 3 sur les politiques sectorielles : Travail, emploi et insertion, Solidarités et santé, Outre-mer et pôles, Transition écologique et cohésion des territoires, Culture.	Fiches de cours à mémoriser Questions à réponse courte QCM interactifs ☐

Profil 2 : Vous avez obtenu entre 8 et 11/20

PÉRIODES	NOTIONS À ABORDER	NOS OUTILS
Période 1	Partie 1 sur l'État et Partie 2 sur les politiques régaliennes	Fiches de cours à mémoriser Questions à réponse courte QCM interactifs Fil d'actu ☐
Période 2	Partie 3 sur les politiques sectorielles : Europe et affaires étrangères, Éducation nationale, jeunesse et sports, Enseignement supérieur, recherche et innovation, Économie, finances et relance, Agriculture, alimentation et mer.	Fiches de cours à mémoriser Questions à réponse courte QCM interactifs Fil d'actu ☐
Période 3	Partie 3 sur les politiques sectorielles : Travail, emploi et insertion, Solidarités et santé, Outre-mer et pôles, Transition écologique et cohésion des territoires, Culture.	Fiches de cours à mémoriser Questions à réponse courte QCM interactifs Fil d'actu ☐
Période 4	Révisions générales	Fiches de cours à réviser QCM interactifs Questions à réponse courte Fil d'actu ☐

Profil 3 : Vous avez obtenu entre 12 et 16/20

PÉRIODES	NOTIONS À ABORDER	NOS OUTILS
Période 1	Partie 1 sur l'État et Partie 2 sur les politiques régaliennes Partie 3 sur les politiques sectorielles : Europe et affaires étrangères, Éducation nationale, jeunesse et sports, Enseignement supérieur	Fiches de cours à mémoriser Questions à réponse courte QCM interactifs Fil d'actu ☐
Période 2	Partie 3 Recherche et innovation, Économie, finances et relance, Agriculture, alimentation et mer, Travail, emploi et insertion, Solidarités et santé, Outre-mer et pôles, Transition écologique et cohésion des territoires, Culture.	Fiches de cours à mémoriser Questions à réponse courte QCM interactifs Fil d'actu ☐
Période 3	Révisions générales	Fiches de cours à réviser Questions à réponse courte QCM interactifs Fil d'actu ☐
Période 4	Révisions générales	Fiches de cours à réviser Questions à réponse courte QCM Fil d'actu ☐

Profil 4 : Vous avez obtenu entre 17 et 20/20

PÉRIODES	NOTIONS À ABORDER	NOS OUTILS
Période 1	Partie 1 sur l'État et Partie 2 sur les politiques régaliennes Partie 3 sur les politiques sectorielles : Europe et affaires étrangères, Éducation nationale, jeunesse et sports, Enseignement supérieur.	Fiches de cours à mémoriser Questions à réponse courte QCM interactifs Fil d'actu ☐
Période 2	Partie 3 Recherche et innovation, Économie, finances et relance, Agriculture, alimentation et mer, Travail, emploi et insertion, Solidarités et santé, Outre-mer et pôles, Transition écologique et cohésion des territoires, Culture.	Fiches de cours à mémoriser Questions à réponse courte QCM interactifs Fil d'actu ☐
Période 3	Révisions générales	Fiches de cours à réviser Questions à réponse courte QCM interactifs Fil d'actu + approfondissement des fiches de cours ☐
Période 4	Révisions générales	Fiches de cours à réviser Questions à réponse courte QCM interactifs Fil d'actu + approfondissement des fiches de cours ☐

PARTIE 1

L'État : organisation, moyens, objectifs, réformes, valeurs

FICHE 1 : Les missions essentielles de l'État

1. Contexte

L'État se définit, en droit international, par la conjonction de trois éléments : une population, un territoire et un gouvernement. Un État ne dépend d'aucun autre État : sa souveraineté est l'un de ses attributs. La **diplomatie** s'entend comme le domaine des relations entre les États.

L'organisation étatique des sociétés est ainsi un phénomène relativement récent dans l'histoire de l'humanité : des sociétés sans État de chasseurs-cueilleurs occupaient encore le tiers de la surface terrestre il y a 400 ans.

Dès l'origine, les dirigeants ont justifié l'existence des États par des fonctions de **sécurité** des populations et du territoire : maintien de l'ordre public – auquel sont associées la justice et la définition de normes –, protection contre les ennemis extérieurs (par une armée, dans le cadre de la politique de défense) ou encore prévention des catastrophes naturelles (sécurité civile).

Les **fonctions régaliennes**, liées à la souveraineté, reposent quant à elles sur la sécurité extérieure (assurée par la diplomatie et la défense), la sécurité intérieure, la justice, ainsi que la définition des règles de droit, et, dans le domaine économique, sur l'émission de la monnaie et les finances publiques (administration de l'impôt et vote du budget). D'autres fonctions sont liées à l'exercice de la souveraineté sur une population (état civil) et un territoire (organisation administrative). Enfin, la désignation des dirigeants (par les élections) est également une des missions essentielles de l'État.

La **sécurité économique et sociale** ne fait en revanche pas consensus. Les libéraux visent à limiter l'intrusion de l'État dans la vie privée et les activités économiques, en prônant un État minimal garantissant la liberté, la sûreté et la propriété privée. Les keynésiens insistent pour leur part sur le rôle économique de l'État pour lutter contre les crises et réduire les inégalités ; l'État providence ne se limite ainsi plus aux seules fonctions régaliennes garanties par l'État gendarme. Enfin, selon Marx et Engels, l'État reflète la division de la société en classes sociales antagonistes car il est au service de la bourgeoisie dominante dans la société capitaliste : le dépérissement de l'État doit conduire à la société communiste, sans classes et sans État, où l'homme est libéré de toute aliénation.

2. Objectifs

L'État contemporain en France a vu ses fonctions se diversifier, notamment lors des deux guerres mondiales et pour assurer une protection face aux risques sociaux (après la crise de 1929 et à la Libération, avec la création de la protection sociale en 1945).

Aujourd'hui, il assure ainsi une pluralité de missions :

– **Protéger**, tant contre les menaces intérieures (insécurité, catastrophes naturelles, autres menaces environnementales) qu'extérieures (défense nationale). Ses moyens mobilisent notamment les forces de police et de gendarmerie (pour la sécurité intérieure), les militaires et les diplomates, ainsi que les fonctionnaires du ministère de la Justice. S'agissant des forces de l'ordre et de l'armée, l'État dispose du monopole de la violence physique légitime[1].

– **Éduquer** (et mener une politique de recherche publique), tant au niveau de l'enseignement primaire que de l'enseignement supérieur, puis de la formation continue.

– **Réguler l'économie.**

– **Assurer et protéger contre les risques sociaux** (maladie, handicap, chômage, vieillesse, dépendance) et prendre en compte les charges familiales.

– **Garantir une redistribution sociale.**

– **Lutter contre les discriminations.**

– **Favoriser le sport et la culture.**

– Etc.

Depuis 2006, les crédits du budget de l'État sont regroupés en unités de vote par le Parlement (les « missions budgétaires »). Chacune d'elles reprend l'ensemble des moyens budgétaires concourant à une même politique publique : défense, justice, action extérieure de l'État, etc.

3. Outils

Dans un régime parlementaire comme celui de la France, le **pouvoir exécutif** est exercé par le chef de l'État (en France, le président de la République) et le gouvernement (dirigé par le Premier ministre et formé de ministres et de secrétaires d'État).

Selon l'article 5 de la Constitution de 1958, le président de la République veille au respect de la Constitution. Il assure, par son arbitrage, le fonctionnement régulier des pouvoirs publics, ainsi que la continuité de l'État. Il est le garant de l'indépendance nationale, de l'intégrité du territoire et du respect des traités. Pour sa part, le gouvernement détermine et conduit la politique de la nation (article 21 de la Constitution) et est responsable devant le Parlement, titulaire du **pouvoir législatif**. Enfin, le **pouvoir judiciaire** sanctionne le non-respect des normes.

Pour mener sa politique, le gouvernement dispose d'un budget (le budget de l'État), d'actifs (immeubles, éléments du domaine public, participations financières de l'État dans des entreprises publiques et privées, etc.) et d'agents publics, dont les deux tiers ont le statut de fonctionnaires.

1. Max Weber, *Le Savant et le Politique*, 10/18, 2002. Conférences prononcées en 1917 et 1919.

Quelles sont les politiques prioritaires de l'État du point de vue des agents employés ?

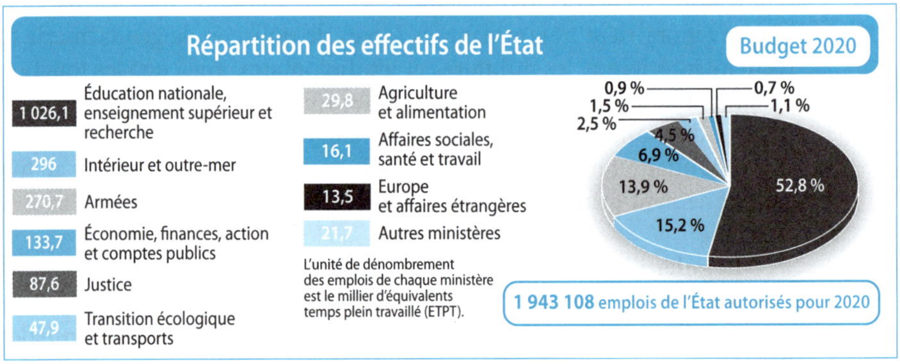

Source : Direction du budget, https://www.performance-publique.budget.gouv.fr.

L'administration d'État est formée des administrations centrales et des services déconcentrés de l'État dans les départements et les régions. L'organisation administrative française actuelle est largement déconcentrée.

La décentralisation désigne un processus de transfert des compétences étatiques de l'État central aux collectivités territoriales. Par ailleurs, la construction européenne s'est traduite par des transferts de souveraineté de l'État à l'Union européenne, par exemple pour la politique monétaire et le commerce extérieur.

4. Débats en cours

La période actuelle est marquée, de manière contradictoire, par :

– une **sollicitation croissante de l'État** comme garant de la cohésion nationale et de la protection des citoyens et des personnes morales, avec ainsi un retour de l'État protecteur (la lutte contre le terrorisme ou encore contre la pandémie grippale a justifié des extensions de compétence exceptionnelles du pouvoir exécutif, faisant peser des menaces sur les libertés) ;

– une **contestation de la légitimité de l'État**, renforcée par une crise de la représentation politique, sur la manière dont la puissance publique exerce ses missions, voire sur le bien-fondé de son intervention.

Des monopoles publics ont ainsi disparu, comme celui de la télévision publique en 1982. Toujours dans le domaine de la communication, les **réseaux sociaux** relèvent essentiellement d'acteurs privés étrangers : le positionnement de l'État comme simple régulateur, qui plus est dans un cadre davantage supranational, traduit une prise de conscience des limites à l'action de l'État national.

Dans le domaine des **fonctions régaliennes**, le monopole de l'émission et de la gestion de la monnaie (en France, fonctions désormais exercées dans un cadre européen) est contesté à la faveur des évolutions technologiques, avec la montée en puissance des cryptomonnaies.

Sur le plan théorique, le **libéralisme économique**, remettant en cause l'efficacité de l'intervention de l'État, se traduit par des privatisations, une déréglementation et une dérégulation des marchés, en considérant que les règles du marché assurent un optimum, à contre-courant des positions des partisans d'un État régulateur, assurant notamment un rôle de protection de l'économie nationale à l'ère de la mondialisation.

Question à réponse courte

L'État est-il légitime à intervenir dans le domaine économique ?

L'apparition de l'État est caractérisée par l'exercice de sa souveraineté sur un territoire et une population, conduisant à l'exercice de fonctions régaliennes, au premier rang desquelles la défense contre les menaces intérieures et extérieures. L'entretien de la force publique et d'un système judiciaire se fonde sur des ressources fiscales : la perception de l'impôt et la répartition des dépenses publiques, au sein d'un budget, forment ainsi des fonctions économiques régaliennes concomitantes à l'apparition des États. S'est ajouté un rôle souverain pour l'émission de la monnaie. À la différence des keynésiens favorables à un État régulateur, les libéraux réfutent les autres interventions économiques de l'État pour soutenir la croissance économique et réduire les inégalités. En France, la conduite d'une politique douanière a toutefois fait consensus dès le XIXe siècle parmi les missions économiques que doit exercer l'État, mais la levée progressive des barrières tarifaires depuis 1945 en a réduit la portée.

FICHE 2 : L'organisation de l'État

1. Contexte

Le pouvoir politique est tenu d'assurer l'intérêt général et de régler les affaires de sa compétence. L'organisation de l'État est **constitutionnelle** (organisation politique, structure, séparation des différents pouvoirs) et **administrative** (territorialisation et services publics). Il s'ensuit que, pour mener à bien les différentes **politiques publiques**, une administration existe, pilotée hiérarchiquement par le pouvoir en place, organisée en **services publics** et servie par des agents spécifiques. Ces services doivent fonctionner selon les principes traditionnels d'**égalité**, de **continuité** et d'**adaptation**.

2. Objectifs

Les objectifs de l'État sont multiples et parfois contradictoires :

– Être à même de **piloter** du plus haut niveau de l'État vers les structures déconcentrées. Cela nécessite un **maillage** efficace, lequel permet également de faire remonter les attentes des citoyens, afin de les traiter (*feed-back*).

– **Diffuser les services publics** au plus près des administrés – qui sont en forte demande aujourd'hui (État-providence) – et dans le sens de l'intérêt général, tout en respectant les objectifs de **réduction des dépenses** publiques exigés par la loi organique sur les lois de finances (LOLF).

– Améliorer constamment et **adapter le service que rend l'État**, mais aussi **gérer l'administration** (missions, ressources humaines, investissements, etc.).

3. Outils

Il existe des **outils structurels : ministères** et services rattachés au politique proprement dit, comme les **autorités administratives indépendantes** (AAI), chargées de suivre au plus près et au mieux des problématiques spécifiques (la Commission nationale informatique et liberté [Cnil], l'Autorité des marchés financiers [AMF], etc.). Les AAI disposent d'une autonomie et d'une indépendance permettant une gestion de ces thématiques techniques de manière plus efficace.

La gestion des services publics passe par un ministère spécifique, celui de la **Transformation et de la Fonction publiques**, créé en juillet 2020, afin d'accélérer l'application des politiques publiques prioritaires, de moderniser les services publics et de faire évoluer la fonction publique.

Le Premier ministre, chef de l'administration selon la Constitution, est épaulé par la **Direction générale de l'administration et de la fonction publique (DGAFP)**, jouant le rôle de DRH pour l'administration.

De multiples **organismes de conseil** sont également rattachés au Premier ministre, lui permettant des prises de décisions éclairées et la disposition de conseils et d'études lui facilitant la prise de décisions. Par ailleurs sont à sa disposition diverses autorités, comme le Conseil d'orientation des retraites (COR) ou le Haut Conseil de la famille (HCF). Toutefois, il a fallu réduire le nombre de commissions parfois redondantes, grevant le budget de l'État. Ont ainsi été supprimées 80 structures administratives et 86 commissions consultatives, comme l'Observatoire de la récidive.

L'État s'oriente vers une optique de **déconcentration poussée**, que vient mettre en œuvre la **réforme territoriale de l'État du 12 juin 2019**, affirmée par plusieurs discours, dont celui résultant du Conseil des ministres du **9 décembre 2020**. Les pouvoirs publics se tournent ainsi ouvertement vers les **préfets**, qui deviennent des acteurs privilégiés de cette réorientation.

Sur le plan de l'évolution récente des missions, outils et structures, des secrétariats généraux communs aux préfectures sont créés, ainsi que des directions départementales interministérielles, comme le **service public de l'insertion**, qui renvoie à l'échelon départemental et régional (directions des services déconcentrés) les compétences en matière de cohésion sociale, d'emploi, de travail et de solidarité. Les **services déconcentrés** de l'État « jeunesse, sport, éducation nationale » se voient dorénavant confier les missions étatiques en la matière (sport, jeunesse, éducation populaire et engagement civique). On lui ajoute la préparation de la mise en œuvre du **service national universel**, notamment pour renforcer la participation de la jeunesse à la vie de la cité et développer son insertion sociale et professionnelle.

Afin de valider les options les plus pertinentes possible, une nouvelle planification est engagée. Il a été recréé une **administration de mission**, le **Haut-Commissariat au plan**, chargé d'animer et de coordonner les travaux de planification et de réflexion prospective au regard des enjeux démographiques, économiques, sociaux, environnementaux, sanitaires, technologiques et culturels. C'est d'ailleurs dans ce cadre que la **relocalisation des administrations** a été confirmée (par exemple, dès 2021, 2 500 emplois de la Direction générale des finances publiques [DGFiP] partent d'Île-de-France pour des relocalisations en régions).

Un décret du 9 mai 1997 et un arrêté du 17 février 2014 positionnent les charnières entre administrations centrales, ministères, services déconcentrés – ici le rôle des préfets est également devenu fondamental.

Les administrations sont réparties en **directions** (direction générale des finances publiques, direction générale de l'éducation nationale, etc.) en lien direct avec leur ministre de tutelle, puis découpées en **sous-directions**, **bureaux** et **services**. Ces découpages sont liés aux différentes missions de ces services (formation, informatique, etc.). Le découpage des services déconcentrés se réalise en services régionaux ou départementaux le plus souvent (direction départementale des finances publiques, académie, etc.).

Les **préfets de département**, notamment, sont les représentants de l'État dans les départements et ont la charge de suivi et de direction de ces services déconcentrés.

Structure générale politique

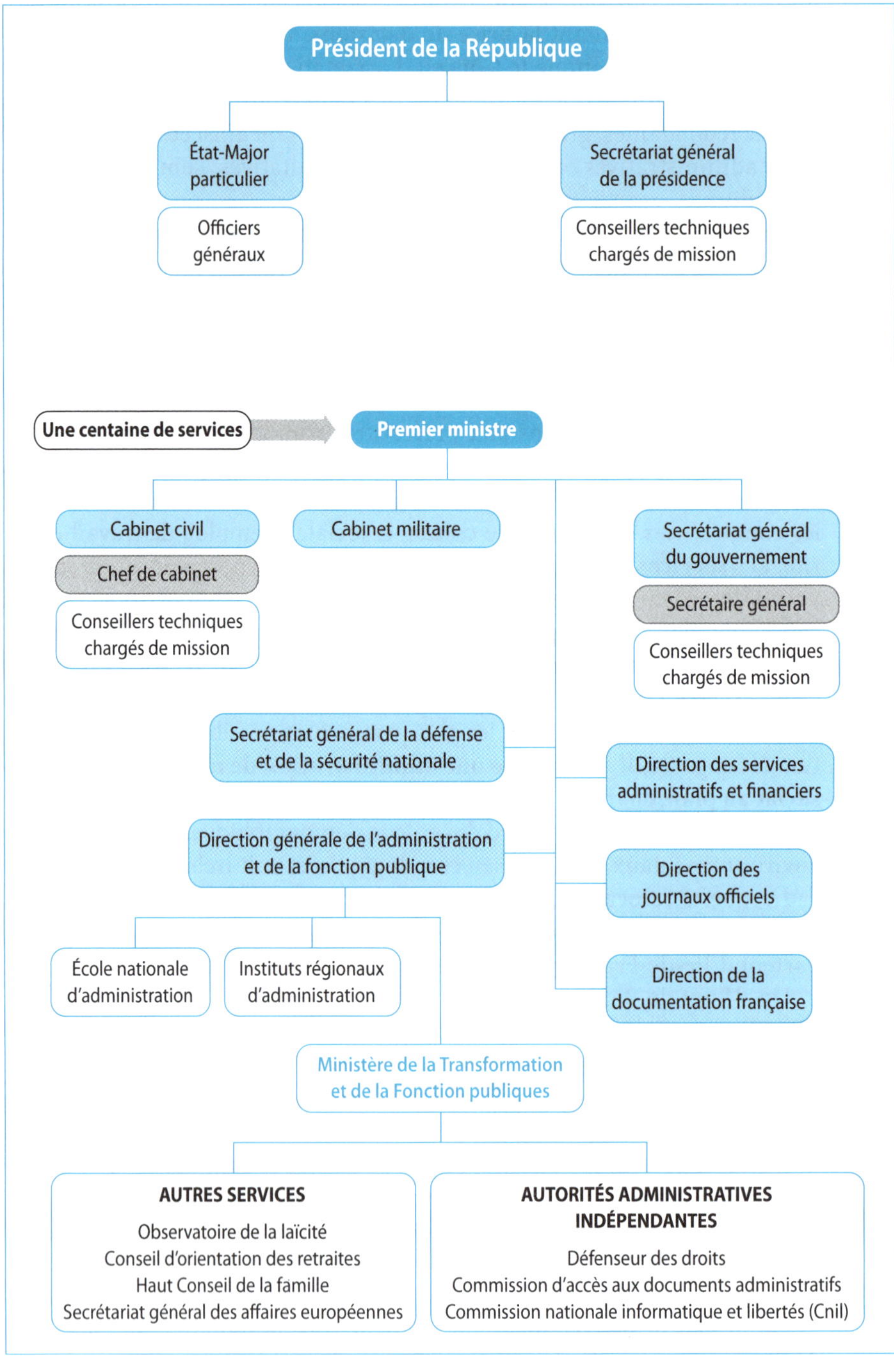

Il existe aussi des **outils dits de gestion**. Il s'agit de la fonction publique, mais aussi de tous les modes de gestion des services publics et de l'aspect budgétaire. Les **fonctionnaires de l'État** (2,47 millions) sont ainsi répartis en fonction d'impératifs tenant compte du développement de l'interministérialité, avec des concours communs mis en place afin de favoriser la mobilité, tels que les concours d'attachés. Ces impératifs comprennent notamment ceux de la LOLF, à savoir l'efficience, les objectifs et finalités des missions, les résultats et le suivi de la performance.

La **loi du 6 août 2019** sur la transformation publique est un outil majeur dans le domaine de la ressource humaine. Elle prévoit de nouvelles possibilités de **contractualisation et de recrutements d'agents** : l'intérim, le contrat de projet, le recrutement de contractuels sur des emplois permanents (normalement réservés aux fonctionnaires), etc. Elle prévoit également la **rupture conventionnelle** ou la no**tion de lignes directrices de gestion** (stratégie pluriannuelle de pilotage RH).

Enfin, la mise en œuvre de la **gestion budgétaire locale** (responsable de budgets opérationnels de programmes, BOP) est un processus moderne d'accompagnement de la transformation publique, précisé au travers de la LOLF.

4. Résultats et débats

L'organisation administrative française est souvent critiquée et comparée à un mille-feuille administratif ne permettant pas aux administrés d'avoir des réponses rapides et claires à leurs attentes. Des **simplifications** ont ainsi été mises en œuvre, avec par exemple le **regroupement de services**, l'**informatisation des demandes**, etc. L'organisation de l'État reste parfois **redondante** avec les organisations régionales et départementales des collectivités territoriales. La clarification des responsabilités mérite de se pencher sur les répartitions des charges.

Un autre débat vise les financements de structures multiples (commissions, conseils, etc.). L'argent public finance en effet de multiples organismes parfois indépendants, avec paradoxalement, en face, des suppressions de services « opérationnels » (lits d'hôpitaux, écoles, etc.). La LOLF exige de plus une **efficience des services publics** n'allant pas toujours de pair avec les attentes des citoyens dans le cadre aujourd'hui d'un État-providence. Se pose ainsi la définition du « service public ».

Question à réponse courte

Comment l'État est-il organisé au niveau central ?

Les ministères, dont le nombre est assez stable mais n'est pas bloqué par la Constitution, résultent d'une construction à la fois politique et administrative. Le ministère est un organisme politique, dirigé par un ministre, garant de la poursuite des objectifs du gouvernement en poste. Le ministre est responsable du département ministériel, pilote l'ensemble de ses services grâce à des circulaires, et est entouré d'un état-major parfois politisé lui permettant de répondre et d'engager les réformes demandées pour l'exécutif dont il est représentant. Il tient ses orientations du Conseil des ministres.

Quant aux administrations centrales, pilotées par des directeurs généraux, en lien direct avec leur ministre de rattachement, elles affichent plusieurs missions essentielles : mission dite d'état-major, mission de création de normes juridiques (préparation de textes législatifs ou réglementaires), mission de gestion et de pilotage (des services déconcentrés), mission de contrôle (de l'activité des services) et missions de prospective (diagnostics, suivi de réformes).

FICHE 3 : La réforme de l'État

1. Contexte

L'État s'adapte en permanence aux évolutions qui forgent sa raison d'être. Le constat n'est pas de dire aujourd'hui que l'État se réforme ou se modernise, mais qu'il procède à une **accélération de son évolution**. Ainsi, depuis les années 2000, « modernisation de l'État » et « réforme de l'État » sont affichées au sein d'une structure réformatrice au plus haut niveau, avec un ministre ou un secrétaire d'État, épaulé de structures à vocation interministérielle. En 2012, par exemple, il s'agissait du ministère de la Réforme de l'État, de la Décentralisation et de la Fonction publique ; en 2020, c'est un **ministère de la Transformation et de la Fonction publiques**.

2. Objectifs

Cette modernisation connaît aujourd'hui une phase d'accélération, et le premier objectif du gouvernement et de l'exécutif est d'aller plus loin que les autres réformes et plus rapidement. Dans le cadre de cette évolution, il importe :

- de **simplifier et clarifier les rapports** entre l'administration et les usagers et administrés, en optant pour des réformes rapprochant les citoyens de leurs gouvernants et de leurs services publics, comme le développement des maisons de services au public ou la création de la Commission nationale du débat public ;
- de **faire participer l'administré ou l'usager** du service public aux évolutions le concernant, en créant des processus d'information et d'écoute des besoins ou des opinions, par exemple dans le domaine de l'écologie avec la convention citoyenne pour le climat, véritable participation citoyenne et forte de ses 149 propositions visant à accélérer la lutte contre le changement climatique ;
- de **transformer l'administration** en préservant les droits des agents publics (c'est-à-dire leur statut), avec par exemple le vote de la loi sur la transformation de la fonction publique en 2019, qui développe la contractualisation ;
- de renouer avec la **qualité de service**, exigence de la loi organique relative aux lois de finances (LOLF) et attente constante des usagers des services publics (mise en œuvre de chartes et de référentiels de qualité [la charte Marianne]) ;
- de **revoir à la baisse ou préciser le périmètre de l'action des pouvoirs publics et le maillage des services publics sur le territoire**.

Il s'agit enfin de faire des **économies budgétaires**.

3. Outils

Moderniser l'administration, transformer les services publics, c'est d'abord simplifier la structure et l'organisation. C'est ainsi que, depuis 2007, les présidents de la République ont tous opté pour des **audits d'analyse et de performance**, que l'on retrouve au travers de la Révision générale des politiques publiques (**RGPP**), de la Modernisation de l'action publique (**MAP**) et du Comité Action publique 2022 (**CAP22**). La réussite des politiques publiques constitue donc une condition forte du lien social, de la performance des entreprises et de l'attractivité des territoires. Les réunions du Comité interministériel de la transformation publique (**CITP**), placé sous l'autorité du Premier ministre, permettent ainsi de suivre la mise en œuvre du programme CAP22. Lors de la cinquième réunion du CITP, en février 2021, des mesures ont été prises pour augmenter les **pouvoirs** et la **latitude des préfets** en matière de ressources humaines et de finances, ou encore pour réformer en partant du « terrain », en continuant à simplifier les démarches et la communication administratives (100 formulaires administratifs seront ainsi simplifiés).

Le 12 juin 2019, Édouard, Philippe, alors Premier ministre, a publié une circulaire relative à la mise en œuvre de la **réforme de l'organisation territoriale de l'État**. Cette dernière répond à quatre objectifs : mieux répartir les missions entre les divers acteurs, réorganiser le réseau étatique, mutualiser les moyens et responsabiliser davantage les acteurs départementaux, collectivités et État.

On peut rapprocher cette vision de celle de la LOLF et de ses principes de rentabilité, d'efficience et de cohérence.

La **loi de transformation de la fonction publique** du 6 août 2019 va dans le même sens, mais vise davantage le management des fonctionnaires, et favorise la contractualisation et la création de lignes directrices de gestion. Ce texte aborde également le dialogue social, le développement de leviers managériaux dans un but d'efficacité, la mobilité et la transparence.

La transformation publique passe ainsi par la participation des citoyens/administrés à ces évolutions, puisqu'ils en sont les bénéficiaires et doivent en être aussi les acteurs. La **Commission nationale du débat public**, autorité administrative indépendante (AAI), est créée dans ce but et poursuit par exemple, un projet d'éoliennes flottantes au sud de la Bretagne.

Pour aller plus loin, les pouvoirs publics ont lancé des structures de **regroupement de services**, simplifiant la vie de l'administré. Ainsi, dès janvier 2020, 400 structures « France Services » ont vu le jour : il s'agit d'un guichet unique permettant d'accompagner les citoyens dans leurs différentes démarches administratives. Dans le même temps, les pouvoirs publics s'orientent vers des **délocalisations**, en particulier des administrations centrales : par exemple, pour 2021, près de 2 500 emplois de la Direction générale des finances publiques (DGFiP) Île-de-France seront redéployés sur l'ensemble du territoire.

Vis-à-vis des usagers, dès le second semestre 2020, le gouvernement a lancé un plan d'accélération du « *dites-le-nous une fois* », qui permet d'avoir **un seul interlocuteur** pour les éléments les plus fréquemment demandés aux administrations.

Les processus de réforme et de maîtrise des dépenses depuis 2007

Identifier des réformes pour réduire les dépenses de l'État

Présidence Sarkozy

Révision générale des politiques publiques (RGPP)	Examiner les dépenses de l'État pour : – optimiser les moyens (productivité) – faire de meilleurs choix financiers (efficacité)	Audits	*Exemples* – Création de la DGFIP – Gendarmerie au ministère de l'Intérieur – Nouvelle carte judiciaire
Pilotage : Président de la République		Comité de suivi RGPP	
Réduction du nombre de fonctionnaires		Conseil de modernisation des politiques publiques	

Présidence Hollande

Modernisation de l'action publique (MAP)	Réduction des dépenses publiques pour : – moderniser l'action publique (efficacité) – simplifier l'action (dépenser mieux)	Audits	*Exemples* – Télédéclaration – Relais services publics – Management public
Pilotage : Premier ministre		Secrétariat général pour la MAP	
Meilleure répartition des fonctionnaires		Comité interministériel pour la MAP	

Présidence Macron

Comité Action publique (CAP22)	Réduction des dépenses publiques pour : – lier l'action publique aux besoins (accessibilité) – accroître la visibilité prévisionnelle (dépenser à bon escient)	Audits	*Exemples* – Externaliser certains services publics – Développer la GPEC – Transférer des compétences vers les collectivités – Télémédecine – Droit à l'erreur (loi ESSOC)
Pilotage : Premier ministre		Groupes de travail	
Réduction et meilleure répartition des fonctionnaires + contractualisation poussée		Comité interministériel pour la transformation publique	

Pour terminer, l'État déconcentré sera rassemblé autour du **préfet**, garant de la cohérence de l'action de l'État au profit des territoires. Il présidera un **Comité interministériel régional des transformations des services publics**.

Concernant les territoires, les pouvoirs publics se sont engagés vers la prise en compte de toutes les **bonnes pratiques et initiatives locales**, en créant notamment :

- **France expérimentation**, qui permet de faire évoluer positivement certains projets bloqués par des réglementations complexes, par exemple pour faciliter la mise en place de systèmes innovants de valorisation de déchets d'activité de soins à risques infectieux (DASRI) ;
- le système **Carte blanche**, qui permet de réinventer le service public dans les territoires (lancé dès 2017), par exemple pour trouver de nouveaux moyens pour permettre de lutter contre l'exclusion de parents éloignés du numérique ;
- la **Semaine de l'innovation publique**, pilotée par la Direction interministérielle de la transformation publique, et qui promeut les échanges de bonnes pratiques et valorise les capacités d'innovation des agents et services publics.

4. Résultats et débats

Les stratégies RGPP/MAP/CAP22 ont déjà permis des **économies budgétaires**, grâce aux modifications de structures imposées, au resserrement des administrations (mutualisation) ou aux suppressions, encore en cours, de structures. Environ 80 structures d'administration centrale et 40 opérations de relocalisation de services en province ou en banlieue, conduisant à la **délocalisation de près de 6 000 agents publics**, sont mises en œuvre. Mais, on observe la disparition de services publics locaux. En outre, près de 90 commissions consultatives sont supprimées, telles que le Conseil national de l'aide aux victimes ou encore l'Observatoire de l'épargne réglementée.

En matière d'**informatisation des données**, la stratégie lancée depuis plusieurs années porte ses fruits, que ce soit au niveau de la politique sanitaire (l'hôpital numérique), de l'accès à la documentation et aux formulaires administratifs (cartes grises, CNI) ou encore de la politique fiscale (déclaration des revenus par Internet). Elle peut cependant apparaître trop rapide, voire inadaptée à certains publics d'usagers – en particulier les plus âgés – en raison de la fracture numérique.

Question à réponse courte

Quels sont les objectifs de la réforme de l'État et de la transformation publique ?

Le but de la réforme de l'État est d'une part de resserrer les contraintes budgétaires exercées depuis la LOLF sur les dépenses de l'État, mais également de réguler les relations entre l'État, les pouvoirs publics et les citoyens, en donnant à ces derniers la possibilité d'agir dans le cadre de l'intérêt général, de participer, et d'avoir une relation moins conflictuelle avec leurs services publics. L'État et les collectivités s'engagent sur la transformation publique en respectant, malgré tout, les impératifs statutaires protégeant les fonctionnaires et en adaptant les moyens aux évolutions, notamment informatiques.

FICHE 4 : L'aménagement du territoire

1. Contexte

L'aménagement du territoire représente l'ensemble des actions menées par l'État, les collectivités territoriales et certains établissements publics dans le but de favoriser le **développement des espaces du territoire national**. Il contribue ainsi à modifier la géographie d'un territoire en agissant sur une ou plusieurs de ses composantes : réseaux de communication, développement urbain, création d'infrastructures diverses, localisations industrielles, etc. En France, c'est sous le régime de Vichy que l'expression « aménagement du territoire » apparaît, en 1943, remplaçant la notion d'« équipement ». Il s'agissait alors de lutter contre le développement des villes et de maintenir les populations dans les campagnes. L'aménagement du territoire recouvre depuis trois aspects importants : l'exigence de justice spatiale, la croissance et le développement économique, et l'idée d'une spécialisation fonctionnelle des territoires.

La politique d'aménagement du territoire est aujourd'hui prise en tenaille entre l'impératif budgétaire et la volonté d'affirmer les atouts de la France, et notamment ceux de Paris, à l'international, dans un contexte de mondialisation et de mise en concurrence des territoires.

2. Objectifs

La politique d'aménagement du territoire a d'abord revêtu un **objectif de justice spatiale et de rééquilibrage des territoires**. Il s'agit alors de limiter le développement des espaces les plus riches ou, plutôt, de favoriser les régions les moins développées, mais aussi de **valoriser le territoire et ses atouts économiques**. Dans les années 1950-1970, l'État crée des stations balnéaires et de montagne, afin d'accueillir plus de touristes. De 1963 à 1983, la mission Racine – ou mission interministérielle d'aménagement touristique du littoral du Languedoc-Roussillon – a permis l'édification de nombreuses stations telles que La Grande-Motte.

L'aménagement du territoire passe également par un **maillage équilibré de l'espace national en termes de transport**. Il s'agit alors de désenclaver les zones les moins bien desservies (Bretagne, Massif central, etc.) et de développer la vitesse. En 2017, l'ouverture de la ligne à grande vitesse (LGV) entre Paris et Bordeaux a ainsi fait passer le temps de parcours de 3 h à 2 h.

La politique d'aménagement du territoire vise de plus en plus à **protéger les espaces français**. En 1963, l'État a créé les parcs naturels nationaux (la Vanoise, etc.), en 1968, les parcs naturels régionaux (Camargue, etc.) et, dès 2007, les parcs naturels marins (Iroise, etc.), où la faune et la flore sont protégées. Depuis 1975, grâce à la loi Littoral, le Conservatoire du littoral acquiert des portions de littoral, afin de les préserver de toute construction. Les marais de l'ouest de la France, et notamment le marais poitevin, sont ainsi protégés. Il en va de même grâce à la loi Montagne de 1985.

Avec la mondialisation et une concurrence accrue à l'échelle internationale, l'objectif de la politique d'aménagement du territoire est de plus en plus de créer des **pôles d'excellence ou pôles de compétitivité**. Les technopôles, ces aires urbaines concentrant des activités de haute technologie, ont été encouragées, à l'image de Sophia Antipolis, créé en 1969 entre Nice, Cannes et Antibes. L'Aerospace Valley, près de Toulouse, est un autre pôle de compétitivité, créé en 2005 et spécialisé dans l'aéronautique et l'industrie spatiale. Cela dit, leur nombre reste assez réduit : 56 en 2020.

La **politique de la ville** relève également de l'aménagement du territoire (voir Fiche 45, *La politique de la ville*). Il s'agit de réhabiliter les centres-villes (politique Action cœur de ville, dotée de 5 milliards d'euros d'ici à 2022), puis de reconvertir les anciennes friches industrielles en lieux culturels ou récréatifs (quais à Bordeaux ou à Nantes). Le projet du Grand Paris participe de la volonté de valoriser la France à l'international, *via* sa capitale. Il vise à rationaliser les transports à l'échelle de l'aire urbaine (création du Grand Paris Express, un nouveau métro automatique sur 200 km de voies jalonnées de 68 gares), à créer de grands pôles d'activité spécialisés (pôle culture et création cinématographique autour de Saint-Denis, pôle scientifique autour de Saclay, etc.) et à mettre en place une gouvernance plus efficace.

3. Outils

La France a créé plusieurs structures avec pour mission l'aménagement du territoire. La Délégation à l'aménagement du territoire et à l'attractivité régionale (DATAR) a été mise en place en 1963. Chargée de préparer les orientations et de mettre en œuvre la politique nationale d'aménagement et de développement du territoire, elle a été remplacée par l'**Agence nationale de la cohésion des territoires (ANCT)** en 2020, qui en reprend les missions, mais aussi celles d'autres organismes comme le Secrétariat général du comité interministériel des villes ou encore l'Agence nationale pour la cohésion sociale et l'égalité des chances.

Il existe également un ministère de l'Aménagement du territoire depuis 1962. C'est Jacqueline Gourault qui occupe cette fonction depuis 2018, sous l'appellation de **ministre de la Cohésion des territoires et des Relations avec les collectivités territoriales**.

Les **collectivités territoriales** sont de plus en plus associées à cette politique, dans un contexte où le déficit budgétaire de l'État se creuse. Depuis la loi NOTRe (Nouvelle Organisation territoriale de la République) de 2015, acte III de la décentralisation, les **schémas régionaux d'aménagement et de développement durable et d'égalité des territoires (SRADDET)** doivent être élaborés par les collectivités territoriales pour préciser leurs règles, leur stratégie et leurs objectifs dans les grands domaines de l'aménagement de leur territoire.

Outre le financement d'équipements publics, les **taxes et participations** financent les politiques de protection des espaces naturels sensibles, les conseils d'architecture, d'urbanisme et de l'environnement, ainsi que les recherches d'archéologie à des fins de sauvegarde du patrimoine. Elles visent également à limiter l'étalement urbain. Elles sont ensuite reversées aux collectivités territoriales.

De même, le **projet urbain partenarial (PUP)** est une participation qui permet d'assurer le préfinancement d'équipements publics par des personnes privées (propriétaires fonciers, aménageurs ou constructeurs) grâce à la conclusion d'une convention.

La politique d'aménagement du territoire se fait d'ailleurs de plus en plus dans le cadre de **partenariats public-privé**, comme cela a été le cas lors de la construction des autoroutes.

L'**Union européenne (UE)** s'engage également en faveur de l'aménagement des territoires, l'une de ses ambitions étant de soutenir un développement équilibré et l'attractivité des régions. La politique régionale est avant tout une politique d'investissement s'inscrivant dans les objectifs de la **Stratégie Europe 2020**. Pour la période 2014-2020, elle est composée de deux objectifs : Investissement pour la croissance et l'emploi et Coopération territoriale européenne (**INTERREG**). Elle peut intervenir grâce à trois outils financiers : le Fonds européen de développement régional (FEDER), le Fonds de cohésion et le Fonds social européen (FSE). L'UE intervient également en matière de développement rural, dans le cadre de la Politique agricole commune (PAC). Le programme Liaison entre actions de développement de l'économie rurale (LEADER), à l'origine du projet et désormais appelé **Développement local mené par les acteurs locaux (CLLD)**, vise à faire des territoires ruraux des pôles équilibrés d'activité et de vie.

Le budget 2019 du ministère de la Cohésion des territoires en chiffres

Source : « Présentation du budget du ministère de la Cohésion des territoires », https://www.cohesion-territoires.gouv.fr.

4. Résultats et débats

La politique d'aménagement du territoire n'a pas toujours été efficace. Il n'a par exemple jamais été possible de réellement réduire le poids de l'agglomération parisienne ni de la décongestionner. La question est aujourd'hui de savoir si cela est réellement souhaitable.

De plus, des objectifs souvent contraires et fluctuants se sont parfois opposés. L'aménagement des stations balnéaires et de montagne a, par exemple, largement favorisé la bétonisation d'espaces naturels. De même, vaut-il mieux rééquilibrer les territoires à l'échelle nationale ou valoriser, à l'échelle internationale, le poids de Paris, vitrine de la France ?

La politique d'aménagement du territoire n'est ainsi pas exempte de critiques. La construction du TGV rapproche certes les espaces, mais favorise ce que l'on appelle l'**effet TGV** ou l'**effet tunnel :** les territoires où le TGV s'arrête connaissent une croissance importante, alors que ceux simplement traversés par lui voient leur déclin s'accélérer.

Enfin, la politique d'aménagement du territoire est critiquée lorsqu'elle suppose de **nouveaux aménagements gourmands en espaces**. La contestation, puis l'abandon, du projet d'aéroport à Notre-Dame-des-Landes, près de Nantes, en est l'exemple.

Reste également que les **disparités territoriales** continuent d'exister, avec des espaces ruraux en déprise et un outre-mer qui semble partiellement délaissé.

Le **budget de l'État** en faveur de l'aménagement du territoire semble enfin diminuer, compte tenu des contraintes budgétaires. En 2019, 700 millions d'euros avaient été alloués à ce poste. Les collectivités territoriales connaissent également, avec la diminution des dotations globales de l'État et la suppression de certains impôts locaux, une baisse importante de leurs moyens. La question de l'abandon de la politique d'aménagement du territoire par les institutions nationales et locales mérite ainsi d'être posée.

Question à réponse courte

Dans quelle mesure Paris est-elle au centre de la politique d'aménagement du territoire en France ?

L'aménagement du territoire est tout d'abord né de la préoccupation liée à l'hypertrophie parisienne, supposée empêcher le développement de la province, si l'on en croit Jean-François Gravier, dans son ouvrage de 1947 *Paris et le désert français*. Il s'est alors agi de limiter la croissance de la capitale et de favoriser le développement des autres parties du territoire : déconcentration industrielle, métropoles d'équilibre et même villes nouvelles, afin de désengorger le centre-ville. Pourtant, force est de constater que cette politique n'a pas porté ses fruits. L'Île-de-France concentre toujours 30 % de la richesse nationale.

Depuis les années 1990, à l'heure où la politique d'aménagement du territoire est de plus en plus critiquée et où la mondialisation est galopante, mettant de plus en plus les espaces en concurrence, il s'agit plutôt, sans délaisser les régions, de miser sur l'atout parisien, vitrine de la France dans le monde. Le projet du Grand Paris en est l'expression, couronné par l'organisation des Jeux olympiques dans la capitale en 2024, ce qui entraînera la création de nouvelles infrastructures, et pas uniquement sur le plan sportif.

FICHE 5 : La décentralisation et son bilan

1. Contexte

On entend par décentralisation le transfert de compétences administratives de l'État vers des entités locales distinctes.

État de tradition unitaire et très centralisé, la France a depuis **1982-1983** amorcé un processus de décentralisation. Elle est désormais, en vertu de la **loi du 6 février 1992** relative à l'administration territoriale de la République, un **État déconcentré et décentralisé**. Cela est également inscrit dans l'article 1 de la Constitution depuis la révision constitutionnelle du 17 mars 2003. Ce dernier dispose ainsi que *« la France est une République indivisible, laïque, démocratique et sociale. [...] Son organisation est décentralisée. »*

On distingue généralement deux types de décentralisation :

– La **décentralisation territoriale** consiste à transférer des compétences vers les différentes collectivités territoriales : en France, ce sont les communes, départements, régions, ainsi que les collectivités à statut particulier ou les collectivités d'outre-mer. En vertu de **l'article 72 de la Constitution**, celles-ci « *s'administrent librement par des conseils élus et disposent d'un pouvoir réglementaire pour l'exercice de leurs compétences* », dans les conditions prévues par la loi.

– La **décentralisation technique ou fonctionnelle** permet à l'État de transférer des compétences à des établissements publics chargés de gérer un service public (universités, hôpitaux publics, musées nationaux, etc.). Bénéficiant d'une personnalité morale et de moyens propres, ils ne disposent pourtant que d'une compétence d'attribution, qui correspond à l'objet même du service public pour lequel ils ont été missionnés.

2. Objectifs

La décentralisation territoriale poursuit trois objectifs principaux.

L'**objectif politique** est de mettre en place une **nouvelle distribution des pouvoirs dans un État unitaire**. Il s'agit de préserver l'unité et de ménager en même temps la diversité des territoires. La décentralisation doit ainsi **permettre aux collectivités territoriales de disposer d'une certaine liberté de décision** pour définir les normes de leurs actions et les modalités de leurs interventions. Elles ne doivent plus se trouver dans une situation de dépendance à l'égard des administrations de l'État, même s'il est précisé que la liberté qui leur est reconnue concerne l'administration et non la législation. La décentralisation accepte en outre la diversité des situations locales et induit un nouveau mode de définition de l'**intérêt général**, qui peut désormais être porté par des acteurs décentralisés. Cela dit, elle ne remet pas en cause les principes de l'État unitaire. Il n'est reconnu aux collectivités territoriales qu'une **compétence d'attribution**.

Il existe également un **objectif économique** : la décentralisation répond à un **souci d'optimisation du développement économique**, autour de l'idée que la proximité du pouvoir serait **source d'efficacité**. Il s'agit alors de rechercher, pour chaque groupe de compétences, quelle est la collectivité qui, compte tenu de sa dimension géographique, de son expérience et de ses moyens matériels et humains, sera la mieux placée pour en exercer la responsabilité. En matière d'efficacité, il a également été décidé que les transferts de compétences doivent être accompagnés des transferts des ressources correspondantes. L'objectif est que l'État puisse se concentrer sur ses missions fondamentales, notamment sur ses **tâches de souveraineté** : affaires étrangères, défense, justice et sécurité. Les lois de décentralisation renforcent ainsi son rôle dans ses **missions régaliennes**.

Il existe enfin un **objectif social**. La décentralisation vise à établir une **démocratie de proximité** : elle substitue une démocratie de citoyens à une démocratie d'administrés. Elle cherche à rapprocher les administrés du pouvoir et à gérer la collectivité au mieux des intérêts de ses membres, en trouvant au moment opportun des solutions adaptées aux besoins exprimés ou latents de la population compte tenu des moyens disponibles. Cela permet souvent de **libérer les initiatives** et de **débloquer les capacités d'adaptation**. La récente crise de la Covid-19 a mis en exergue la capacité des maires à répondre de façon plus directe aux besoins des populations.

3. Outils

C'est la loi qui a mis en place les différentes étapes de la décentralisation.

L'**acte I de la décentralisation**, *via* la loi Defferre, promulguée le **2 mars 1982**, apporte trois innovations majeures. Elle supprime d'abord la tutelle administrative *a priori* exercée par le préfet, qui est remplacée par un contrôle de légalité *a posteriori*. La région est alors élevée au rang de collectivité territoriale de plein exercice. Les **lois des 7 janvier 1983 et 22 juillet 1983** répartissent ensuite les compétences entre l'État et les collectivités territoriales, et instaurent un transfert de ressources.

L'**acte II de la décentralisation** a été réalisé **entre 2002 et 2004**, sous le gouvernement Raffarin. La **loi constitutionnelle du 28 mars 2003**, relative à l'organisation décentralisée de la République, décide du **principe de l'autonomie financière** des collectivités territoriales, inclut les termes « région » et « décentralisation » dans la Constitution, et transfère de nouvelles compétences aux régions. Elle instaure également le référendum décisionnel local, qui permet aux électeurs d'une collectivité territoriale, sous certaines conditions, de décider par leur vote de la mise en œuvre ou non d'un projet concernant une affaire locale (par exemple, l'implantation d'éoliennes, la création d'une police municipale, le choix du nom des habitants, etc.).

L'**acte III de la décentralisation** a été mis en place sous le mandat de François Hollande et se compose de deux volets :

- La **loi de modernisation de l'action publique territoriale et d'affirmation des métropoles (MAPTAM) du 27 janvier 2014** instaure d'abord le concept de « chef de file » entre les collectivités territoriales, pour clarifier la répartition de leurs compétences. Elle crée également un nouveau statut pour les métropoles (agglomérations de plus de 400 000 habitants), qui disposent des compétences suivantes : développement économique, innovation, transition énergétique et politique de la ville. Les métropoles du Grand Paris, de Lyon et de Marseille sont par ailleurs dotées d'un statut particulier.

– En vertu de la **loi du 7 août 2015, loi sur la nouvelle organisation territoriale de la république**, dite **loi NOTRe**, les compétences des régions ont été renforcées. Le découpage des régions est également modifié pour qu'elles atteignent une taille identique à celle des autres régions européennes (la France métropolitaine passe ainsi de 22 à 13 régions). La loi renforce le rôle de la région en matière de **développement économique.** Responsable de la politique de soutien aux PME et aux entreprises de taille intermédiaire, elle doit présenter un schéma régional de développement économique, d'innovation et d'internationalisation (SRDEII), qui fixe les grandes orientations pour cinq ans. Elle est également en charge de l'aménagement durable du territoire et doit rédiger un schéma régional d'aménagement et de développement durable du territoire (SRADDT), où elle doit fixer des objectifs en termes de mobilités, lutte contre la pollution de l'air, maîtrise et valorisation de l'énergie, logement et gestion des déchets. La loi prévoit aussi que les compétences des départements en matière de transport soient transférées à la région, tandis que le département reste responsable des compétences de solidarité. Par ailleurs, la loi vise à **renforcer les intercommunalités**, qui passent de 5 000 à 15 000 habitants (sauf dérogations pour les territoires peu denses), et qui sont désormais organisées autour de bassins de vie. Elle porte également transfert obligatoire aux communautés de communes et aux communautés d'agglomération des compétences communales en matière d'eau et d'assainissement.

Loi NOTRe : répartition des compétences

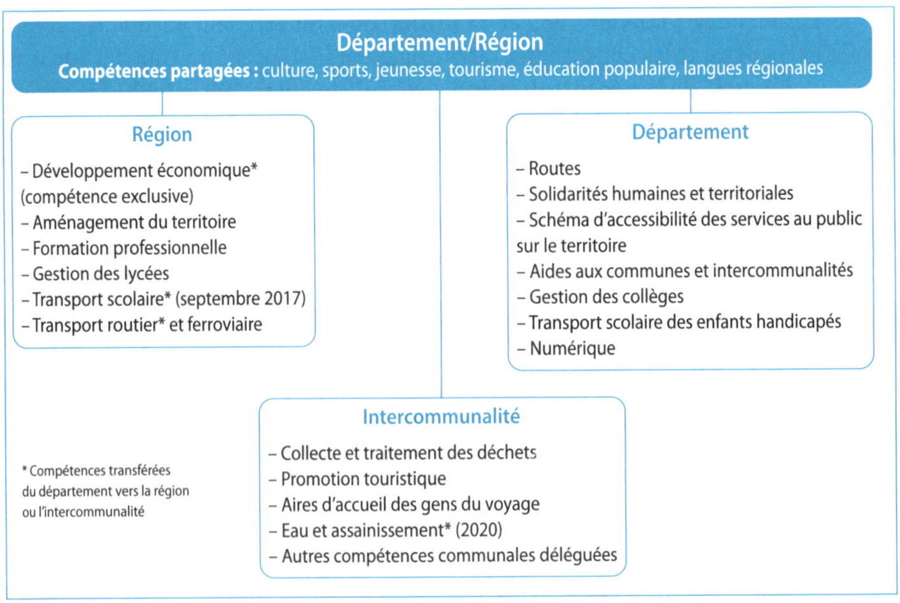

Source : d'après Smart Futures, « Collectivités territoriales, quelles compétences respectives ? ».

4. Résultats et débats

D'une part, la **décentralisation semble largement inachevée** et les compétences de l'État central restent importantes. D'autre part, ces lois ont fait apparaître, en les renforçant, de **nouveaux échelons administratifs**, ce qui renforce l'idée du **mille-feuille.** C'est particulièrement le cas au niveau des intercommunalités. La prise de décision est devenue plus lourde et plus difficile.

Parallèlement, alors que de nombreuses compétences ont été transférées aux collectivités territoriales, les **dotations de l'État** semblent **en baisse** depuis quelques années ou, du moins, dans un état de **stagnation** : 40 milliards d'euros en 2014, 31 milliards d'euros en 2017 et 27 milliards d'euros en 2020 (chiffre stable depuis 2018). Les élus locaux ne cessent de dénoncer ce phénomène. En conséquence, si la fiscalité nationale n'a pas diminué, alors que des compétences ont été transférées, celle des collectivités territoriales a augmenté. Par ailleurs, la diminution du nombre de régions devait faire faire des économies, ce qui n'a pas vraiment été le cas.

Face à une volonté affichée de décentralisation, certains parlent en réalité de **recentralisation** depuis la fin des années 1990, à l'image de Gérard-François Dumont. La mise en place de réglementations croissantes pour les collectivités locales peut laisser penser à une « *décentralisation centralisée* » affirme le géographe. L'idée est que l'État « *fait son marché dans le porte-monnaie des régions* », selon l'expression de Michel Delebarre, haut fonctionnaire et homme politique. Depuis les années 2010, l'Europe devient le prétexte à la recentralisation, avec l'idée que les collectivités territoriales doivent se plier aux règles de Bruxelles.

En période de Covid, la coopération entre État et instances décentralisées a enfin pu faire débat.

Question à réponse courte

La commune a-t-elle encore un avenir ?

Alors que la France possédait près de 36 600 communes en 2015, leur nombre est en train de se réduire. Il est même passé sous le seuil des 35 000 en 2020. La commune serait ainsi devenue un échelon trop petit, d'autant plus que certaines d'entre elles sont minuscules (près de 10 % comptent moins de 100 habitants). C'est la raison pour laquelle l'intercommunalité a encouragé toutes les communes à s'associer, pour mettre en commun leurs compétences. Cela est obligatoire depuis 2010. La loi du 16 décembre 2010 a aussi permis la création des communes nouvelles et encourage les petites communes à fusionner. Pourtant, l'échelon communal est particulièrement apprécié des administrés, même si la fonction de maire, notamment de petites communes, est jugée de plus en plus difficile.

FICHE 6 : La gestion des finances publiques

1. Contexte

Les finances publiques correspondent à l'**étude des règles et des opérations relatives aux deniers publics**. Ces derniers désignent les fonds appartenant à des personnes publiques et gérés par elles : l'État et ses établissements publics, les collectivités locales et leurs établissements publics, les organismes de Sécurité sociale. On distingue ainsi trois volets dans les finances publiques : les **finances de l'État**, les **finances locales** et les **finances sociales**.

Les opérations budgétaires de gestion des deniers publics consistent en des opérations en recettes et en dépenses. La gestion publique correspond à la gestion des fonds relevant des finances publiques. Elle obéit aux **règles de la comptabilité publique**, qui la distinguent de la gestion privée – même si certaines approches théoriques (comme le nouveau management public, apparu dans les années 1970) tendent à rapprocher gestion publique et gestion privée, en insistant notamment sur la performance de l'action publique résultant des dispositions de la **loi organique du 1er août 2001 relative aux finances publiques (LOLF)**.

Les règles comptables sont communes à l'ensemble des administrations publiques (nationales, locales, de Sécurité sociale). Elles distinguent les **ordonnateurs** – fonctionnaires prescrivant l'exécution des dépenses et des recettes publiques – et les **comptables** – agents de droit public relevant du ministère des Finances, qui ont le monopole du maniement des fonds publics. La **séparation des ordonnateurs et des comptables** est une règle de base de la comptabilité publique : elle permet d'éviter les conflits d'intérêts.

2. Objectifs

Une bonne gestion des finances publiques, de nature à garantir la légitimité de l'action publique et le fonctionnement effectif des administrations et des services publics, répond à plusieurs objectifs :

– La **transparence** : les opérations en recettes et en dépenses doivent pouvoir être retracées et contrôlées tant par les assemblées délibératives qui votent le budget (le Parlement pour le budget de l'État, le conseil municipal, départemental ou régional pour une commune, un département ou une région) que par les citoyens, conformément à l'article 14 de la Déclaration des droits de l'homme et du citoyen du 26 août 1789 : « *Tous les Citoyens ont le droit de constater, par eux-mêmes ou par leurs représentants, la nécessité de la contribution publique, de la consentir librement, d'en suivre l'emploi, et d'en déterminer la quotité, l'assiette, le recouvrement et la durée.* »

– La **régularité** : indépendamment de leur efficacité, les opérations en recettes et en dépenses doivent obéir au cadre légal et réglementaire ; le contrôle de régularité incombe tout particulièrement aux comptables publics, qui doivent notamment vérifier la correcte imputation budgétaire, la disponibilité des crédits et la réalité du service fait.

– L'**efficacité :** elle est conçue en termes socio-économiques (soutien à la croissance économique, redistribution sociale) et de service rendu aux citoyens, en comparant les moyens engagés (humains et financiers) aux résultats obtenus et à l'atteinte, ou non, des objectifs fixés.

Renforcer l'efficacité de la dépense publique est l'un des objectifs de la LOLF. Cette loi conforte l'autonomie des gestionnaires, en contrepartie de contrôles accrus sur des finances publiques plus transparentes, les crédits de l'État étant exposés selon leur finalité et faisant l'objet d'une présentation plus détaillée dans les documents budgétaires (la justification des crédits au premier euro), tandis que des objectifs et indicateurs de performance sont associés aux dépenses publiques. L'objectif est de renforcer la **démarche de performance** dans la conduite de l'action publique.

3. Outils

Une **pluralité d'acteurs** est en charge de la gestion des finances publiques.

Pour l'État, plusieurs administrations rattachées au ministère de l'Économie et des Finances ont un rôle de conception, de coordination et de mise en œuvre :

– La **Direction générale du Trésor** est chargée de la mise en œuvre de la politique économique et financière, dont les prévisions et la coordination des politiques économiques.

– La **Direction du Budget** a pour missions la préparation du budget et la programmation des politiques publiques. La politique des finances publiques, dont les missions de contrôle et les normes budgétaires, lui incombe.

– La **Direction de la législation fiscale** est responsable des textes fiscaux.

– La **Direction générale des finances publiques** (forte de 130 000 agents, dont les comptables publics) et la Direction générale des douanes et des droits indirects (DGDDI) sont en charge de l'établissement et du recouvrement des impôts.

Pour l'exécution des dépenses, chaque ministère comprend une direction financière. Par ailleurs, des fonctionnaires en position d'encadrement supérieur sont responsables de l'exécution des dépenses du budget de l'État en tant que **responsables de programmes** (les programmes sont des regroupements de crédits concourant à une même politique publique au sein d'un ministère). Ce sont aux responsables de programme, placés sous l'autorité des ministres, qu'incombe la bonne utilisation des deniers publics, notamment en termes de performance vis-à-vis du Parlement. Les programmes budgétaires sont ensuite déclinés en budgets opérationnels de programme (BOP).

Les objectifs et indicateurs de performance dans le cadre de la LOLF

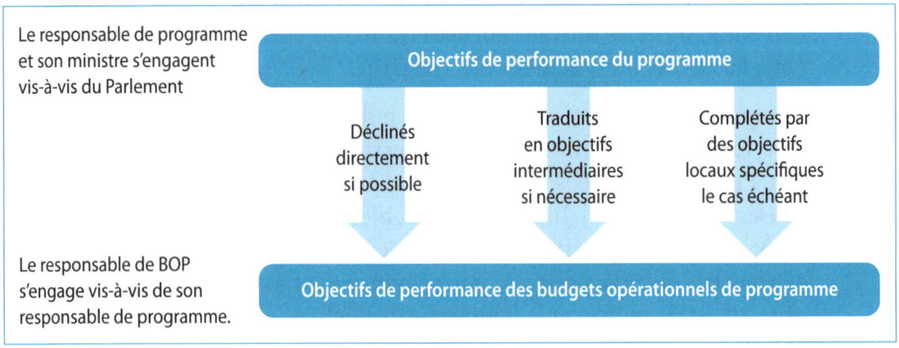

Source : Direction du budget.

Par les contrôles qu'exercent ses membres, le Parlement et la Cour des comptes participent à l'évaluation des politiques publiques et à l'amélioration de la gestion des finances publiques.

Dans un contexte de déficits budgétaires chroniques, une instance indépendante, le **Haut Conseil des finances publiques**, apprécie la trajectoire d'évolution des dépenses publiques, notamment pour respecter les objectifs de convergence et de coordination définis à l'échelle de l'Union européenne après la mise en place de l'euro comme monnaie commune.

4. Résultats et débats

Un relatif consensus, qui avait conduit à l'**adoption transpartisane de la LOLF** en 2001, avait porté sur les règles de bonne gestion des finances publiques et s'était surtout accompagné de la définition d'outils pour une maîtrise accrue des dépenses, dans le cadre de différentes démarches d'évaluation (voir Fiche 10, *L'évaluation des politiques publiques*). Cette logique, qualifiée de budgétariste, avait cependant été critiquée, notamment par les organisations syndicales, comme étant de nature à réduire les moyens et les capacités du service public.

La **crise sanitaire** causée par la pandémie de la Covid-19 a entraîné une crise économique qui s'est traduite par une crise des finances publiques : la revalorisation du rôle de l'État régulateur devant soutenir la croissance économique – qui n'a pas été propre à la France – s'inscrit à rebours des logiques budgétaristes antérieures. De fait, le retour à moyen terme à l'équilibre des finances publiques, comme envisagé dans le cadre communautaire, a été temporairement suspendu.

Dans un contexte, par ailleurs, de remise en cause de la légitimité de l'action publique, de nouvelles modalités de gestion des finances publiques, associant davantage les citoyens, font débat. Les expériences, menées au niveau local, de **budget participatif** (permettant aux citoyens de définir des priorités dans l'affectation d'une partie des dépenses publiques), correspondent à une vision en rupture avec la logique de la démocratie représentative, dans laquelle les parlementaires sont les représentants des citoyens pour que l'administration rende compte de sa gestion.

L'adoption de la LOLF s'était d'ailleurs accompagnée d'une revalorisation du rôle du Parlement pour le vote du budget et le contrôle de son exécution.

Parallèlement, les **attentes d'exemplarité des gestionnaires publics** ont conduit au renforcement des sanctions, notamment pénales. La responsabilité pénale des ministres en tant qu'ordonnateurs s'exerce devant la Cour de justice de la République (CJR). Michel Gillibert, ancien secrétaire d'État aux handicapés, avait été condamné par la CJR en 2004 pour escroquerie, à une peine de trois ans de prison avec sursis. Pour détournement de fonds et abus de confiance, l'ancien président de la République **Jacques Chirac** avait été condamné à deux ans de prison avec sursis en décembre 2011, pour sa gestion d'emplois qualifiés de fictifs quand il était maire de Paris.

Question à réponse courte

Faut-il rattacher la Cour des comptes au Parlement pour un meilleur contrôle budgétaire ?

Aux États-Unis, le *Government Accountability Office* (GAO) est l'équivalent de la Cour des comptes française : c'est un organisme d'audit, d'évaluation et d'investigation du Congrès des États-Unis, chargé du contrôle des comptes publics du budget fédéral. Le GAO fait donc partie, à la différence de la Cour des comptes française, du pouvoir législatif. Un tel rattachement poserait des difficultés en France : il n'est pas souhaité par la Cour des comptes, aujourd'hui indépendante du gouvernement. De fait, une telle évolution supposerait une revalorisation des moyens du Parlement, qui n'est pas à l'ordre du jour en France. Néanmoins, la LOLF a renforcé la possibilité pour le Parlement, dans le cadre de ses missions de contrôle budgétaire, de demander des enquêtes à la Cour des comptes, voire de conduire des investigations conjointes.

FICHE 7 : La politique budgétaire

1. Contexte

La politique budgétaire consiste à utiliser le budget de l'État, l'assiette des impositions, les taux, les exonérations, etc., afin d'atteindre certains objectifs économiques et sociaux. Les pouvoirs publics, responsables du bon fonctionnement – en équité – du système socio-économique disposent ainsi d'outils visant à **orienter** les entreprises et consommateurs vers des comportements qu'ils estiment d'**intérêt général**, et venant en appui de l'action des services publics et de la réglementation.

Aujourd'hui, dans des cadres budgétaires souvent contraints, les marges de manœuvre restent faibles, mais nécessaires. Ainsi, pour 2020/2021, la politique budgétaire vise à la fois la sauvegarde de l'économie et la relance de la croissance.

2. Objectifs

La **relance de la consommation** est devenue une politique publique nécessaire face aux différentes crises qui ont émaillé les dernières décennies, notamment celle de 2008 mais aussi celle en cours. Cette relance va passer par différents vecteurs, tels que la fiscalité (fiscalisation et défiscalisation), dans le cadre de **politiques dites d'incitation**. Le levier principal sera le **pouvoir d'achat**.

Pouvoir d'achat des ménages

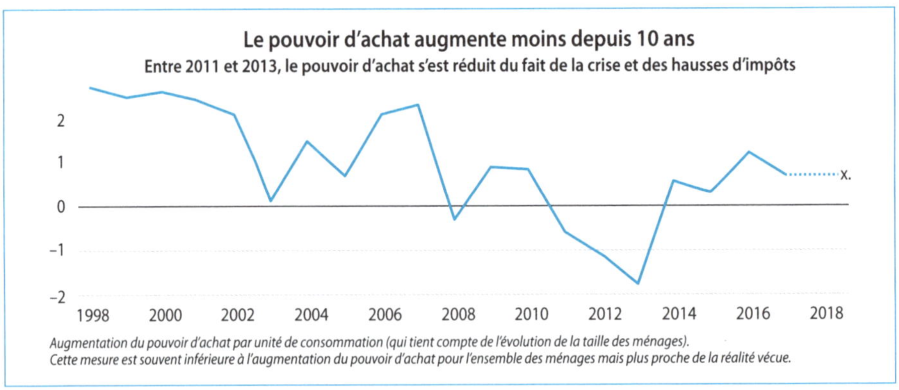

Source : Insee.

L'**accentuation des dépenses publiques** est un levier classique en période de récession, qui permet de maintenir à un niveau suffisant le tissu économique du pays. On peut noter, dans ce cadre, l'émergence de la notion de **planification**, mise en œuvre dans l'immédiate après-guerre, réitérée dans les années 1980, puis déployée à nouveau depuis 2020 avec le Haut-Commissariat au Plan. On peut citer également les politiques de grands travaux mises en œuvre dans un objectif économique.

L'objectif, qui peut paraître contre-productif, est aujourd'hui d'utiliser pleinement le déficit budgétaire comme **arme économique** et comme **compensateur des déséquilibres budgétaires**. La France a toujours connu (dans les 40 dernières années notamment) un déficit qui s'est accentué au fur et à mesure du développement de l'État-providence. Toutefois, ce déficit et la dette qui en résulte ne doivent pas en théorie aller au-delà de ce qui est permis par l'UE (depuis le traité de Maastricht – pacte de stabilité et de croissance –, le déficit public ne peut excéder 3 % du PIB, et l'endettement 60 % du PIB).

La **rigueur budgétaire**, arme non utilisée dans les objectifs actuels, a pour but de diminuer le déficit de l'État.

3. Outils

La France se situe en période de ralentissement de son activité économique, ce qui entraîne une **dégradation du solde budgétaire**. Les pouvoirs publics s'efforcent ainsi de relancer la consommation des ménages en utilisant les outils classiques :

– **baisse des taxes et impositions :** baisse des impôts de production (liés au revenu du travail) de 10 milliards en 2021, baisse de l'impôt sur le revenu de 5 milliards en 2020, ce qui bénéficie à 17 millions de ménages ;

– **désincitation à l'épargne :** 200 milliards d'euros épargnés par les Français contre 100 à 130 milliards habituellement.

A. Les allègements fiscaux

Le gouvernement a ainsi démarré, et ce avant la crise sanitaire, ce processus en programmant la **suppression de la taxe d'habitation**, en taxant certains **patrimoines** (remplacement de l'impôt sur la fortune par l'impôt sur la fortune immobilière) ou encore en mettant en place des **incitations** à l'achat d'un véhicule ou à l'isolation thermique (permettant ainsi de faire travailler des entreprises). Par ailleurs, une prime exceptionnelle a été accordée aux ménages précaires, une aide complémentaire a été votée pour les jeunes précaires et les étudiants (en raison de la situation sanitaire), et un soutien conjoncturel aux associations de lutte contre la pauvreté a été entamé (appel à projets et enveloppe de 100 millions d'euros prévue).

Concernant les entreprises, des mesures visant la **réduction des charges patronales** sont mises en œuvre. La puissance publique se porte garante pour des prêts, reporte un certain nombre d'échéances ou d'obligations en termes de prélèvements, etc. Ainsi, pour 2020/2021, un **plan de relance** de 100 milliards d'euros, accru de 470 milliards d'euros de mesures, d'urgence est en cours. Une **garantie** à hauteur de 2 milliards d'euros est consentie pour les prêts participatifs aux PME. Le plan de relance actuel permet la recapitalisation de la SNCF, ainsi que le soutien aux collectivités territoriales (4 milliards d'euros) ou de l'aéronautique et de l'automobile (2,6 milliards d'euros).

B. La promotion de la consommation intraétatique

Afin de promouvoir l'activité économique, l'État va consommer lui-même, c'est-à-dire dépenser de l'argent public dans des investissements dits d'intérêt général. Les **marchés publics** vont se multiplier, dans l'achat de véhicules pour les administrations, dans le BTP pour des constructions/rénovations, etc., impliquant ainsi l'argent public. On notera également une revalorisation spécifique des salaires des personnels de santé pour 2021 (1 milliard d'euros en 2020 et 5,8 milliards d'euros en 2021).

Si ces mesures se révèlent insuffisantes, la politique budgétaire favorisera l'**investissement public** ou la **subvention**, dans l'optique de prêts aux entreprises (grâce à des prises d'actions par exemple). Dans la situation actuelle, 14,9 milliards d'euros sont dégagés, et ce sans effet sur le déficit public.

C. La prise en compte d'éléments exogènes

La difficulté aujourd'hui, malgré un positionnement étatique actuel en faveur des entreprises et de la consommation nationale (**patriotisme économique** revendiqué par les autorités), est liée à l'Union européenne, qui interdit théoriquement aux États membres de subventionner leurs entreprises nationales par des aides publiques, venant ainsi fausser la concurrence européenne.

Outre la particularité de la situation actuelle, le budget pour 2021 n'oublie pas le plan climat, les crédits consacrés à MaPrimeRenov (pour 1,6 milliard d'euros), ainsi que les actions traditionnelles en faveur des ministères (en particulier pour 2021 police, gendarmerie, sécurité civile pour le recrutement de personnels et l'octroi de matériels – budgets d'investissement et de personnel).

L'État reste toutefois prudent sur la maîtrise budgétaire. Pour 2021, la taxe d'habitation, qui devait disparaître, devient à titre temporaire un impôt d'État (rebudgétisation sur les résidences principales des ménages les plus aisés), les remboursements et dégrèvements fiscaux accordés d'office sont remis en cause.

La dette publique en France

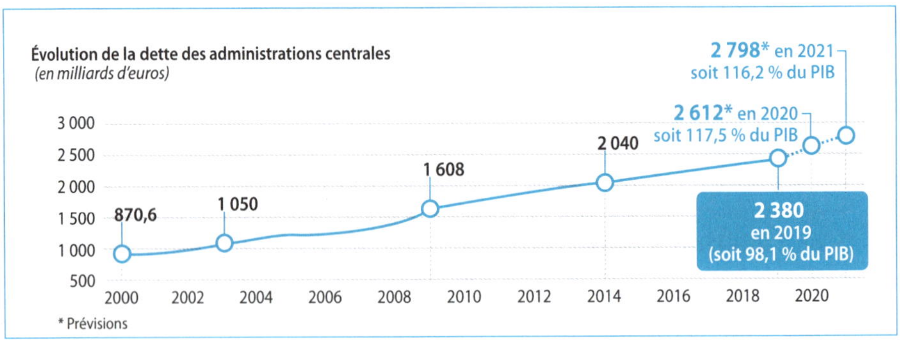

Source : Insee.

4. Résultats et débats

Les investissements et/ou dépenses publiques vont entraîner des **déficits publics importants**, aggravant année après année la dette publique. L'emprunt est un outil budgétaire essentiel, utilisé dans des conditions extrêmement favorables, comme ce qui est le cas actuellement. Pour autant, la dette représente près de 40 % des dépenses du budget annuel (remboursement des intérêts de cette dette). Le déficit budgétaire peut être financé grâce à des **emprunts** auprès des agents économiques (bons du Trésor par exemple) ; il risque toutefois de créer un **effet d'éviction**, c'est-à-dire de conduire à un déplacement trop important des ressources d'épargne disponibles vers l'État, au détriment des autres agents économiques.

Relancer l'économie signifie aussi le **rétablissement de la confiance des ménages et des entreprises** dans la résolution des crises par le politique. La consommation, freinée, peut être relancée par des outils de politique budgétaire, mais qui doivent s'accompagner d'une propension à consommer relayée par les pouvoirs publics sous des modes d'action médiatisés.

Une des limites de la politique budgétaire est liée au **financement du déficit budgétaire** et concerne l'augmentation de la dette publique. Une dette importante implique en effet le versement d'intérêts considérables. Cette dépense, due à la charge des intérêts, aggrave le déficit, ce qui conduit à un nouvel endettement public et peut entraîner une hausse des taux d'intérêt. C'est ce que l'on appelle le **cercle vicieux de la dette**. Se pose – ou peut se poser – la solvabilité de l'État dans le cadre d'un défaut de paiement. La situation sanitaire actuelle et l'action protectrice de l'économie par les pouvoirs publics peuvent à terme engendrer cette problématique.

Question à réponse courte

Comment accroître les recettes de l'État ?

Les pouvoirs publics sont maîtres de leur politique budgétaire et restent responsables des équilibres économiques et financiers dans un contexte de mondialisation. Aussi la marge de manœuvre des politiques est-elle extrêmement réduite dans ce contexte, notamment du fait de l'UE. Plusieurs possibilités s'offrent cependant au gouvernement, dans le cadre des projets de lois de finances (PLF) notamment : il est possible de modifier les taux de TVA ou les assiettes d'imposition, c'est-à-dire d'imposer à partir d'un seuil plus bas que le précédent. Les pouvoirs publics s'appuient également sur la taxe intérieure de consommation sur les produits énergétiques (TICPE), notamment sur les carburants. Sont aussi envisageables toutes les augmentations (même de quelques points, ce qui peut passer inaperçu) en matière sociale, comme la contribution sociale généralisée (CSG), dont l'assiette permet des rentrées financières importantes. Enfin, les pouvoirs publics peuvent taxer certains biens de consommation et accroître leurs rentrées budgétaires (taxes sur les alcools, sur les tabacs, etc.). Il est évident cependant que créer un nouvel impôt ou une nouvelle taxe serait particulièrement sensible sur le plan social.

FICHE 8 : La politique fiscale

1. Contexte

Afin de faire vivre la collectivité, l'État met au point une politique fiscale, qui vise à déterminer les taxations, les impositions, leur assiette, leur usage, etc. Dans une démocratie, la politique fiscale est déterminée par les **représentants du peuple**, grâce aux lois de finances et aux lois de financement de la Sécurité sociale. C'est le **Parlement** qui donne à l'exécutif l'autorisation de prélever la dîme nécessaire et qui rend par là même obligatoire cette participation citoyenne. La Déclaration des droits de l'homme et du citoyen met en place le principe du consentement à l'impôt (art. 14) et celui de l'égalité des citoyens face à l'impôt (art. 13).

2. Objectifs

La politique fiscale a plusieurs objectifs. Le premier d'entre eux est de **réduire les inégalités**, souvent flagrantes, y compris dans un État de droit. Ces inégalités, très diverses, peuvent être source de conflits sociaux, de désordres économiques et de sanctions politiques.

Le deuxième objectif de la politique fiscale vise à parvenir à **protéger les entreprises nationales**, les défendre, leur donner la priorité et les épauler. Les entreprises sont un excellent moyen de maintenir la compétitivité d'une économie : elles génèrent du chiffre d'affaires, des profits en faveur de la balance commerciale et une partie du PIB.

Le troisième objectif consiste à développer le **rendement fiscal**, contrepartie des deux premiers objectifs et du maintien (qui a nécessairement un coût) des services publics sur l'ensemble du territoire.

3. Outils

L'État doit être à la recherche de la maximisation du bien-être de ses citoyens. Il est à l'affût des défaillances du marché, qui justifient l'interventionnisme et permet de prévenir les risques. Deux outils s'affichent ici :

– **Une politique fiscale adaptée aux moyens des contribuables.** Il peut s'agir de dégrèvements, d'exonérations fiscales, et de la limitation du prélèvement des impôts et taxes :

- Pour 2020/2021, une **baisse des impôts sur le revenu** est intégrée dans le calcul du taux de prélèvement à la source.
- La **taxe d'habitation sur les résidences principales** est intégralement supprimée pour 80 % des ménages en 2020. Pour les 20 % de ménages restants, la réforme se fait par étapes, avec une suppression totale pour 2023.
- Le crédit d'impôt pour la transition énergétique (CITE) est remplacé par une prime dès le 1er janvier 2020 pour les ménages modestes.

- La **loi de financement de la Sécurité sociale** pour 2020 reconduit la prime exceptionnelle exonérée d'impôt sur le revenu et de toute cotisation sociale ou contribution dans la limite de 1 000 euros, pour les salariés dont la rémunération est inférieure à trois SMIC.

– **Une politique de redistribution permettant l'appui aux ménages les plus modestes.** Le rôle de l'État consiste à intervenir, à différents titres :

- Il **redistribue les revenus** (défaillance du marché du travail) ou fournit directement à la population des **biens tutélaires** (c'est-à-dire des services pilotés, gérés et financés par les pouvoirs publics, et donc gratuits pour les usagers), notamment en cas d'absence de marché malgré la demande (santé, éducation, sécurité, etc.).
- On note pour les mois à venir, à compter de 2021, que **les aides au logement seront calculées et versées « en temps réel »**, visant ainsi à rendre le versement des allocations logement plus réactif et juste, notamment lors d'une baisse de revenus.
- Le **plan « logement d'abord »**, lancé en 2017, entend prendre de l'ampleur.
- Dans la panoplie des pouvoirs publics on trouve aussi la création de **8 850 places d'intermédiation locative,** ainsi que **2 000 places en maison-relais,** afin d'améliorer les conditions de vie des personnes **sans-abri**.

La **justice fiscale** qui en ressort impose que la solution la moins mauvaise – ou la plus équitable, selon les conceptions – conduit toujours à faire payer relativement plus le contribuable à haut revenu : la justice fiscale appelle en effet la notion de progressivité de l'impôt.

Le **prélèvement progressif** est ainsi un prélèvement dont le taux croît lorsque son assiette augmente : le taux de prélèvement est alors plus fort pour les hauts revenus que pour les bas revenus. C'est le cas de l'impôt sur le revenu. Le **prélèvement proportionnel** est quant à lui un prélèvement dont le taux reste fixe, quelle que soit son assiette : le taux de TVA est ainsi le même pour tous les consommateurs, quels que soient leurs revenus.

Typologie des prélèvements pour un régime redistributif

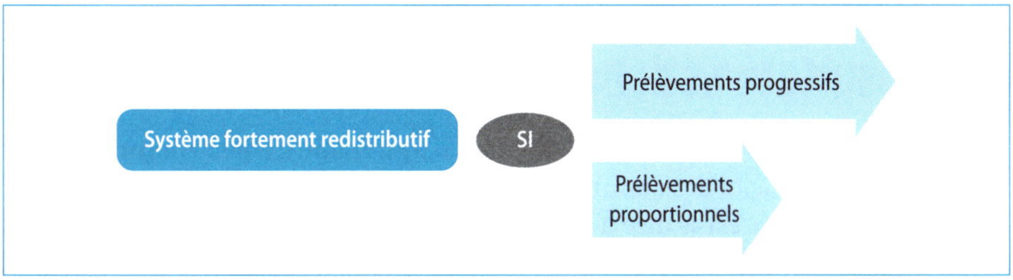

La **protection des entreprises**, ou l'**appui aux entreprises**, est devenue une nécessité nationale dans le cadre de la politique fiscale. Ainsi, pour 2021, les principaux impôts de production sont réduits : cotisation foncière des entreprises (CFE), cotisation sur la valeur ajoutée des entreprises (CVAE) et taxe foncière sur les propriétés bâties acquittée par les entreprises (TFPB). Le projet de loi de finances pour 2021 déploie les crédits du **Plan de relance de l'économie** annoncé le 3 septembre 2020. Le projet de loi de finances pour 2021 (PLF) confirme la **trajectoire de baisse du taux de l'impôt sur les sociétés (IS)** pour **toutes** les entreprises.

Toujours dans le cadre du plan de relance de l'économie, il est prévu de **renforcer les fonds propres des TPE/PME**, pour leur permettre de continuer à investir et à se développer. Cette aide à la solvabilité s'inscrit dans la continuité de celle apportée à la liquidité pendant la crise sanitaire, à travers notamment les **prêts garantis par l'État**. Il est ainsi prévu de débloquer **150 millions d'euros** pour offrir une garantie à des placements labellisés « **France Relance** ».

De nouvelles mesures sont proposées pour **renforcer la force de frappe des PME françaises à l'export** dans le contexte de la reprise d'activité et d'une concurrence étrangère accrue :

- Il est prévu d'investir **247 millions d'euros** pour le volet export du Plan de relance sur 2020-2022.
- L'État engagera une enveloppe de **1,5 milliard d'euros** en faveur de la **mise à niveau numérique de l'État et des territoires.**
- Un dispositif d'**activité partielle longue durée** (APLD), pouvant aller jusqu'à **24 mois,** est créé pour s'adapter à l'évolution des circonstances économiques et offrir plus de visibilité de moyen terme aux employeurs et aux salariés.
- Dans le cadre du plan de relance, le **fonds national pour l'emploi est abondé à hauteur de 1 milliard d'euros**, afin d'encourager la formation des salariés placés en activité partielle.

L'ensemble des aides et de l'appui de la finance publique ne fait pas oublier un objectif fiscal de **rendement**. Les pouvoirs publics ont ainsi également pour objectif de faire rentrer des deniers ou d'en éviter la dispersion. Outre la création d'une « **mission d'évaluation de la politique fiscale** », s'affiche – dans l'optique du rendement fiscal amélioré – la diminution du remboursement de la taxe intérieure de consommation sur les produits énergétiques (TICPE) applicable au secteur du transport routier de marchandises, ou encore le **renforcement de la lutte contre la fraude à la TVA. Les pouvoirs publics affichent ainsi sur Internet la** liste des opérateurs de plateformes ne respectant pas, de manière réitérée, leurs obligations fiscales sur le territoire français.

4. Résultats et débats

Se pose aujourd'hui le problème de la **soutenabilité des finances publiques**, à savoir la capacité des administrations à honorer leurs engagements futurs et à rester solvables, c'est-à-dire à conserver des marges de manœuvre budgétaires. Par rapport à l'exigence de cette soutenabilité, la France notamment est confrontée à un déficit chronique, accroissant année après année la dette nationale. Une des problématiques actuelles vient du fait qu'en France, contrairement aux autres pays de l'Union, le financement du système de protection sociale est assuré en grande partie par les prélèvements obligatoires. Par conséquent, une large partie des recettes publiques ne revient pas à l'État, mais aux services publics chargés de la protection sociale.

Il existe également des débats concernant les **ajustements de la politique fiscale**. Les rapports d'évaluation et de contrôle des mesures fiscales ne provoquent ainsi pas mécaniquement des ajustements de ce type. En effet, les méthodes d'évaluation ne permettent pas toujours de déterminer précisément les résultats obtenus, ce qui favorise le maintien de mesures établies. Ensuite, et plus encore, malgré le coût et la faible portée de certaines d'entre elles, le gouvernement hésite toujours à supprimer purement et simplement des mesures qui ont des conséquences importantes pour certains secteurs économiques à faible valeur ajoutée (par exemple, les remboursements de taxes sur les carburants pour les taxis). Les bénéficiaires de ces mesures font état des risques pour l'emploi liés à leur suppression, enjeu examiné avec attention par le gouvernement.

Question à réponse courte

La redistribution en France est-elle efficace ?

La redistribution, qui devrait être efficace et nécessaire dans un État de droit, l'est surtout dans sa nécessité. Si les pouvoirs publics la réalisent, cette redistribution semble toutefois manquer de transparence, avec, parfois, une redistribution des revenus en faveur des plus fortunés. C'est ce qui explique, à l'heure actuelle, nombre de comportements de « recherche de rente », c'est-à-dire, pour un agent économique, se mettre dans une position telle qu'il en retire des avantages indus de l'État ou profiter du système de la redistribution. Il existe aussi, dans ce contexte de recherche de rente, une fraude à la solidarité sociale traquée par les services sociaux : multiplication des demandes d'aides, travail dissimulé, etc. C'est d'ailleurs une position affichée du gouvernement, afin de réduire le déficit des caisses sociales. La redistribution prévue par l'État n'est pas toujours équitable, notamment à cause des pressions exercées par les groupes d'intérêt. Ce sont ces derniers qui imposent parfois la redistribution et non l'équité, chaque groupe recherchant des rentes étatiques (agriculteurs, transporteurs, entreprises, etc.) impossibles à réduire dans une société démocratique liée à une notion de clientélisme électoral.

FICHE 9 : L'État employeur

1. Contexte

La notion d'**emploi public** est étroitement liée à celle de **service public** : si, aujourd'hui, la gestion des services publics est plus fréquemment déléguée au secteur privé, le principe a longtemps été que des agents publics assurent le fonctionnement des services publics. Recrutés sur des postes spécifiques pour répondre aux besoins permanents en personnel de l'administration, les agents publics ont alors le **statut de fonctionnaires**, recrutés normalement par la voie d'un concours et pour une durée indéterminée. Le statut des fonctionnaires leur confère des droits, mais les soumet aussi à des obligations.

Les fonctionnaires peuvent appartenir à l'un des trois versants de la fonction publique, selon leur employeur : la fonction publique d'État, la fonction publique territoriale et la fonction publique hospitalière. Ils sont classés par catégorie : exécution (catégorie C), encadrement intermédiaire (catégorie B), encadrement (catégorie A).

À l'heure actuelle, **5,6 millions de personnes travaillent dans la fonction publique**, dont 2,5 millions dans la fonction publique d'État (1 million dans l'enseignement), 1,9 million dans la fonction publique territoriale et 1,2 million dans la fonction publique hospitalière. **Un emploi sur cinq** (salarié ou non salarié) **est un emploi public en France** et 70 % des agents publics sont des fonctionnaires.

Le nombre d'emplois publics a augmenté de 22 % entre 1996 et 2019, soit une hausse annuelle de 0,9 %. Cette progression est supérieure à celle de l'emploi total en France (+ 17 % sur la même période). Mais la progression du nombre d'emplois publics a nettement ralenti dans la période la plus récente (+ 0,4 % par an entre 2008 et 2019).

Selon l'OCDE, la part de l'emploi public en France dans l'emploi total (22 %) est supérieure à la moyenne de l'OCDE (18 %), mais plus faible que dans les pays scandinaves.

Part de l'emploi public dans l'emploi total

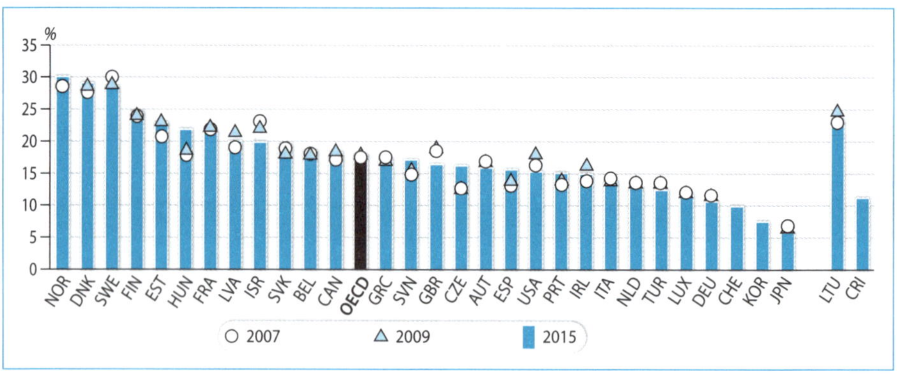

Source : OCDE, 2019.

2. Objectifs

La **gestion des emplois publics** répond à une pluralité d'objectifs :

- **Assurer un traitement homogène des agents publics**, notamment lors du recrutement qui – en application du principe d'égalité – ne doit prendre en compte que les mérites et les talents. Les fonctionnaires appartiennent à l'un des corps de la fonction publique et sont titularisés dans un grade.
- **Garantir l'efficacité du service public**, dans un contexte budgétaire contraint, qui a conduit à fixer des objectifs de **maîtrise des dépenses de personnel**, tant pour les personnels en activité que pour les agents retraités.

Les dépenses de personnel (rémunérations et pensions) des seuls fonctionnaires de l'État s'élèvent à plus de 130 milliards d'euros par an, soit près de **40 % des dépenses du budget général de l'État**.

Compte tenu du déroulement de carrière des fonctionnaires, chaque recrutement se traduit par des dépenses salariales qui augmentent pendant la vie active de l'agent. Pour freiner cette progression des dépenses salariales, des normes ont été définies en vue de limiter le nombre d'agents publics : **non-remplacement d'une partie des fonctionnaires partant en retraite** (un sur deux entre 2007 et 2011) et **stabilisation globale du nombre d'agents publics de l'État** (de 2012 à 2017) – ce qui signifie que des créations d'emplois dans les ministères considérés comme prioritaires étaient gagées par des suppressions d'emplois dans les autres ministères.

Les comparaisons internationales de l'OCDE montrent que l'efficacité du service public doit toutefois se mesurer au regard des objectifs atteints pour telle ou telle politique publique (santé, éducation, etc.), et que le nombre d'agents publics n'est pas en soi un critère pertinent. La pandémie de Covid-19 a aussi rappelé, dans le secteur de la santé, qu'une diminution des moyens matériels et humains avait des conséquences négatives sur le service rendu à l'usager. De même, la proportion de magistrats par habitant est inférieure en France à la moyenne de l'OCDE, ce qui est de nature à expliquer des délais de jugement plus longs.

3. Outils

S'agissant des **principes juridiques**, les fonctionnaires sont soumis, depuis 1946, à un statut général de niveau législatif, précisant leurs droits et obligations. Le non-respect des obligations expose à des poursuites disciplinaires. Les règles applicables sont cependant à la fois législatives et réglementaires, tout en obéissant à des principes constitutionnels (comme l'égal accès aux emplois publics, la liberté syndicale et le droit de grève).

En ce qui concerne l'**organisation administrative**, le ministère chargé de la fonction publique a pour rôle de définir les règles applicables à l'emploi public. La direction de l'administration centrale mettant en œuvre cette politique est la Direction générale de l'administration et de la fonction publique (DGAFP).

La **loi du 6 août 2019 de transformation de la fonction publique**, battant en brèche la notion d'emploi à vie dans la fonction publique, a introduit un certain nombre de modifications :

- Elle favorise l'embauche en contrat à durée déterminée, sur des postes de contractuels, notamment dans l'encadrement supérieur.
- Elle ouvre la possibilité de départs négociés de l'emploi public.
- Elle soumet les règles d'avancement à une politique de gestion des ressources humaines (les lignes directrices de gestion) faisant l'objet d'une concertation avec les organisations représentatives du personnel.

Il s'agit d'**individualiser davantage les carrières**, afin de mieux prendre en compte les mérites individuels et moins la seule ancienneté, en apportant plus de souplesse à la gestion des personnels par les directions des ressources humaines.

Le ministère chargé de la Fonction publique a été requalifié en 2020 de ministère de la Transformation et de la Fonction publiques, afin de traduire cette volonté réformatrice.

4. Résultats et débats

Les **débats sur la part de l'emploi public** dans l'emploi total ne sont pas dissociables de ceux sur le rôle et les missions de l'État et du débat sur le niveau de prélèvements obligatoires.

Une tendance législative et jurisprudentielle a consisté à **rapprocher le statut des agents publics de celui applicable aux agents de droit privé**, même si le droit de la fonction publique relève toujours d'un juge spécifique (le juge administratif) et que le Code du travail ne s'applique qu'aux salariés de droit privé. Si le niveau médian de rémunération est plus élevé dans le secteur public que dans le secteur privé, il faut aussi prendre en compte le fait que les agents publics sont en moyenne davantage diplômés.

En matière de **retraites**, la **pension** est actuellement calculée selon les six derniers mois d'activité, à hauteur de 75 % du salaire reçu – sous réserve de l'application d'un système de décote et de surcote selon qu'est atteint ou pas le nombre de trimestres requis pour une retraite à taux plein. La durée de cotisation des fonctionnaires pour la retraite est actuellement de 41,5 ans ; il est prévu qu'elle passe à 43 ans d'ici à 2035. La réforme des retraites envisagée consiste notamment à prendre en compte toutes les années de cotisation, et plus uniquement les six derniers mois.

La gestion des agents publics a évolué, sous l'influence notamment de la loi organique du 1er août 2001 relative aux lois de finances (**LOLF**), qui a introduit la notion de **performance**, fondée sur des objectifs et des indicateurs, pour mesurer et renforcer l'efficacité de l'action publique. En outre, le droit communautaire ne distingue pas fondamentalement les agents publics des agents privés pour l'application de la règle de libre circulation des travailleurs dans l'Union européenne : ainsi, les ressortissants communautaires ont en principe accès aux emplois publics en France.

Ces évolutions tendent à cristalliser les critiques des agents publics et de leurs organisations professionnelles sur les risques d'une remis**e en cause des garanties**

attachées au statut de fonctionnaire. Le devoir de réserve, d'origine jurisprudentielle, ne figure pas aujourd'hui dans la loi.

Enfin, les attentes de l'opinion en termes d'**exemplarité** à l'égard des hauts fonctionnaires se retrouvent aussi dans le droit de la fonction publique : les règles de déclaration des liens d'intérêt ont été renforcées et des codes de déontologie ont été mis en place.

Question à réponse courte

La France compte-t-elle trop de fonctionnaires ?

Si un emploi sur cinq en France relève du secteur public, la diversification des fonctions de l'État (au-delà de ses seules missions régaliennes) se traduit par une augmentation de la proportion d'emplois publics. On observe en outre une corrélation positive entre la part de l'emploi public et le niveau du PIB. Le débat sur le nombre de fonctionnaires exige des points de comparaison (historiques et internationaux) : si la France se situe au-dessus de la moyenne de l'OCDE pour son nombre d'emplois publics (lesquels ne sont occupés par des fonctionnaires que pour les deux tiers), l'emploi public ne progresse que faiblement depuis 2008 (+ 0,4 % par an), dans un contexte de maîtrise accrue des dépenses publiques. Le point d'indice de la fonction publique (qui détermine le niveau de rémunération) est gelé depuis 2017, et les réformes envisagées concernant les retraites tendent à un alignement avec les conditions applicables au secteur privé.

FICHE 10 : L'évaluation des politiques publiques

1. Contexte

Le site officiel gouvernemental vie-publique.fr définit l'évaluation des politiques publiques (EPP) comme « *l'activité qui consiste, pour une institution publique, à* ***mesurer les effets d'une politique menée*** *afin d'****éclairer la décision*** ». Elle trouve son origine dans l'article 15 de la Déclaration des droits de l'homme et du citoyen de 1789, selon lequel « *la société a le droit de demander compte à tout agent public de son administration* ».

Pourtant, l'**EPP en France** ne date que de la fin des **années 1960**, alors que des programmes d'évaluation ont été menés aux États-Unis par le *General Accounting Office* (GAO[1]) dès sa création en 1921. Le GAO est l'équivalent de la Cour des comptes en France, mais il est rattaché au Congrès, renforçant ainsi les pouvoirs d'évaluation du Parlement.

Pour la fiabilité de l'évaluation, la **méthodologie** est essentielle. Après avoir défini les **objectifs** et les **méthodes** de l'évaluation – en analysant également les besoins de l'action publique –, l'EPP comporte l'évaluation proprement dite (ou **diagnostic**, appréciant l'impact des actions menées au regard des ressources disponibles). Elle formule ensuite des **propositions de réforme**, en soumettant divers scénarios aux décideurs. L'EPP est ainsi orientée vers la **prise de décision**, en croisant différentes approches, notamment financière, sociologique ou encore économique.

Évaluation des politiques publiques

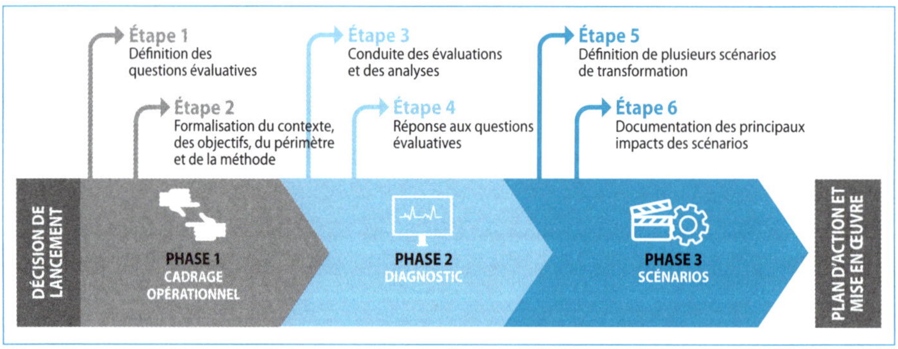

Source : Vie publique, https://www.vie-publique.fr.

2. Objectifs

L'EPP tend à jouer un **rôle croissant** dans un contexte de **rationalisation de l'action publique**, conjuguée à un budget contraint.

Ainsi, l'EPP doit non seulement **apprécier si les objectifs sont atteints**, mais aussi l'adaptation aux objectifs des **moyens engagés** (humains, financiers) et des **conditions de mise en œuvre des politiques publiques**.

1. En 2004, il est devenu le *Governement Accountability Office*.

L'évaluation d'une politique publique peut conduire à la modifier, à y mettre fin ou, au contraire, à la généraliser (notamment dans le cas d'une expérimentation). Selon les résultats de l'évaluation, une politique publique peut aussi être confiée à d'autres acteurs que les ministères (administrations centrales et services déconcentrés) : administrations publiques locales, autorités administratives indépendantes ou encore acteurs privés dans le cadre (ou non) d'une délégation de service public.

L'EPP est un instrument de la **réforme de l'État**, c'est-à-dire l'ensemble des actions tendant à transformer l'organisation de l'État, son périmètre et ses modes d'action.

3. Outils

A. Les acteurs

Créé en 1946, le Commissariat général du plan a exercé une mission de planification et d'analyse, dont les domaines étaient connexes à une évaluation. N'exerçant aujourd'hui plus de mission de planification indicative, il a été remplacé en 2006 par le Centre d'analyse stratégique, puis, en 2013, par une nouvelle instance administrative rattachée au Premier ministre : **France Stratégie**. Cette instance a des missions de prospective, de stratégie et d'EPP. Divers organismes y sont rattachés, tels que le Conseil d'analyse économique et le Conseil d'orientation des retraites. En pratique, les politiques publiques évaluées (comme la fiscalité du logement) s'inscrivent dans une étude sur les évolutions à long terme de la société et de la nation.

Créé en septembre 2020 pour animer et coordonner les travaux de planification et de réflexion prospective conduits pour le compte de l'État, le **Haut-Commissariat au Plan** dispose du concours de France Stratégie.

L'évaluation est menée par des **organes indépendants** des administrations qui conduisent l'action publique :

- le Parlement (dont l'évaluation présente un caractère plus politique, car lié au contrôle du gouvernement) ;
- les juridictions financières (comme la Cour des comptes) ;
- les corps d'inspection des administrations ;
- des instances administratives indépendantes (comme la Haute Autorité de santé) ;
- des universitaires ;
- des cabinets d'audit privés ;
- etc.

B. Les procédures

Introduite en 1968, la **rationalisation des choix budgétaires** (RCB) a mis en place une évaluation des politiques publiques fondée sur des outils d'analyse et des bilans coût-efficacité. Faute d'influencer la décision budgétaire, la RCB a finalement été abandonnée formellement en 1984. Plus de 500 études ont toutefois été réalisées, dont plusieurs ont eu des résultats significatifs : c'est le cas des travaux sur la périnatalité, ayant conduit à une diminution de la mortalité infantile. La RCB a aussi amené les ministères à se doter d'outils d'évaluation interne.

La loi organique du 1er août 2001 relative aux lois de finances (**LOLF**) a consacré une **démarche de performance** de l'action publique, visant à responsabiliser les gestionnaires au regard d'instruments d'évaluation des politiques publiques. À la différence de la RCB, l'évaluation est reliée à la procédure budgétaire. La démarche de performance définit les objectifs des politiques publiques – mesurés par des indicateurs – et permet de comparer les résultats obtenus aux cibles fixées. Objectifs et indicateurs de performance figurent dans les documents annexés aux textes budgétaires.

Il existe **trois catégories d'objectifs**, selon leur finalité :

– des **objectifs d'efficacité socio-économique**, qui expriment les bénéfices attendus des politiques publiques pour le citoyen : par exemple, réduire la délinquance générale pour le programme « Police nationale » ;

– des **objectifs de qualité du service** à l'usager : par exemple, rendre des décisions de qualité dans des délais raisonnables pour le programme « Justice judiciaire » ;

– des **objectifs d'efficience**, qui rendent compte aux contribuables de la qualité de la gestion des moyens de l'État : par exemple, optimiser la gestion des grands projets informatiques pour le programme « Conduite et pilotage de la politique de la justice ».

Plusieurs **cycles de réforme de l'État** ont été menés sous l'impulsion des administrations financières :

– **En 2005, les audits de modernisation :** ils ont permis notamment de développer les téléprocédures et de mettre à niveau des crédits sous-évalués (comme les frais de justice).

– **En 2007, la révision générale des politiques publiques (RGPP) :** elle a été engagée en vue de réduire les dépenses publiques et de revenir à l'équilibre des finances publiques. Elle a mené à des réorganisations, comme la mutualisation des fonctions support de la police et de la gendarmerie ou la fusion des services des impôts et de la comptabilité publique pour former la Direction générale des finances publiques.

– **En 2012, la modernisation de l'action publique (MAP) :** elle a remplacé la RGPP tout en partageant ses objectifs (baisse des dépenses publiques, amélioration des politiques publiques), mais en abandonnant un de ses principes (non-remplacement d'un fonctionnaire d'État sur deux partant en retraite, qui avait représenté une économie budgétaire annuelle de 800 millions d'euros) et en associant davantage les agents et les usagers. La MAP a permis notamment une simplification des procédures.

– **En 2015, les revues de dépenses**, intégrées en 2017 dans le programme Action publique 2022 : elles ont consisté à **documenter des mesures et des réformes structurelles de redressement des comptes publics,** réalisées par les corps d'inspection et de contrôle, en association avec le Parlement. Les travaux ont notamment porté sur les aides personnelles au logement. Les économies budgétaires réalisées ont été modestes (400 millions d'euros dans le budget 2017).

4. Résultats et débats

Si l'EPP vise l'objectivité, **elle n'est pas neutre**, puisque les résultats obtenus dépendent du choix des données mesurées et des objectifs visés : l'EPP s'est développée en France dans un contexte de restrictions budgétaires, et a pu être dénoncée comme l'instrument pour la justifier. La RGPP a tout particulièrement concentré les critiques des organisations syndicales, dénonçant une diminution selon elles de la qualité du service public.

L'EPP, telle que mise en œuvre par la LOLF, est aussi associée à une critique sur l'introduction de méthodes de gestion du secteur privé, qui ne seraient pas adaptées aux spécificités de l'action publique. De fait, le **nouveau management public** (concept anglo-saxon né dans les années 1970) vise à souligner les convergences entre la gestion publique et la gestion privée : la rentabilité prend en compte les résultats obtenus au regard des moyens fixés, dans une logique de retour sur investissement pour le contribuable soucieux de mieux connaître l'utilisation de ses impôts.

Pourtant, hormis la RGPP, **l'EPP n'a pas conduit à des baisses importantes des dépenses publiques** en France, même si les réorganisations administratives sont significatives. La culture de l'évaluation publique française peut être interrogée, notamment dans ses modalités : les instances administratives – corps d'inspection et Insee, bien que la RGPP ait eu recours à des cabinets privés – ont une place centrale dans l'EPP, à la différence des pays anglo-saxons, plus libéraux. L'EPP est aussi plus systématique dans les organisations européennes et internationales qu'en France.

Question à réponse courte

Peut-on gérer l'État comme une entreprise ?

Le nouveau management public théorise les convergences entre la gestion publique et la gestion privée. Il souligne que les objectifs de bonne gestion (consistant à mesurer la satisfaction des usagers, ainsi qu'à comparer les résultats obtenus aux moyens engagés), impératifs pour une entreprise privée dans une économie de marché, ne peuvent être étrangers à une saine gestion publique.

Toutefois, l'action administrative conserve des spécificités : en particulier, les missions régaliennes de l'État n'ont pas vocation à relever des lois du marché. Plus largement, l'action de l'État, garant de l'intérêt général, relève d'autres objectifs que le seul équilibre des finances publiques, notamment favoriser la croissance économique, réduire les inégalités sociales et favoriser la transition énergétique.

PARTIE 2

Les politiques régaliennes

FICHE 11 : L'État et la laïcité

1. Contexte

Le 26 août 1789, l'Assemblée nationale constituante adoptait en France la Déclaration des droits de l'homme et du citoyen, l'un des fondements juridiques de notre laïcité, même si le mot n'existait pas alors (voir articles 10, 4 et 1). Le 4 septembre 1870, la République proclamée par Gambetta est rétablie après le Second Empire et adopte les grandes lois laïques Ferry et Goblet, ainsi que la **loi de séparation de l'Église et de l'État du 9 décembre 1905**. À travers cette étape, la laïcité devient un trait majeur de la société française, pas toujours facile à cerner depuis l'étranger – par exemple, aux États-Unis –, dont le contenu et les conceptions évoluent au fil du temps.

Depuis quelques décennies, la France est pourtant traversée par des débats concernant l'application de la laïcité et sa confrontation aux identités religieuses nouvelles et visibles dans la société, principalement l'islam et les églises évangélistes.

En France, la laïcité est indissociable de la République et unique en son genre, le mot même étant intraduisible dans les autres langues. Elle fait cependant l'objet d'interprétations contradictoires, et donc de débats. Ainsi, bien que la question de la séparation entre Églises, institutions religieuses et État soit admise par la grande majorité des citoyens – à l'exception des fondamentalistes religieux, tenants d'un modèle politique théologique –, son exercice est discuté. Actuellement, ces questions s'inscrivent dans un contexte nouveau, marqué par la présence – relativement récente à l'échelle de l'histoire du pays – de l'**islam et des Français ou immigrés musulmans** (8,8 % en 2016, 18 % en 2050, selon les prévisions), mais aussi et au-delà par l'**affirmation des libertés religieuses** de plusieurs groupes, comme les évangélistes ou les juifs. En effet, depuis une trentaine d'années, on observe une polarisation de la société française entre ceux qui s'éloignent du religieux et ceux qui s'en rapprochent.

2. Objectifs

La laïcité s'est imposée en France comme un pilier de la République contre la menace de restauration monarchique. Elle affirme la **séparation entre Église et société civile**, et prescrit que l'État ne doit exercer aucun pouvoir religieux, et les Églises aucun pouvoir politique. Cette laïcité militante, anticléricale, animée en particulier par Émile Combes, homme politique du début du XXe siècle et meneur d'un radicalisme de gauche, a été l'un des éléments fondamentaux du programme républicain. Deux grandes conceptions de la laïcité s'affrontaient alors : celle d'Aristide Briand et celle de Ferdinand Buisson le premier insistant davantage sur la limitation de la neutralité de l'État. La conception qui a prévalu en 1905 est cependant libérale et a mis l'accent sur la **liberté religieuse**, tandis qu'une autre, plus interventionniste, est favorable à la neutralisation, c'est-à-dire au **confinement de la religion dans l'espace privé**. Le processus de laïcisation conduit donc à la neutralité de l'État, qui permet la démocratisation de la décision publique, dégagée des pressions religieuses et confessionnelles, en assurant le principe de **liberté de conscience** des croyants comme des non-croyants, l'**égalité des droits** et le **vivre-ensemble**.

3. Les outils

La laïcité a été inscrite dans les Constitutions successives. Ainsi, en 1946, la Constitution de la IVe République précise dans son préambule que « *l'organisation de l'enseignement public, gratuit et laïc à tous les degrés est un devoir pour l'État* ». En 1958, la Ve République adopte sa Constitution, dont l'article 1er précise que « *la France est une République indivisible, laïque, démocratique et sociale* ». Des **exceptions** existent cependant dans l'application de la laïcité, comme en Alsace-Moselle, où le Concordat de 1802, toujours en vigueur, reconnaît un exercice spécifique de quatre cultes : catholique, protestant luthérien et réformé, et israélite. La loi de 1905 ne s'y applique ainsi pas. Certains territoires d'outre-mer, comme la Guyane, font également l'objet de dérogations à la loi de 1905 : les membres du clergé catholique sont ainsi salariés du département.

C'est donc un ensemble de lois successives et de textes réglementaires qui ont façonné l'exercice de la laïcité en France à l'époque contemporaine. Ainsi, en 1989, un avis du Conseil d'État a précisé les **conditions du port de signes extérieurs d'appartenance religieuse** et proscrit tout **prosélytisme,** suite aux premières manifestations du port de foulards islamiques par des élèves dans des établissements d'enseignement public.

Le 15 mars 2004, la **loi sur le respect de la laïcité** interdit le port de signes ou de tenues manifestant une appartenance religieuse dans les écoles, collèges et lycées publics et, le 11 octobre 2010, la **loi interdisant la dissimulation du visage dans l'espace public** (dite loi anti-burka) est adoptée. En 2013, les établissements scolaires doivent afficher la **charte de la laïcité** et, en janvier 2018, le bureau de l'Assemblée nationale vote pour l'**interdiction du port de signes religieux aux députés**.

En outre, des organismes et des commissions voient le jour. Le 25 mars 2007, Jacques Chirac crée ainsi l'**Observatoire de la laïcité**, une commission consultative chargée de conseiller le gouvernement dans l'application de la laïcité. Rattachée au Premier ministre, autonome, elle est composée de 29 membres, y compris de l'opposition. Cet Observatoire propose aussi des formations à la laïcité et à la gestion du fait religieux dans tous les services publics. Le 31 mars 2020, Marlène Schiappa, ministre chargée de la citoyenneté, annonce devant le Sénat la fin de l'existence de cette instance.

La laïcité de la fin du XIXe siècle et du début du XXe ne concernait dans la pratique que les chrétiens. L'islam, devenu deuxième religion de France au fur et à mesure des vagues migratoires, n'a pas eu de statut juridique, n'ayant pas de clergé officiel et la communauté musulmane étant très diverse. Ce n'est qu'en 2002 qu'un accord a été signé entre trois fédérations principales : la mosquée de Paris – proche de l'Algérie –, la Fédération nationale des musulmans de France – proche du Maroc –, et l'Union des organisations islamiques de France, d'une part, et le ministre de l'Intérieur d'autre part. Cet accord a abouti à la création du **Conseil français du culte musulman** le **28 mai 2003**.

Enfin, pour faire respecter la laïcité, l'État dispose de moyens qui fonctionnent, tels que des **sanctions contre tous ceux qui contraindraient autrui à une pratique religieuse** (article 31 de la loi de 1905), l'**obligation d'une formation à la laïcité pour les imams, les aumôniers et les rabbins**, l'**abrogation du délit de blasphème**, la **possibilité pour un procureur de poursuivre toute atteinte à la laïcité**, le **renforcement de l'enseignement hors contrat** et l'**obligation pour les associations cultuelles de financer elles-mêmes leurs lieux de culte**. La loi de 2004 sur le port des signes religieux distinctifs est scrupuleusement respectée dans tous les établissements scolaires publics et la neutralité des fonctionnaires est appliquée par tous les agents de l'État français. Le 31 mars 2020, le Sénat a repris une proposition de loi sur « le respect des principes de la République » votée en première lecture en 2019 et y a apporté un amendement visant à interdire le port de signes religieux lors des sorties scolaires qui concerne surtout les mères musulmanes qui portent le foulard.

Éléments essentiels de la laïcité

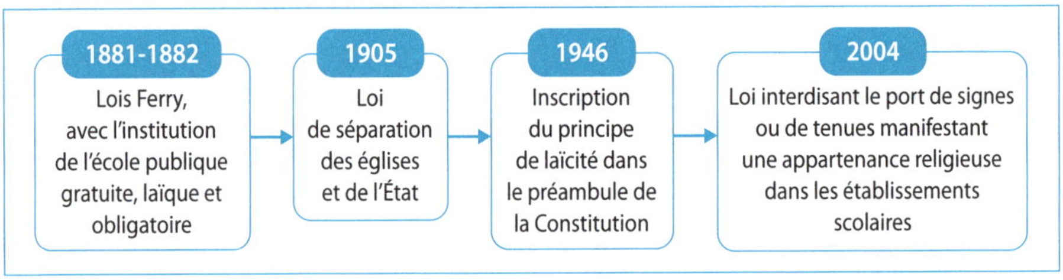

4. Résultats et débats

L'opposition entre **laïcité de « combat »** et **laïcité « ouverte »** continue à traverser les débats contemporains. Ces controverses opposeraient une politique publique de la laïcité au service d'une République multiculturelle et « séparatiste » à une République assimilatrice et homogène.

Il faut ici rappeler les textes, qui montrent bien que la laïcité n'est pas une arme anti-religion et que les articles 1, 2 et 4 de la loi de 1905 disposent que la **séparation des cultes et de l'État** s'accompagne de la **garantie d'une liberté de religion et de croyances**, mais que nul ne peut les imposer à autrui ni troubler l'ordre public. La question porte donc aujourd'hui sur la nécessité ou pas de neutraliser l'espace public et la société civile de toute expression religieuse. Elle entre en tension avec la nécessaire garantie de la liberté d'expression. « *Ce n'est pas par la répression mais par la promotion des libertés que la laïcité s'impose aux religions* », dit ainsi Jean Baubérot, historien spécialiste de la laïcité et du fait religieux. Des cadres et des règlements pour le respect de la liberté d'expression de tous et de l'ordre public contrôlent cependant la liberté religieuse. La neutralité de l'État passe ainsi par une séparation organique et financière, et par l'obligation faite à ses agents de ne pas exprimer leurs croyances religieuses. Cette dernière ne concerne pas les usagers des services de l'État, sauf s'ils contreviennent à la loi du 11 octobre 2010 qui fait **obligation de ne pas dissimuler son visage dans l'espace public**.

Ainsi, cette évolution du paysage religieux entraîne de nouvelles questions posées aux politiques publiques. Le besoin cultuel et la construction de mosquées et de temples, l'évolution du calendrier par l'intégration de nouvelles fêtes, les adaptations aux interdictions alimentaires dans les cantines, la question du port du voile dans l'espace public sont autant de défis pour la laïcité, qui doit garantir l'**égalité de traitement** et l'**unité intégratrice de tous les citoyens**.

Question à réponse courte

Quelles sont les deux grandes conceptions de la laïcité qui s'affrontent depuis le XIXe siècle et sur quoi portent-elles ?

Deux conceptions de la laïcité sont présentes dès le début de la réflexion sur la loi de 1905. La conception libérale, ouverte aux « accommodements », était celle portée par Aristide Briand, qui insiste sur le fait que c'est la puissance publique qui est neutre et non l'espace social. En d'autres termes, si la religion est une affaire privée, elle a le droit d'exister dans l'espace public, en dehors des agents de l'État. Il met donc l'accent sur la liberté de conscience. L'autre conception donne la priorité au principe de neutralité et était défendue par Ferdinand Buisson, influencé par Jean-Jacques Rousseau, initiateur du mot laïcité. C'est ce qui fait la spécificité du modèle français et qui semble, pour certains, l'opposer à la religion, ce que ne dit pas la loi de 1905. Aujourd'hui, cette opposition s'est réactivée à la faveur d'une évolution historique qui rend plus visible l'islam dans la société française, mais aussi d'un retour du religieux dans différentes communautés.

FICHE 12 : Déontologie des décideurs publics

1. Contexte

Le terme de déontologie est inventé par le philosophe Jeremy Bentham au XVIIIe siècle. Cette notion, très présente dans les pays scandinaves, renvoie aujourd'hui en France à l'exigence de **probité**, de **transparence**, voire d'**exemplarité** qui est exprimée par les citoyens à l'égard de la classe politique, de l'administration et des pouvoirs publics, avec de plus en plus de force à la faveur des scandales politico-financiers (affaires Cahuzac, de Rugy et Fillon) de ces dernières années.

Cette exigence est le signe d'une forme de **vitalité démocratique**, à laquelle les pouvoirs publics ont dû apporter des réponses pour consolider le **pacte de confiance**, essentiel au bon fonctionnement des services publics. Certaines exigences semblent transversales à toutes les administrations et portent sur les possibles **interférences entre intérêt privé et mission d'intérêt général** et sur l'**éthique des comportements**, qui peuvent avoir des répercussions sur l'exercice professionnel d'un service public. Si c'est particulièrement vrai concernant les agents de la force publique, toutes les catégories de fonctionnaires sont concernées. Le contexte des manifestations violentes mais aussi celui de la possible radicalisation d'agents de la fonction publique ont rendu ces attentes plus aiguës encore. Enfin, l'usage des nouvelles technologies et des données numériques dans le traitement de la plupart des demandes auprès des services sociaux et judiciaires a nécessité de réfléchir sur l'encadrement de leur utilisation.

2. Objectifs

Les citoyens ont exprimé le besoin d'être rassurés sur l'honnêteté de la classe politique et des fonctionnaires, au travers de l'émergence d'un discours de défiance présent dans certains mouvements sociaux comme les « gilets jaunes » ou certains partis politiques comme la France insoumise ou le Rassemblement National. Il s'agit donc de réaffirmer les valeurs de **neutralité**, de **désintéressement**, de **sens de l'intérêt général**, au fondement de l'éthique du service public, en adoptant à la fois des dispositions juridiques et disciplinaires internes aux administrations.

Cela dit, il semble qu'il ne faut pas se limiter à des approches répressives. En effet, les politiques publiques vont devoir élaborer des **guides de bonnes pratiques**, des **approches pédagogiques et préventives** pour former les agents, qui ont besoin de clarification des repères et de sécurisation dans l'exercice de leur mission.

Il est néanmoins apparu essentiel de ne pas produire de discours trop omniprésents sur le sujet et trop éloignés des actes, qui finiraient par avoir un effet de loupe aggravant la suspicion et le discrédit.

L'approche privilégiée est donc celle de la construction de dispositifs participant à la diffusion d'une **culture déontologique** chez les agents, qui s'appuie sur des outils et des instances adaptés.

3. Outils

Jusqu'au début des années 2000, le concept de déontologie n'était explicitement présent ni dans les textes réglementaires de la fonction publique ni dans l'encadrement de la vie politique. C'est à partir de 2009 que la notion s'est progressivement imposée. Ainsi, cette année-là, le Sénat a mis en place un **Comité de déontologie de l'Assemblée nationale** et a nommé un déontologue indépendant, en charge de contrôler les parlementaires. En 2010, une **commission sur la réflexion sur la prévention des conflits d'intérêts dans la vie publique** a rédigé un rapport « *pour une nouvelle déontologie de la vie publique* », qui a inspiré un projet de loi (finalement jamais inscrit à l'ordre du jour du Parlement).

À la suite de l'affaire Cahuzac, en 2012, une nouvelle commission est créée sur « la rénovation et la déontologie de la vie publique », qui aboutit en 2013 à la naissance de la **Haute Autorité pour la transparence de la vie publique (HATVP)**, qui s'est enracinée dans le paysage institutionnel et dont les missions s'élargissent au fil du temps. Elle a absorbé la Commission de la déontologie de la fonction publique depuis la loi du 1er février 2020. Le 11 octobre 2013, le législateur approfondit encore le cadre d'exercice des missions de service public, avec les deux **lois sur la transparence de la vie publique (loi organique et loi ordinaire)**. À la suite de l'affaire Fillon, la loi du 15 septembre 2017 « pour la confiance dans la vie politique » est promulguée pour moraliser la vie publique.

La loi du 20 avril 2016 comporte un volet déontologique, qui précise les missions des fonctionnaires et les inscrit dans le **Statut général des fonctionnaires**. Il s'agit de prescrire des devoirs et obligations, tels que la **dignité**, l'**affirmation de la responsabilité des tâches incombant aux agents**, l'**obéissance à la hiérarchie**, la **probité**, l'**intégrité**, l'**impartialité**, la **neutralité**, la **laïcité** (à ce sujet, une circulaire spécifique du Premier ministre est venue compléter la loi le 15 mars 2019), le **secret professionnel**, le **devoir d'information des usagers** et de **libre accès aux documents administratifs**.

Les obligations de discrétion des agents de la fonction publique

	La discrétion	Le devoir de réserve	Le secret professionnel
Définition	Ne pas communiquer à l'extérieur des informations sur son employeur apprises dans le cadre de ses fonctions.	Ne pas critiquer publiquement son employeur.	Ne pas communiquer des informations privées sur des personnes et des usagers des services publics.
Objectif	Maintenir le bon déroulement des services.	Préserver la neutralité et l'impartialité des services publics.	Préserver la confiance accordée par l'usager, ainsi que les données personnelles.

La question du **cumul des emplois** est réexaminée : il est ainsi autorisé pour les enseignants ou les créateurs d'entreprise, dans la limite d'un certain montant de rémunération. Depuis le décret du 30 décembre 2016, une liste des hauts fonctionnaires soumis à la **déclaration d'intérêts** est publiée, déclaration rendue obligatoire depuis la circulaire du 27 juillet 2017. Il s'agit ainsi de limiter les conflits d'intérêts. Dans le même mouvement, les règles de contrôle des départs des agents publics vers le secteur privé ont été renforcées, afin d'interdire le **pantouflage**, mais aussi les **parachutes dorés**. Dès lors, un fonctionnaire qui part travailler sous contrat privé comme cadre dirigeant dans le secteur privé ou public ne pourra plus prétendre à d'autres indemnités que ses congés payés.

Enfin, des codes spécifiques de déontologie concernent la **police**, la **gendarmerie** et la **médecine publique** ; ils sont dits de droit dur, car assortis d'une force obligatoire et imposés par la loi. Pour les autres agents, des guides dits de droit souple (sous forme de recommandations, de directives) sont adaptés aux différentes missions, comme le **Guide de déontologie de la Direction générale des finances publiques** (**DGFIP**) ou le **Guide des bonnes pratiques d'inspection et de contrôle de l'Inspection générale des affaires sociales (IGAS).**

L'association **ANTICOR**, fondée en juin 2002 pour rétablir l'éthique en politique et lutter contre la corruption, regroupe quant à elle des élus et citoyens de toutes tendances. Elle est très active, notamment au moment des élections, en proposant à tous les candidats de s'engager sur le respect de l'éthique et de la défense de l'intérêt général. Les règles de financement des partis politiques ont également été précisées par les lois du 11 mars 1988, du 15 janvier 1990, du 19 janvier 1995, du 11 avril 2003, ainsi que par les lois pour la confiance dans la vie politique du 15 septembre 2017.

4. Résultats et débats

Il est établi que l'exigence de déontologie dans la vie politique et publique est croissante, qu'elle concerne toutes les missions et professions, et qu'elle s'est approfondie ces dernières années, au gré d'affaires politico-financières. Le législateur et les règles de la fonction publique répondent à ces attentes et la **culture de la déontologie** semble progresser en France.

Pour autant, des limites sont à pointer. En effet, il semble que ces dispositions de moralisation et de transparence des politiques publiques aient avancé par à-coups, au gré de la pression produite par des investigations médiatiques, plutôt que par une politique globale. Pendant des années, les questions de probité des responsables publics ont été traitées sous un angle pénal, ce qui n'a pas favorisé l'adoption d'une approche morale et politique, aujourd'hui mise en avant. Par ailleurs, des **résistances** se sont exprimées, notamment à propos de la communication des revenus et patrimoines demandés aux élus et à certains hauts fonctionnaires. Plusieurs personnalités ont également refusé d'intégrer la HATVP craignant une dimension trop contraignante et suspicieuse à l'égard de leurs pairs.

On peut néanmoins considérer que la déontologie entre désormais dans les mœurs, et plusieurs indicateurs permettent d'en attester : le **recours grandissant au déontologue indépendant de l'Assemblée nationale** (20 fois plus saisie en 2019 que 5 ans auparavant), ainsi que les **actions de la HATVP**, qui a saisi 73 fois la justice entre 2013 et 2018. Pour ce qui est des agents de la fonction publique, leurs obligations doivent être clarifiées au maximum, d'autant que la porosité concernant la mobilité professionnelle entre secteur public et privé rend parfois la frontière floue entre les deux.

Enfin, si l'exigence de déontologie est un signe de vitalité démocratique, il faut aussi éviter qu'elle ne soit dévoyée et ne devienne une **suspicion constante** qui paralyserait l'action publique. Il convient ainsi d'équilibrer les réponses entre sanctions, écoute et prévention.

Question à réponse courte

Quel est le rôle de la Haute Autorité pour la transparence de la vie publique ?

Cette instance administrative indépendante a été créée par la loi sur la transparence de la vie publique, promulguée le 11 octobre 2013. Il s'agit d'un acte fort en matière de politique déontologique en France, qui impose à certains responsables publics des déclarations de patrimoine et d'intérêt, examinées conjointement avec l'administration fiscale et rendues publiques à travers un répertoire numérique. Cette autorité remplace la Commission pour la transparence financière de la vie politique et ses missions sont nombreuses : se prononcer sur de possibles conflits d'intérêts, conseiller élus et hauts fonctionnaires sur des questions déontologiques, et émettre des recommandations auprès du Premier ministre et d'autres autorités publiques qu'elle choisit. Elle remet chaque année un rapport aux chefs de l'État et de gouvernement, ainsi qu'au Parlement.

FICHE 13 : Les politiques migratoires

1. Contexte

Les images des migrants évacués par les forces de l'ordre ont soulevé des vagues de protestations dans l'opinion publique et rendu visible une réalité brutale de la politique migratoire française. Depuis les **crises au Moyen-Orient** et les **mouvements de migrants** demandeurs du statut de réfugiés qui se sont accélérés en 2015, l'Europe est confrontée à des choix politiques en matière d'accueil de ces populations fuyant la guerre et la misère, qui s'ajoutent aux flux migratoires traditionnels, liés au **travail** et au **regroupement familial**, notamment africains.

Si les flux migratoires à l'échelle du monde ne sont pas nouveaux, et s'ils s'élèvent à 3,5 % de la population mondiale selon la définition de l'ONU, cette arrivée de population – en progression pourtant modeste (2,8 % en 2000 par rapport à l'année précédente) et qui se dirige autant vers le sud de la planète que vers le nord – est à l'origine de débats politiques en France.

Les questions liées à l'**identité nationale** dans un contexte de mondialisation ont rendu très sensible la question migratoire. Longtemps considérée comme pays des droits de l'homme et de l'accueil, la France de 2021 contrôle fortement les arrivées sur son territoire, et ce depuis **1974 et la fermeture des frontières consécutive au choc pétrolier**. Les textes qui régissent aujourd'hui le droit d'entrée et de séjour ainsi que l'acquisition de la nationalité sont nombreux et se superposent à des réglementations liées au **Pacte européen pour l'immigration et l'asile**, adopté en **2008**. Ils nécessitent d'harmoniser les pratiques et le droit migratoire à ceux de l'UE.

2. Objectifs

Depuis le 1er mars 2005, le **Code de l'entrée et du séjour des étrangers et du droit d'asile (CESEDA)** compile les textes relatifs au droit des étrangers et complète l'ordonnance du 2 novembre 1945 qui établissait l'obligation de posséder des documents d'identité précis pour entrer en France. Ces textes poursuivent le même objectif de **maîtrise des flux migratoires** et de **lutte contre l'immigration clandestine.** Cet objectif est mis en œuvre avec plus ou moins de fermeté, selon les époques. Ainsi, la liste des documents à fournir est plus ou moins longue, les règles d'acceptation de certains cas particuliers (étudiants, malades) plus ou moins rigides.

Le droit d'asile est encadré par des textes nationaux et internationaux : la **Déclaration universelle des droits de l'homme**, la **Convention de Genève** et la **Charte des droits fondamentaux de l'Union européenne**. Le **droit d'asile** est inscrit dans le droit constitutionnel et est un marqueur de la singularité historique de la France à l'égard des droits de l'homme. La Constitution de la Ve République déclare dans son préambule que « *tout homme persécuté en raison de son action en faveur de la liberté a droit d'asile sur le territoire de la République* ». Pour obtenir le statut de réfugié politique, qui permet de bénéficier de la protection de la France et de droits à la santé, à l'éducation, au travail et aux allocations sociales, il faut établir la preuve que sa liberté ou sa vie est menacée dans le pays d'origine. Cette demande est faite auprès d'un organisme unique : l'**Office français de protection des réfugiés et apatrides (OFPRA)**, indépendant et seul habilité à statuer sur les demandes d'asiles. Depuis la **loi du 10 décembre 2003**, l'OFPRA peut limiter l'engagement de la France en proposant la « **protection subsidiaire** », le temps que le conflit dans le pays de départ trouve solution. La liste des pays éligibles est fixée par l'OFPRA et régulièrement mise à jour. En 2e instance, un recours peut être formulé à la **Cour nationale du droit d'asile (CNDA)**.

Le temps de l'instruction des dossiers, les demandeurs peuvent être aidés par des **allocations temporaires d'attente (ATA)** et accueillis dans des **centres d'accueil pour les demandeurs d'asile (CADA)** ou en hébergement d'urgence.

Pourtant, si cette situation de migration paraît particulière dans le droit, dans la réalité elle est souvent confondue avec l'immigration irrégulière en raison des difficultés rencontrées lors des contrôles aux frontières. Ainsi, les demandes sont souvent formulées par des migrants clandestins, après leur arrivée sur le territoire parce qu'impossibles à faire avant. En 2015, face à l'engorgement du système, une réforme du droit d'asile a été conduite et a introduit de nouveaux droits pour les demandeurs (assistance lors de l'entretien, recours suspensif devant la Cour nationale du droit d'asile, accélération de la décision). Cependant, en vertu du droit européen, le **règlement de Dublin** oblige le demandeur à présenter son dossier dans le premier pays européen où il est arrivé. Face à l'afflux des migrants, notamment syriens, les procédures du droit d'asile sont devenues de plus en plus rigides et le nombre de candidats acceptés est assez faible au regard des demandes (le taux d'accord de l'OFPRA était de 26,4 % en 2018). Le contexte de développement du terrorisme et la crainte de voir des djihadistes s'infiltrer dans les rangs des demandeurs rendent la question de l'asile sensible dans le débat politique.

Les décisions de l'OFPRA en matière d'asile entre 2015 et 2018

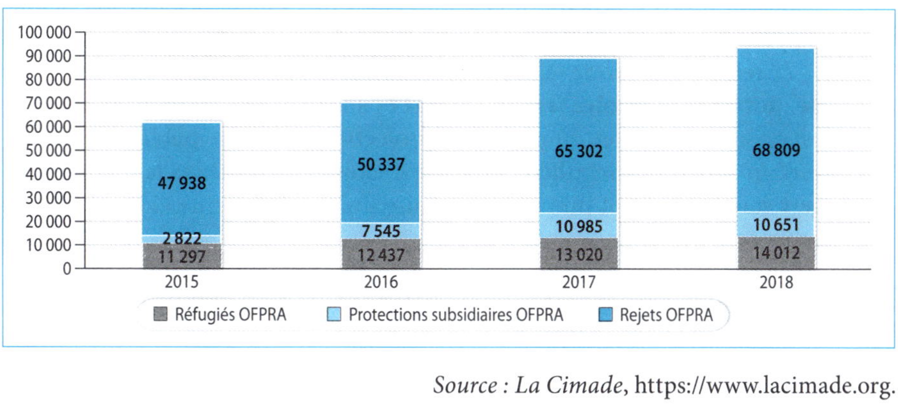

Source : La Cimade, https://www.lacimade.org.

3. Outils

Différents outils permettent d'appliquer les lois en matière de politique migratoire.

Au début des années 2000, plusieurs textes sur l'immigration se sont ajoutés aux législations en vigueur et contrôlent davantage les demandes d'entrée, désormais centralisées dans un fichier d'empreintes digitales, et la surveillance des mariages, des délivrances de visas, des regroupements familiaux, des évaluations médicales pour demandes de soins est accrue. Ces dossiers sont instruits par l'**Office français de l'immigration et de l'intégration (OFII)**, placé sous la tutelle du ministère de l'Intérieur depuis le 16 novembre 2010.

Il existe différentes catégories de titres de séjour :

- Les **titres de séjour pour salariés** : le plus souvent temporaires, ils permettent de travailler avec un contrat de travail demandé avant l'arrivée en France en principe.
- Les **titres vie privée-familiale** : on les obtient si l'on peut faire la preuve d'attaches en France. Ils peuvent mentionner une autorisation de travail.
- Les **titres étudiants** : ils ne sont délivrés qu'au bout d'un an d'études en France si un visa long séjour mention « Étudiant » est obtenu avant de venir. Ils sont soumis à conditions de ressources.
- Les **titres pour soins**, en cas de pathologie grave qui ne peut être soignée dans le pays d'origine.

En matière de **regroupement familial**, les conditions sont devenues de plus en plus strictes : ressources, taille de logement, évaluations de la qualité de l'intégration (tests de langues, recours possibles aux tests ADN et prise en compte de la prise en charge d'un enfant par un parent). La **loi du 7 mars 2016** a assoupli certaines conditions pour les conjoints et parents de Français, en délivrant de plein droit, selon des délais qui peuvent être longs, des titres longs séjours aux demandes de rapprochement demandées depuis le pays d'origine.

Le refus d'un titre de séjour peut être assorti d'une sanction, à savoir l'**obligation de quitter le territoire français (OQTF)** sous 30 jours. La procédure d'expulsion est prise par le préfet, au nom de la protection de l'ordre public et, pour les étrangers en situation irrégulière, on parle d'**éloignement**. Dans la pratique, les étrangers sous OQTF ont un mois pour faire un recours et une aide au retour leur est proposée.

4. Résultats et débats

Concernant les déboutés du droit d'asile, les procédures de retour au pays d'origine contreviennent au respect des droits humains. Ces personnes basculent alors le plus souvent dans le statut de sans-papiers, entamant des années de vie clandestine. La réalité des procédures d'éloignement est donc faible au regard du nombre de décisions prononcées (autour de 17 % en 2017), en raison de la complexité des situations personnelles : ni régularisables, ni expulsables selon le droit.

C'est la raison de la présence en France des milliers de sans-papiers, qui travaillent dans des secteurs en tension qui en ont besoin, illégalement, sous alias, et qui attendent de cumuler des « preuves de vie » en France pendant des années avant de redemander des titres de séjour.

La politique migratoire de la France, comme celle d'autres pays, est prise en tension entre la réalité humaine et économique, qui rend indispensable l'immigration dans un **pays vieillissant** et où certains secteurs de l'emploi sont demandeurs, et la prégnance d'un **discours idéologique, politique et électoraliste** qui instrumentalise le sujet des migrants. La politique migratoire française est donc soumise à la volonté de donner des **gages de contrôle des frontières à l'opinion**, à celle de prendre en compte la **peur de l'étranger**, la **nécessité d'intégration** et dans le même temps de faire coïncider ses décisions en matière migratoire avec des **principes séculaires** et des textes nationaux et internationaux. De nombreux économistes ou géographes ont montré combien on est loin du « grand remplacement », combien les travailleurs sans-papiers permettent à des secteurs entiers de l'économie d'honorer leurs commandes et à d'autres de fournir des services. La réalité des chiffres se heurte cependant à la montée du **populisme** et à l'exacerbation des **questions identitaires**. Entre attaques de camps de migrants par des activistes d'extrême droite, dérive individuelle de migrants – réguliers ou pas – qui commettent des attentats, et criminalisation des droits de l'homme et de certains actes de solidarité à l'égard des migrants, le chemin est étroit pour élaborer une **politique publique humaine et rationnelle** à l'égard des migrants, même si l'ONU continue à prôner le droit à la mobilité.

Question à réponse courte

En quoi la crise dite des « migrants » qui a suivi le conflit syrien a-t-elle affecté la politique migratoire française ?

L'Europe n'a accueilli que 10 % des réfugiés syriens. La grande majorité des 5,5 millions d'entre eux sont dans des pays limitrophes. Pourtant, on a parlé de « vagues migratoires », de flux, d'invasion, alors que le commissaire aux droits de l'homme du Conseil de l'Europe dénonce la France pour ses très faibles engagements en matière d'accueil des Syriens. Si l'on a parlé de crise migratoire entre 2015 et 2017, années où le maximum d'arrivées a été enregistré depuis la Syrie, la France n'a accueilli que 7 % du total de réfugiés qu'elle serait en mesure d'accueillir en fonction du calcul européen de la « part équitable », contre 118 % pour l'Allemagne. La politique migratoire française est donc restée très restrictive, même si les Syriens sont parmi les plus nombreux à obtenir le statut de réfugiés politiques accordé par l'OFPRA.

FICHE 14 : La lutte contre les discriminations

1. Contexte

Les discriminations fracturent notre pays et fragilisent nos liens sociaux. Selon la **loi du 27 mai 2008**, elles désignent ce qui consiste à traiter une personne de façon moins favorable qu'une autre en situation comparable, sur le fondement de critères prohibés par la loi. Selon les enquêtes du défenseur des droits, 50 % de la population française considère que les discriminations sont fréquentes en de nombreuses situations de la vie sociale : dans les contrôles de police (pour 50 % de sondés), à l'embauche (47 %) ou encore face aux demandes de logement (46 %). Plus de 30 % des salariés déclarent avoir fait l'expérience d'une discrimination, et ce taux double si l'on questionne les chômeurs. L'enquête « Trajectoires et origines », menée par l'Institut national des études démographiques (**Ined**) et l'Institut national de la statistique et des études économiques (**Insee**), révèle qu'un quart des enfants d'immigrés interrogés déclarent avoir été victimes de discriminations. Dans un rapport de 2015[1] rédigé par les partenaires sociaux à la demande du gouvernement, le monde de l'entreprise partage ce constat et reconnaît que « *les phénomènes de discrimination en entreprises sont généralisés* ». Enfin, en 2016, le **rapport L'Horty** sur les discriminations dans l'accès à l'emploi public, remis au Premier ministre, établit à son tour que des stéréotypes et des préjugés conduisent à des discriminations dans le recrutement d'agents contractuels, surtout de la fonction publique, qui n'y accèdent pas par concours. Si les discriminations sont punies par le **Code pénal** depuis 1972 et que bien des mesures ont été prises, elles restent néanmoins difficiles à combattre.

2. Objectifs

L'**inclusion de toutes les populations**, quels que soient leur âge, leur sexe, leur orientation sexuelle, leur sensibilité politique, leur intégrité physique, leurs origines ethniques et leur place dans la société, est un pilier fondamental de la République.

La multiplication des sentiments de relégation fissure le Contrat social et fragilise la démocratie française. Les ressentiments et le sentiment d'exclusion ne permettent pas une insertion harmonieuse et pacifiée dans la Nation et peuvent nourrir des tentations séparatistes. Le racisme menace la cohésion nationale et son expression croissante indique que les pouvoirs publics doivent par conséquent veiller à **réparer les injustices**, mais aussi à **empêcher leur existence** sur le fondement de préjugés.

1. Rapport de synthèse de groupes de dialogues interpartenaires sur la lutte contre les discriminations en entreprises.

3. Outils

Les pouvoirs publics français disposent tout d'abord d'un arsenal juridique riche pour lutter contre les discriminations, dont le principe est contenu également dans les **traités européens** et dans la **Convention européenne des droits de l'homme**.

La lutte contre les discriminations dans le droit français

Lois	Objectifs
Article 225-1 du Code pénal	– Interdiction de toute discrimination pour plus de vingt motifs : sexe, mœurs, âges, religion, opinion politique, origine, etc. – Sanctions pour les contrevenants.
Article L1132-1 du Code du travail **Loi du 13 juillet 1983 sur les droits et obligations de la fonction publique**	Interdiction de tout traitement différencié d'un employé pour fait de grève.
Loi du 27 mai 2008	Interdiction des discriminations concernant les réglementations liées à la protection sociale, la santé et l'éducation.
Loi du 8 août 2016	Interdiction des agissements sexistes.
Loi du 6 août 2019	Égalité professionnelle entre hommes et femmes dans la fonction publique (avec un plan pluriannuel en ce sens).
Projet de loi adopté en première lecture le 26 novembre 2020	Reconnaissance de l'accent comme un critère de discrimination et, par conséquent, prohibition de la glottophobie.

Le droit français, en matière de lutte contre les discriminations, a donc été précisé et élargi à de nombreuses occasions, et le nombre de critères de prohibition n'a cessé d'augmenter, passant de huit lors des premiers traités européens à une trentaine aujourd'hui.

Le **dialogue social** est aussi un outil de lutte contre les discriminations. Les entreprises de plus de 50 salariés doivent organiser des consultations et négociations obligatoires sur la qualité de vie au travail, le droit des handicapés, les discriminations à l'embauche ou encore l'égalité salariale. Depuis la **loi organique du 29 mars 2011**, le **défenseur des droits**, nommé par le président de la République pour six ans non renouvelables, remplace la **Haute Autorité de lutte contre les discriminations et pour l'égalité (HALDE)**, qui avait été créée par la **loi du 30 décembre 2004.** Il est indépendant et peut être saisi par tout citoyen qui s'estime victime de discrimination. Le gouvernement lui propose des projets de texte, et il publie un rapport annuel de ses études et prises de position.

Le ***testing*** est une modalité qui peut être utilisée pour lutter contre les discriminations. Il consiste à mettre à l'épreuve l'attitude d'un employeur, commerçant ou propriétaire face à des personnes susceptibles d'être discriminées. À l'inverse, la labellisation « diversité » délivrée par l'**Association française de normalisation (Afnor)** peut être obtenue grâce à des engagements pris pour lutter contre ces discriminations. Les **guides de bonnes pratiques**, les **chartes** ou encore la généralisation de **CV anonymes** sont également des outils qui se diffusent auprès des recruteurs, pour les sensibiliser aux risques de discriminations à l'embauche. Depuis la **loi du 27 janvier 2017**, ces derniers, dans les entreprises de plus de 300 salariés, sont désormais obligés de se former tous les cinq ans sur le sujet.

4. Résultats et débats

Si des dispositions multiples ont été prises pour lutter contre les discriminations, elles présentent toutefois certaines limites. Seuls 13 % des victimes engagent une démarche auprès du défenseur des droits, évoquant des procédures trop longues et trop complexes. Le nombre de condamnations pour discrimination est faible au pénal (20 par an environ) et il est toujours très difficile de faire la preuve de l'**intention de discriminer**. Cela dit, les recours au civil sont plus nombreux qu'auparavant.

Le ***testing*** a quant à lui surtout une valeur pédagogique, mais n'est pas contraignant. Il est peu utilisé en justice car il est très difficile de prouver une discrimination à l'embauche. Concernant les plaintes contre les **contrôles de police abusifs**, il est presque impossible aux particuliers d'attaquer en justice sans le soutien d'une association. Quant à la **lutte contre les discriminations ethniques**, elle se confronte à l'absence, en France, de statistiques ethniques pour établir la réalité de l'injustice vécue.

Enfin, la pratique de la **discrimination positive** est proposée comme un moyen de corriger les inégalités et les discriminations induites. Ainsi, l'obligation d'embauche de 6 % de travailleurs handicapés, imposée par la **loi du 10 juillet 1987** aux entreprises de 20 salariés ou plus, la loi du **6 juin 2000** imposant une parité obligatoire pour les scrutins de liste, ou celle du **12 mars 2012** obligeant la fonction publique à recruter 40 % de femmes dans les emplois de cadres supérieurs en sont des exemples. Pour améliorer l'égalité des chances, de grandes écoles ont aussi ouvert des dispositifs de recrutement spécifique pour des populations défavorisées, comme l'a fait Sciences Po Paris grâce aux Conventions d'éducation prioritaire (CEP). Toutefois ces mesures sont souvent très critiquées, car elles sont considérées comme limitées à des quotas qui concurrencent la compétence, le mérite et l'égalité républicaine.

Question à réponse courte

Quel est le rôle du défenseur des droits ?

Le défenseur des droits est nommé par le président de la République pour six ans non renouvelables et est chargé de défendre les droits des citoyens face aux administrations, mais aussi de promouvoir les droits de l'enfant et de lutter contre les discriminations. Il peut être saisi par toute personne qui s'estime entravée ou lésée dans l'exercice de ses droits – y compris un enfant – et il décide en toute indépendance de donner suite ou non à ces demandes. Il peut aussi décider d'instruire des enquêtes s'il le juge nécessaire, avec l'accord du procureur de la République. Il peut émettre des recommandations pour garantir les droits des personnes plaignantes et doit rédiger un rapport annuel d'activité et des rapports sur des sujets spécifiques.

FICHE 15 : Les politiques publiques face au handicap

1. Contexte

Tout au long de l'histoire, la prise en charge du handicap sous toutes ses formes, qu'il soit physique ou mental, a été le plus souvent le fait de la charité et des institutions religieuses. Elle est désormais une dimension de la solidarité nationale. La République française a ainsi progressivement bâti des politiques de protection des personnes handicapées, longtemps appréhendées seulement comme des victimes et relativement invisibilisées dans l'espace public.

La **loi du 3 juin 1975**, présentée par Simone Veil – alors ministre de la Santé – a fait de la prise en compte des personnes handicapées une obligation nationale et a fixé le cadre juridique de l'action des pouvoirs publics en leur faveur. La même année, l'Assemblée générale des Nations Unies avait, le 9 décembre 1975, adopté une **Déclaration des droits des personnes handicapées**. Des droits sont alors clairement identifiés pour les handicapés en France : droit au travail, à des ressources minimums et à l'inclusion sociale et scolaire.

En ce début de XXIe siècle, de nouvelles dispositions volontaristes sont venues compléter cette loi essentielle. La question de la place des handicapés, de leur mobilité, de leur insertion dans le monde du travail, de leur parcours scolaire et de leur formation reste cependant encore à améliorer. Si le monde du sport est capable de faire participer des personnes handicapées à des compétitions de haut niveau, si le théâtre et le cinéma ont pu être capables de faire jouer des personnes atteintes de la trisomie 21, il reste que le quotidien des citoyens français handicapés est souvent entravé et rendu compliqué par les difficiles et lentes adaptations des équipements, des transports et des activités sociales en général.

2. Objectifs

À partir de la fin du XXe siècle, les politiques publiques ont souhaité non seulement prendre des mesures pour **endiguer et alléger les difficultés matérielles** des personnes handicapées, mais également travailler à **favoriser leur participation à une citoyenneté active**. Il ne s'agit plus alors uniquement de garantir des soins, mais d'assurer une **égalité des droits et des chances** pour les handicapés et de permettre au maximum leur **inclusion sociale**.

Cette évolution des politiques publiques est aussi portée par la volonté de **changer le regard sur le handicap**. Il s'agit aujourd'hui de ne plus produire de stigmatisation et de ne plus réduire une personne à son statut de handicapé, mais, au contraire, de valoriser ses ressources et de penser en termes de compensation des déficiences, plutôt que d'y enfermer les personnes qui en sont atteintes. Il s'agit « d'aider à faire plutôt que de faire à la place de ».

3. Outils

Depuis la **loi du 3 juin 1975**, texte fondateur de la politique du handicap en France, les personnes handicapées sont éligibles à un dispositif d'indemnisation. Ainsi, l'**allocation adulte handicapé (AAH)** permet aujourd'hui à environ à 1,2 million de personnes handicapées qui ne reçoivent ni rente d'invalidité ni pension de retraite de bénéficier de revenus minimums, dont le montant est variable en fonction des ressources. Cette indemnité est accordée aujourd'hui sur décision de la **Commission des droits et de l'autonomie des personnes handicapées (CDAPH)**, créée par la **loi du 11 février 2005**, qui remplace, sous la forme d'un guichet unique, des commissions antérieures telles que les Commissions techniques d'orientation et de reclassement professionnel (**Cotorep**) ou les Commissions départementales d'éducation spéciale (**CDES**). Cette commission est indépendante et composée de multiples acteurs : État, département, associations et organisations syndicales. Le taux de 80 % d'incapacité doit être reconnu pour le demandeur de l'allocation, qui doit être âgé de 20 ans au moins. Ce taux est évalué grâce à un barème qui prend en compte l'interaction entre trois critères :

- **la déficience :** la perte ou l'altération d'une fonction physique, psychique ou anatomique ;
- **l'incapacité :** le niveau d'empêchement de réalisation d'une activité considérée normale ;
- **le désavantage :** la limitation du rôle social qui résulte du handicap.

La **loi du 11 février 2015**, qui a refondé la loi de 1975, a développé une approche qui n'est plus seulement médicale, mais qui souhaite favoriser l'**inclusion** de la personne handicapée en milieu ordinaire. Elle a ainsi défini les principes de compensation et d'accessibilité dans les transports, les bâtiments et les espaces publics. Cette loi affirme la nécessité de renforcer l'**obligation d'emploi** d'un travailleur handicapé dans le secteur public ou privé (prévue dans la **loi du 10 juillet 1987**), ce qui sera fait par la **loi du 5 septembre 2018**, entrée en vigueur le 1er janvier 2020 et qui conserve le taux de 6 % de travailleurs handicapés.

La loi du 11 février 2015 affirme également le droit à la **scolarisation** des enfants handicapés. Le **11 février 2019**, des propositions issues d'une concertation lancée par l'Éducation nationale ont été faites au ministre en charge et à la Secrétaire d'État auprès du Premier ministre chargée des personnes handicapées. Elles ont été mises en place à la **rentrée 2020** et permettent la scolarisation dans l'école de son secteur de tout enfant handicapé, qui s'accompagne de l'obligation de construire un **projet personnalisé de scolarisation** (**PPS**) dès lors que la famille en aura fait la demande auprès de la **Maison départementale des personnes handicapées**, instance locale de la **CDAPH**. Ainsi, un enseignant référent suit le projet de scolarisation de l'enfant, qui peut être assisté d'un **accompagnant des élèves en situation de handicap (AESH)**, placé sous la responsabilité pédagogique de l'enseignant de la classe. Selon le niveau de handicap, la scolarisation peut être individuelle ou collective, dans des structures spécifiques telles les **unités localisées pour l'inclusion scolaire (ULIS)**.

Enfin, le **droit à la compensation** doit permettre de réduire et surmonter les incapacités fonctionnelles des personnes handicapées en intervenant sur toutes les situations complexes du quotidien. Des dispositions multiples ont ainsi été prises :

– création d'une **carte de mobilité et d'inclusion** pour remplacer la carte de stationnement et de priorité ;
– **accélération du traitement des dossiers** par les MDPH ;
– facilitation des **aménagements des logements et des voitures** ;
– mise en place d'un **tiers payant pour l'achat des équipements techniques** ;
– simplification de l'**accès à l'aide à domicile.**

Enfin, sur la question spécifique de l'autisme, le Premier ministre a présenté, le **6 avril 2018**, le **4e plan autiste**, qui déploie une stratégie de 2018 à 2022 et qui concerne 700 000 autistes en France, dont 100 000 enfants. Ce plan s'engage à :
– amplifier la **recherche** et la **formation** sur les troubles autistiques ;
– **accélérer les diagnostics** (le temps d'attente est en moyenne de 446 jours aujourd'hui) ;
– garantir la **scolarisation** des enfants autistes ;
– **soutenir les familles.**

Pour cela, un budget de 400 millions d'euros est prévu.

La conférence nationale sur le handicap du mardi 11 février 2020, par Emmanuel Macron

La scolarisation des enfants handicapés	– **Module handicap** dans la formation initiale des professeurs des écoles et des enseignants du secondaire. – **270 unités psychosociales en plus** au sein des écoles d'ici à 2022. – **11 500 assistants d'élèves en situation de handicap (AESH) en plus** d'ici à 2022. – **Enfants autistes :** forfait « diagnostic et intervention précoce » possible jusqu'à 12 ans. – **Séances avec un psychologue ou un ergothérapeute** prises en charge par la Sécurité sociale pendant au moins un an pour les familles modestes.
Un numéro unique : le 360	– Aider les familles à trouver un **accompagnant scolaire** ou une **place en établissement**. – **Meilleure coordination** entre les 400 communautés d'accompagnement.
Des places en plus	– **+ 3 500 places** en établissement entre 2021 et 2022. – **+ 2 500 places** dans les structures intermédiaires entre logement classique et établissement spécialisé.
Des aides et des droits	– Demande d'**allocation adulte handicapée (AAH)** traitée en moins de 3 mois, au lieu de 8. – **AAH** toujours versée à part (et non intégrée au revenu universel d'activité). – **Aide financière pour parents handicapés** dans le besoin d'une assistance technique ou physique. – **50 millions d'euros** d'aides de l'État d'ici à 2022 pour les **maisons départementales des personnes handicapées (MDPH)**.

Source : d'après l'Élysée.

4. Résultats et débats

Si les politiques publiques ont indéniablement modifié leur approche du handicap et souhaitent amener la société tout entière à se mobiliser par des campagnes d'affichage, des spots télévisés et des prises de conscience, les **résultats** sont encore bien **nuancés**.

Des **blocages au niveau de l'accessibilité** sont régulièrement éprouvés en ville : le mobilier urbain n'est pas encore assez pensé pour les personnes handicapées, les trottoirs sont inadaptés et les ascenseurs sont insuffisants dans bien des bâtiments publics. Les collectivités territoriales et les entreprises – qui ont pourtant inscrit dans leur cahier des charges cette dimension de prise en compte du handicap – invoquent la **lourdeur des coûts** qu'engendrent ces travaux d'adaptabilité.

Concernant l'**accès à l'emploi**, le taux d'inclusion stagne et est bien inférieur aux 6 % de travailleurs handicapés prévus par la loi. Le taux de chômage des personnes handicapées est deux fois plus élevé que celui du reste de la population. Quant à la **scolarisation des enfants handicapés**, si elle est effective, elle n'est pas toujours réussie, et ce pour plusieurs raisons : la formation des enseignants et des AESH, peu rémunérés et parfois en nombre insuffisant, les effectifs chargés des classes ordinaires où ils peuvent être inscrits, ainsi que le nombre insuffisant de places dans les établissements spécialisés, où les enfants auraient besoin d'être suivis en complément des classes classiques.

Enfin, un **rapport de l'ONU**, publié en février 2019 sur les droits des personnes handicapées en France, souligne des lacunes concernant la scolarisation, le fonctionnement des institutions spécialisées, les transports, ainsi que des carences en interprètes en langue des signes, dans l'apprentissage du braille et dans l'accès au numérique. La rapporteure, **Catalina Devandas-Aguilar**, souligne aussi le déficit de concertation avec les personnes handicapées elles-mêmes dans les processus de prise de décision (particulièrement quand il s'agit de femmes), qui passent après les discussions avec les prestataires de services. Au final, si le rapport salue les efforts budgétaires et certaines avancées faites par la France, il lui reproche de perpétuer un isolement des personnes handicapées, pas assez reconnues comme des sujets de droit.

Question à réponse courte

Quels sont les objectifs et les modalités de la scolarisation des enfants handicapés telle qu'elle a été mise en place à la rentrée 2020 ?

La question de la scolarisation des enfants handicapés est l'un des aspects majeurs de la politique d'inclusion voulue par les pouvoirs publics en réponse aux attentes des familles. Il s'agit, le plus possible, de faire évoluer l'enfant dans des écoles ordinaires – en fonction de son niveau de handicap –, afin de le socialiser et de ne plus le cloisonner dans sa scolarité. Il s'agit aussi de faire de la place à tous, pour améliorer le vivre-ensemble et faire évoluer le regard sur les personnes handicapées. L'enfant est mis en situation de mobiliser ses ressources avec l'aide d'un enseignant référent, d'un accompagnant des élèves en situation de handicap et, si nécessaire, avec le recours à des structures médicalisées en parallèle, de type centre médico-psychologique ou institut médico-éducatif. La scolarisation peut aussi être accueillie dans des classes spécifiques, les unités localisées pour l'inclusion scolaire (ULIS), présentes dans certains établissements.

FICHE 16 : L'administration, les pouvoirs publics et les usagers

1. Contexte

Les expériences de contact avec l'administration française sont multiples dans la vie des citoyens. La qualité des échanges, la facilité des démarches et l'efficacité du traitement des demandes sont des gages de la cohésion sociale et de la confiance qui peut s'établir entre les usages et les pouvoirs publics, indispensables dans une démocratie. Dans un contexte de généralisation de l'usage du numérique, l'État français a mis au point, dès les années 1990, un **programme de modernisation de l'action publique**, dont la philosophie consiste à mobiliser les agents pour répondre mieux aux attentes, mais aussi à les évaluer et à décentraliser des services, pour être au plus près des besoins des habitants. Le contexte de la mondialisation a aussi conduit à repenser la place de l'État et des services publics et à proposer, à partir de la même période, un nouveau type de relation avec les usagers, inspiré de la relation entreprise-client.

Il s'agit d'optimiser le rapport coût-efficacité et de fluidifier le fonctionnement des administrations publiques. Si l'image de marque des services publics français est globalement positive, il n'empêche que la lourdeur administrative est toujours un obstacle auquel se confrontent les Français et qui appelle des réponses que les politiques de modernisation de l'État tentent d'apporter.

2. Objectifs

Pour l'État français, il s'agit moins de se concentrer sur les contraintes internes des administrations et plus de partir des attentes de l'usager, de cerner ses besoins, son parcours et ses difficultés. L'exigence de **comprendre la globalité des parcours effectués par l'usager** est affirmée, afin de ne pas isoler les services entre eux et de ne pas multiplier inutilement les demandes de documents. La nouvelle méthode mise en œuvre pour moderniser l'action publique consiste ainsi à partir de l'expertise de l'usager pour optimiser les fonctionnements des services. C'est ce qui a été au cœur de l'**action de modernisation de l'action publique** depuis le début des années 2000.

En outre, la volonté de lutter contre la défiance des Français à l'égard de leur administration a conduit les pouvoirs publics à **promouvoir des services publics bienveillants et accompagnants**. Il s'agit aussi, au travers de cette campagne de modernisation, de **mesurer le niveau de satisfaction ou d'insatisfaction des usagers**, que ce soit à l'égard de l'accès aux informations ou de l'écoute apportée à leur situation et aux solutions proposées pour les différentes démarches. Ainsi, une cartographie des besoins des usagers est effectuée et des stratégies d'action ont été entreprises, portées par des lois et des programmes de réformes.

Cette méthodologie s'appuie notamment sur la notion de **droits des usagers**, approfondie par l'adoption de la **loi du 12 avril 2000** qui oblige l'administration à informer les usagers des délais d'attente, à assurer le suivi des démarches entreprises et qui met fin à l'anonymat des agents. Il s'agit aussi d'**améliorer la gouvernance des services de l'État**. Il convient de les rendre plus efficients et de les faire désormais agir comme des prestataires de services qui doivent optimiser les coûts et produire des bilans de leurs résultats, conformément aux prescriptions de la **loi organique relative aux lois de finances (LOLF) du 1er août 2001.**

3. Les outils

En 2012, sous la présidence de François Hollande, le gouvernement a réaffirmé sa volonté de poursuivre la modernisation de l'action publique en mettant fin à la révision générale des politiques publiques (RGPP) et en créant le **Secrétariat général de la modernisation de l'action publique (SGMAP)**, rattaché au Premier ministre. Cette nouvelle structure a conduit des études sur la relation entre les usagers et les services publics, tandis que la loi du **27 janvier 2014** sur la modernisation de l'action publique territoriale (**dite loi MAPTAM**) – qui fait partie de l'**axe III de la décentralisation** – s'est intéressée aux allègements des normes et à la simplification des procédures à l'échelle des collectivités territoriales (les départements et régions, mais aussi les nouvelles intercommunalités en vertu de la **loi NOTRe** du **7 août 2015**). La volonté de rapprocher les services publics des usagers en transférant des compétences nationales ou régionales sur les collectivités territoriales d'échelon inférieur devait participer de la fluidification des parcours administratifs.

Le **SGMAP** a ainsi élaboré un baromètre de la qualité des services et de la satisfaction des usagers.

Le 26 septembre 2017, le Premier ministre Édouard Philippe a signé la **circulaire « Programme action publique 2022 »**, annonçant la création d'un **Comité action publique 2022**. Des élus, acteurs économiques et hauts fonctionnaires ont pu y faire des propositions en matière de transferts de responsabilités et de clarification de chevauchement de compétences, avec différents objectifs :

- Améliorer la qualité des services administratifs.
- Optimiser le recours à la numérisation.
- Permettre l'évaluation systématique par les usagers.
- Passer en revue les dépenses budgétaires, afin de les réduire et d'éviter le gaspillage d'argent public.

En 2018, les missions de ce comité ont débouché sur l'élaboration d'un **plan de transformation ministériel** sous la responsabilité du ministre en charge du Budget. Ce plan se donne pour mission d'assouplir la centralisation de l'État, de simplifier les instances de dialogue social et de développer le recours aux contractuels dans la fonction publique.

La mesure de la performance des services publics et de la satisfaction des usagers : un impératif de politique publique

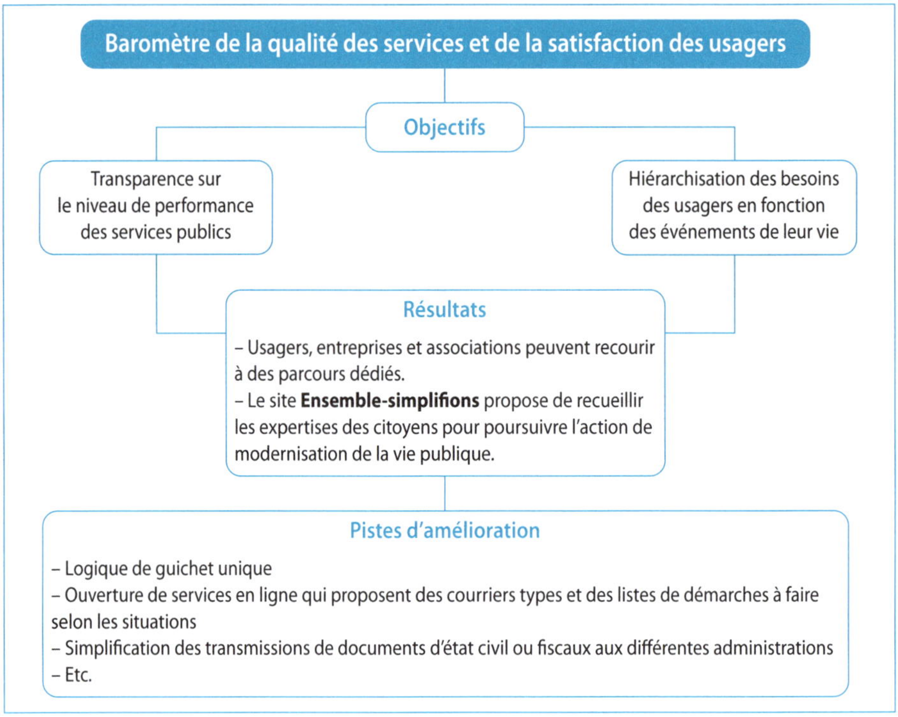

4. Résultats et débats

Les agents comme les usagers ont pu percevoir de manière ambivalente la politique publique de la modernisation de l'État. En effet, si elle est nécessaire, elle fait aussi peser le risque d'une dilution de l'État au profit d'acteurs privés, dont la logique est différente de celle des services publics.

La multiplication des audits confiés à des cabinets privés a pu laisser penser aux fonctionnaires qu'ils n'étaient pas acteurs de leur propre évolution professionnelle. En outre, pendant l'application de la **RGPP**, on a fait de la diminution de l'emploi public une priorité, ce qui n'a pas favorisé l'appropriation par les agents de la nécessité de modifier l'exercice de leur mission. Le fonctionnement vertical de l'administration s'est ainsi renforcé, au détriment des initiatives déconcentrées.

Les résultats issus de ces nouvelles politiques publiques en matière de modernisation de l'État sont contrastés. Les Français aspirent à une administration plus souple, moins pesante, à un accès simplifié aux services publics, mais aussi à la protection de l'État. On peut de ce point de vue noter que des dispositions ont été prises pour améliorer l'accompagnement et l'information des usagers et que des procédures administratives ont été allégées, notamment en matière d'état civil. Pour autant, la fonction publique reste soumise à une superposition d'instructions, de circulaires, de notes de service, qui entravent la proximité souhaitée entre agents et usagers, dont les relations demeurent contraintes par des procédures encore lourdes. La marge d'action des interlocuteurs des services publics demeure faible et ils ne peuvent que très peu agir sur la simplification des démarches à leur niveau.

La mission **Action publique 2022** a la volonté de rechercher un nouvel équilibre entre réduction des dépenses publiques et réforme qualitative de l'État, mais a conscience que les objectifs de la RGPP étaient inatteignables. La suppression de 150 000 emplois de fonctionnaires a ainsi généré moins de 5 milliards d'euros d'économie. Le recours aux emplois de contractuels est perçu comme un moyen d'alléger le poids de la masse salariale, mais soulève dans plusieurs secteurs d'activité des difficultés de stabilisation et de cohésion des équipes. Les contractuels sont en effet moins engagés à l'égard de leur mission dans la durée et parfois moins investis dans l'exercice d'un service au public pour lequel ils ne sont pas toujours formés.

La modernisation de la vie publique a aussi misé sur la **décentralisation des services** aux collectivités territoriales, pour favoriser la proximité avec les usagers. Les chevauchements avec les services de l'État restent cependant encore réels et le travail de fluidification et de définition des compétences reste à achever. Enfin, d'autres enjeux résultent du recours à l'usage du numérique. On s'aperçoit cependant qu'un pan de la population n'a pas accès à des services censés être simplifiés, en raison de fragilités d'alphabétisation ou de difficultés à utiliser la technologie, pour les personnes âgées par exemple.

Question à réponse courte

Quelles sont les principales missions du Comité action publique 2022 ?

Il s'agit d'une commission dans laquelle chefs d'entreprise, hauts fonctionnaires et élus travaillent à identifier les dysfonctionnements des services administratifs, ainsi que les transferts de compétence et simplifications souhaitables. Leur objectif est de proposer des axes d'amélioration des services publics, en utilisant notamment le recours au numérique. Le Comité est également chargé d'une réflexion sur l'évaluation des administrations et sur la rationalisation des emplois publics. Ses travaux ont débouché sur l'élaboration d'un plan de transformation ministériel en 2018, dont l'objectif est l'optimisation de la décentralisation et de la flexibilité dans l'emploi public par le recours aux contractuels.

FICHE 17 : La politique de défense

1. Contexte

Dans le gouvernement actuel, le ministère des Armées a remplacé le ministère de la Défense. Pour autant, la politique de défense reste toujours globale : civile, militaire et économique, mais également interministérielle, avec un haut fonctionnaire de défense présent dans chaque ministère. La politique de défense implique par ailleurs l'**ensemble de la nation française**, et les armées y jouent un rôle fondamental.

Le projet de **loi de programmation militaire 2019-2025** a été présenté en Conseil des ministres le 8 février 2018. Il s'inscrit dans le cadre fixé par la Revue stratégique, une planification lancée par le président de la République le 29 juin 2017.

2. Objectifs

La politique de défense de la France, issue des lois de programmation militaire (LPM), affiche plusieurs objectifs :

– la **conciliation** entre impératifs de rigueur budgétaire – à laquelle n'échappe pas le ministère actuel – et la stratégie d'une remontée en puissance du **potentiel de défense** (porte-avions nucléaire annoncé par E. Macron le 8 décembre 2020, programmes de sous-marins pour quatre unités indétectables en 2035, interventions extérieures consolidées, etc.) ; le gouvernement prévoit ainsi de consacrer **295 milliards d'euros** à sa défense entre 2019 et 2025 ;

– la réponse aux **risques et menaces actuels**, qui dépassent le cadre classique de l'intervention militaire : le **terrorisme** notamment, l'**espionnage** (c'est-à-dire le renseignement), mais aussi la **sécurité des approvisionnements** et l'**intervention militaire en dehors du territoire national** (OPEX) ;

– le maintien de la **stratégie de dissuasion nucléaire**, qui reste, selon le président de la République, un des piliers de notre sécurité, mais aussi un outil essentiel dans la défense européenne.

3. Outils

Aujourd'hui détenteur du **deuxième budget de l'État**, le ministère des Armées emploie quelque 270 000 personnels civils et militaires, et travaille avec plus de 26 000 petites et moyennes entreprises (PME). Les effectifs du ministère vont être portés à 275 000 à l'horizon 2025. Dans les projections financières figurent des têtes de pont, telles que la **cyberdéfense**, dont le budget doit augmenter de 1,6 milliard d'euros entre 2019 et 2025, ou la **recherche-développement**, dont le budget sera porté à 1 milliard d'euros par an.

La défense « nationale » suppose aussi, pour les armées, le renouvellement de matériels et leur adaptation aux contraintes et contextes nationaux ou internationaux. C'est ainsi que la programmation budgétaire envisage par exemple la construction de pétroliers ravitailleurs nouvelle génération, le lancement de 19 patrouilleurs pour la Marine nationale, le renouvellement de la flotte d'avions ravitailleurs, un programme dit « scorpion » de véhicules blindés ou encore l'équipement individuel des militaires (casques de nouvelle génération, treillis ignifugés). On peut citer encore, à titre d'exemple récent, le premier sous-marin nucléaire de dernière génération, baptisé *Suffren*, lancé le 12 juillet 2019. Les militaires ont par ailleurs bénéficié d'une augmentation de leur solde, valorisant ainsi leur rôle.

Les stratégies politiques en matière de défense sont également liées à ces budgets, et l'on met aujourd'hui l'accent :

– sur le **renseignement**, afin de développer l'anticipation et les effets tactiques des armées, et aussi de contribuer à l'autonomie stratégique européenne ; par ailleurs, le président de la République a annoncé le 13 juillet 2019 la création d'un commandement militaire dédié à l'espace ;

– sur le « *maintien d'une base industrielle et technologique de défense performante* », au vu notamment d'un contexte qualifié par certains spécialistes « *en dégradation rapide et durable* » ; cette **consolidation militaro-industrielle** reste par ailleurs « *indissociable d'un soutien à la construction d'une autonomie stratégique européenne*[1] » selon les positions gouvernementales ;

– sur les menaces persistantes sur le sol national à la suite des attentats terroristes, avec le maintien ou le développement d'opérations de type **Sentinelle**, lancées en janvier 2015 et mobilisant 10 000 soldats ; à ce propos, concernant le **terrorisme**, la France poursuit stratégiquement ses **OPEX** : on les retrouve par exemple au Mali ou en Syrie, sous les noms de Barkhane, Chammal, Serval, etc. ;

– sur la **généralisation de la défense**, l'effacement de la frontière entre les notions de défense et de sécurité nationale, qui implique la Nation tout entière et crée une stratégie de défense destinée à apporter des réponses à « *l'ensemble des risques et menaces susceptibles de porter atteinte à la Nation* », à savoir cybermenaces, terrorisme, sécurité des approvisionnements, etc. ; sur cet aspect, il est essentiel de maintenir les **liens armées/nation**, notamment depuis la fin de la conscription ; à ce titre, une réserve opérationnelle et une réserve citoyenne furent créées en 1999, avant la relance en 2019 du projet d'un **service national universel** ;

– sur le maintien de la **dissuasion nucléaire**, avec un rappel dogmatique du concept par E. Macron : « *La dissuasion nucléaire vise à protéger notre pays de toute agression d'origine étatique contre ses intérêts vitaux, d'où qu'elle vienne, et quelle qu'en soit la forme.* » *Ce positionnement récent n'est que le reflet de la stratégie française en la matière depuis l'avènement de la Ve République.*

À cet égard, la France continue d'afficher sa volonté d'une **dissuasion autonome et non couplée** avec les Américains. Cependant, si la force de frappe ne se partage pas avec l'Organisation du traité de l'Atlantique Nord (**OTAN**), les forces nucléaires françaises contribuent « *évidemment de manière significative au renforcement global de la dissuasion de l'Alliance atlantique* » *et la doctrine française en la matière*

1. Loi de programmation militaire 2019-2025.

« *reste strictement défensive* » (E. Macron en 2020). Aujourd'hui, au prix de 37 milliards d'euros entre 2019 et 2025, la France maintient ses **deux composantes**, océanique et aéroportée. Son évolution matérielle passe par le projet de renouvellement des composantes, avec mise en œuvre d'un missile hypersonique emporté par un avion de combat, un porteur lourd ou un drone furtif.

La France et l'Europe dans le domaine de la défense

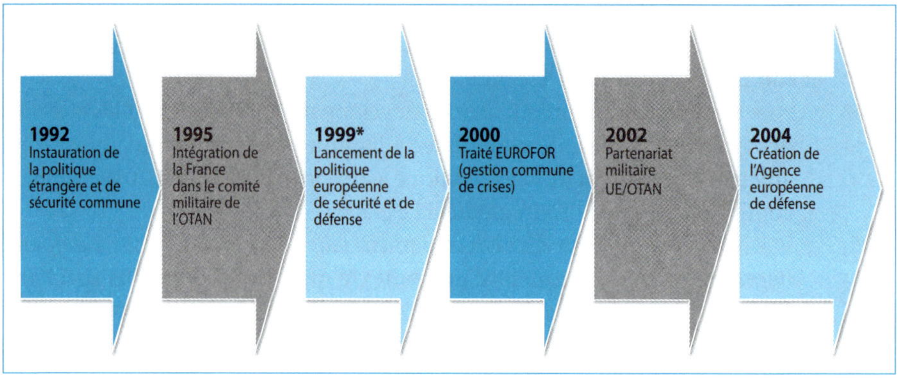

* *En 2009, la politique européenne de sécurité et de défense (PESD) devient la politique de sécurité et de défense commune (PSDC).*

Source : d'après le site Internet de l'Union européenne.

4. Résultats et débats

Les OPEX ont représenté, au cours des trois derniers exercices budgétaires, plus de **1,1 milliard d'euros** chaque année. Le coût unitaire, par militaire projeté, d'une opération extérieure a plus que doublé depuis une décennie, pour atteindre plus de 100 000 euros par an. Nombreux sont ceux qui posent la question de l'intervention militaire de la France, parfois seule, son intérêt et son coût non négligeable. Par ailleurs, Cour des comptes et Sénat demandent une meilleure appréhension des coûts de ces OPEX. Néanmoins, les interventions militaires ont permis d'accélérer les actions offensives sur les théâtres d'affrontements avec **Daech** et **Al Qaïda** en Irak puis en Syrie, et de démanteler des chaînes terroristes. Sur le territoire national, les **opérations Sentinelle**, pour défendre et protéger les Français, ont été un point d'ancrage important pour le lien armées/nation.

Les résultats des dernières programmations militaires ont permis une accélération de la modernisation des équipements des armées. D'aucuns soulignent à nouveau des dépenses peut-être excessives du ministère face à une modification sensible des stratégies au niveau mondial. Ainsi, le risque d'attaque nucléaire n'est plus celui de la **Guerre froide.** Les stratégies d'attaques nucléaires globales, y compris donc contre les populations civiles (stratégies anti-cité et théories de la *Mutual Assurance Destruction* [**MAD**] – destruction mutuelle assurée) sont à contre-courant. De la même manière, les conflits dits « classiques » (invasion par blindés et armées traditionnelles) semblent désuets, en particulier en Europe. En cela, les budgets de 295 milliards d'euros pour la défense de la France entre 2019 et 2025 peuvent poser question à l'heure d'une crise sanitaire et économique majeure.

Question à réponse courte

Sur quels axes (ou critères) la dissuasion nucléaire française repose-t-elle ?

La stratégie nucléaire française repose sur deux axes : la permanence de la dissuasion et la crédibilité. Le premier implique la détention de matériels, de forces nucléaires stratégiques modernes et d'une capacité létale importante, à savoir les composantes océaniques et aéroportées. Les quatre sous-marins lanceurs d'engins, ainsi que les mirages 2000 et les rafales permettent par exemple une frappe nucléaire à longue distance. Ces matériels sont régulièrement adaptés technologiquement. Quant à la crédibilité, l'ennemi doit être certain que la France ripostera en usant de sa capacité stratégique. Dans le cas contraire, la détention de l'arme nucléaire n'aurait guère d'intérêt.

Il convient de noter que la stratégie de la France a toujours été l'indépendance en matière militaire et nucléaire, bien que se pose encore plus ardemment aujourd'hui la question du rôle de la dissuasion nucléaire française dans la sécurité de l'Europe.

FICHE 18 : La politique de sécurité intérieure

1. Contexte

Les politiques publiques en matière de sécurité intérieure proviennent des stratégies politiques élaborées au plus haut niveau de l'État, en fonction des évolutions sociétales, de l'état des menaces et des moyens (c'est-à-dire des investissements) que le pouvoir souhaite développer en faveur de tel ou tel pan de cette politique. Une stratégie globale est préparée à partir d'une planification pluriannuelle, qui s'affiche comme **livre blanc**. Après celui de 2011, le contexte sécuritaire ayant largement évolué (terrorisme et radicalisation, manifestations violentes, etc.), un nouveau document a été élaboré et est paru en 2020. Il est le résultat de nombreux groupes de travail et fixe les fondations de la future **loi de programmation de la sécurité intérieure** de 2022.

2. Objectifs

Il convient d'abord de renforcer les **liens entre citoyens et fonctionnaires** à mission de sécurité, c'est-à-dire l'accueil, la prise en charge des victimes ou encore la visibilité des patrouilles sur la voie publique. Le **préaccueil du public** évolue également, avec la mise en place de rendez-vous en ligne ou par téléphone pour des dépôts de plainte ou des renseignements (afin que les policiers et le public gagnent du temps), une spécialisation de la chaîne d'accueil (associations, psychologue, etc.) et une informatisation plus marquée. Il est fondamental de démultiplier les occasions d'échanger avec le public au travers de la numérisation et de la **doctrine de solidarité citoyenne** (observer, signaler, échanger).

Il faut ensuite viser, dans un **cadre budgétaire contraint**, à réorganiser et rationaliser les différents services, et à les rentabiliser au profit de l'intérêt sécuritaire : un travail sur **zones de compétence police/gendarmerie** est en cours, et une **rationalisation des implantations des postes de gendarmerie** se met en place. Face aux contraintes budgétaires, différents éléments sont mis en œuvre :

- une **mutualisation de la logistique police/gendarmerie :** par exemple, les drones ;
- une véritable collaboration opérationnelle sur des problématiques de **délinquance communes dans les territoires limitrophes** ;
- le développement des concertations avec les élus locaux sur les **objectifs de sécurité territorialisée**, avec la création de liens plus étroits entre forces étatiques de sécurité intérieure et polices municipales.

Pour finir, il convient de favoriser l'**adaptation des matériels et doctrines d'engagement** aux challenges actuels. Parmi les objectifs principaux autour de ce thème, on relève :

- un meilleur **suivi institutionnel des récidivistes** ;
- une **modernisation des fichiers disponibles** et leur **recoupement** ;

– une refonte des **matériels de protection des personnels** ; on aborde, dans cet esprit, la configuration d'une **carte de sécurisation renforcée**, en fonction de l'évolution de la criminalité ;

– la pérennisation et la consolidation de la **filière professionnelle du renseignement d'information générale** au sein de la sécurité publique.

Organisation interne de la sécurité intérieure

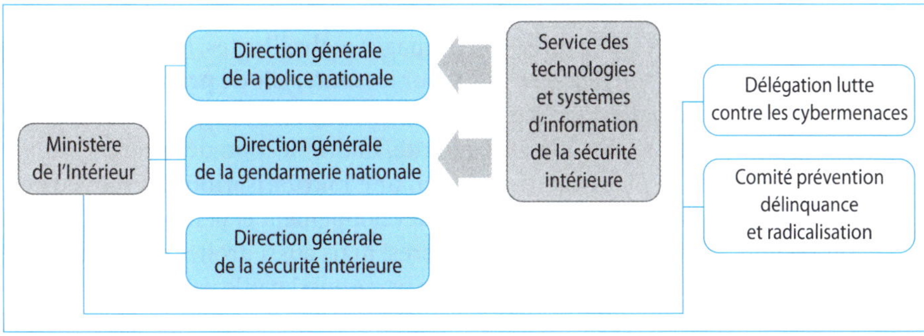

Source : ministère de l'Intérieur.

3. Outils

Dès 2017, les bases d'une nouvelle politique de sécurité ont été posées. C'est ainsi que la **police de sécurité du quotidien** (PSQ) a été déployée sur tout le territoire national au début de l'année 2018. Elle vise à replacer le service aux populations au cœur de l'action des forces de sécurité intérieure et à permettre à cellesci de mieux répondre aux insécurités du quotidien (incivilités, délinquance liée aux stupéfiants, etc.). Des **groupes de partenariats opérationnels (GPO)** ont aussi été créés, pour encore renforcer ces partenariats population/police. Le livre blanc de 2020 assure l'avenir de cette PSQ, avec un effort particulier porté sur le renforcement de la police municipale, dans le cadre de ses missions et de ses moyens, acté dans le projet de loi relatif à la sécurité globale paru fin 2020.

Sans attendre la future loi de programmation de la sécurité intérieure de 2022, plusieurs outils ont été forgés pour répondre aux axes d'amélioration globale de la sécurité intérieure. L'un d'eux relève d'une **anticipation accrue des mouvements de contestation**, avec l'appui du renseignement territorial, le déploiement de moyens techniques de prises de vue vidéo, ou encore le maintien de capacités d'interpellations rapides et ciblées – avec la mise en place des brigades de répression des actions violentes (BRAV), motorisées ou non. Ces points d'ancrage sont notamment repris dans le schéma national du maintien de l'ordre du 16 septembre 2020.

Il convient également de **moderniser l'action du renseignement**, en accentuant les nouvelles techniques de recherche (sémantique, rémunérations illicites) et en élargissant le prisme du renseignement (renseignement criminel aux frontières et service transversal d'intelligence criminelle). Il s'agit en outre de moderniser les « fichiers empreintes », de créer ou développer des logiciels de reconnaissance automatisée, et de favoriser l'émergence du fichier visage (3e fichier après le fichier ADN et le fichier digital).

Il faut également pouvoir compter sur l'**appui des ressources humaines (RH) et du matériel** aux forces de sécurité intérieure, qui, au vu de l'actualité, prend une connotation particulière. Le Beauvau de la sécurité doit faire évoluer les techniques d'encadrement, les conditions de travail, les parcours de carrière, la formation, la sécurité des personnels, etc. La protection des forces de l'ordre constitue notamment un axe particulier de travail, intégré au projet de loi relatif à la sécurité globale, en particulier sur la diffusion d'images malveillantes, très médiatisée en 2020. Différents projets sont aussi en cours sur les **matériels de protection et d'intervention** : gilets pare-balles plus légers, renforcement des vitrages des véhicules, recours plus fréquent aux armes à létalité réduite, multiplication des drones, etc.

Dans un cadre plus organisationnel, une **mutualisation des moyens** est indispensable. Seront ainsi mis en route le développement et la mutualisation de l'usage du vecteur aérien : avions ou hélicoptères, mais aussi drones et dirigeables.

La politique de la sécurité intérieure passe aussi par le **renforcement en personnel**. Il est ainsi prévu de recruter près de 10 000 agents sur le quinquennat présidentiel 2017-2022, qui viendront s'ajouter aux 101 000 gendarmes et 149 000 policiers. Des zones d'actions prioritaires, « **quartiers de reconquête républicaine** » (QRR), sont déjà répertoriées et les liens tissés avec la police municipale sont une plus-value.

Concernant les **mesures de prévention dans un cadre judiciaire ou administratif**, on se tourne vers les réquisitions du procureur de la République pour les contrôles d'identité et les interdictions de transporter des objets susceptibles de constituer une arme – notamment les mortiers d'artifice.

Enfin, les doctrines et outils en matière de sécurité ne doivent pas faire oublier les liens avec la justice. En ce sens, il est proposé de transposer en France ce qui existe dans certains pays anglo-saxons (au Canada, par exemple), à savoir une **procédure simplifiée de retenue judiciaire de courte durée** pour les délits de faible gravité – avec le consentement de l'intéressé –, de créer un délit d'entrave à l'enquête judiciaire en cas d'obstruction active et de transposer pour les témoins l'obligation de témoigner et l'incrimination de faux témoignages.

4. Résultats et débats

Les **tensions entre police et citoyens**, ainsi que l'**ultraviolence** – en particulier dans les manifestations – sont affichées comme caractéristiques de ces dernières années et nécessitent une réflexion de fond sur l'emploi des forces et leur doctrine (déjà entamée dès 2018). Certes, 10 000 policiers et gendarmes doivent être recrutés sur le quinquennat, mais la problématique ne résulte plus uniquement de la quantité des moyens (matériels et humains). On observe, et les travaux préparatoires à la future loi de 2022 les prennent en compte, une recrudescence des formes de contestation plus radicales, un usage intensif par les manifestants des réseaux sociaux, ainsi qu'une hypermédiatisation des événements.

Si elle manque encore de recul, la **police de sécurité du quotidien** affiche quant à elle des moyens substantiels : l'essentiel des 1 398 emplois de 2020 y est absorbé, ainsi que des renforts de plus de 1 000 policiers. Les QRR ont quant à eux été créés (60 d'ici à la fin du quinquennat) afin de lutter contre les trafics divers, répondant ainsi aux besoins des populations concernées. Une forte amélioration de la coordination locale se met également en place : 977 **GPO** ont ainsi été créés pour permettre la résolution des problèmes du quotidien. On notera cependant que les actions de **police de proximité** nécessitent, pour leur réussite, des « complicités » avec les habitants. Ainsi, le renforcement du lien police-population implique que les QRR soient dotés d'au moins un « délégué cohésion police-population ». Dans le même temps se joue toujours le débat sur l'**armement de la police municipale**.

Question à réponse courte

Sur quoi les choix en matière de sécurité intérieure reposent-ils ?

Les choix en matière de sécurité sont éminemment politiques. Ces options sont bâties sur du court terme lorsqu'il convient de modifier rapidement des méthodes de travail ou qu'il est nécessaire de répondre par des normes juridiques à des événements impliquant les forces de l'ordre. C'est par exemple le cas avec l'utilisation des grenades de désencerclement dans le cadre de manifestations. Il s'agit souvent de la mise en œuvre de textes réglementaires (circulaires). Les lois de finances prévoient également l'accroissement des postes budgétés de policiers ou gendarmes. Ces options sur la sécurité intérieure sont aussi bâties sur du moyen ou long terme, dans le cadre de réflexions et de groupes de travail, au travers notamment des « livres blancs » sur la sécurité, dont celui de 2011 ou celui de 2020. Ces livres blancs constituent alors les prémices des lois sur la sécurité intérieure, telles que celle envisagée pour 2022. C'est au cours de ces travaux préparatoires que sont abordées les thématiques plus générales, comme la sécurité de certains territoires. Cette dernière a permis la création de « quartiers de reconquête républicaine » ou encore le développement, dès 2018, de la police de sécurité du quotidien.

FICHE 19 : La politique pénale

1. Contexte

La réforme de la justice a été entamée il y a quelques années maintenant. Elle a abouti à différents chantiers, nécessaires pour une remise en état du monde judiciaire et de sa structure.

Depuis longtemps, la justice souffre en effet d'un **manque de moyens** : on compte un peu plus de 8 000 magistrats judiciaires sur 86 600 personnels en 2019, pour un budget de 9 milliards d'euros. Le nombre d'affaires à traiter est quant à lui en progression constante : 1 312 690 affaires poursuivables pénalement en 2018. Depuis cette année-là d'ailleurs, les conclusions des différents chantiers vont dans le sens d'une plus grande lisibilité de la justice, de sa plus grande accessibilité, de sa simplification et d'une augmentation de son efficacité. Quant à l'administration pénitentiaire, de semblables problématiques s'y affichent : 81 250 personnes écrouées pour 60 907 places (au 1er janvier 2019) et 81 500 personnels affectés dans cette administration.

2. Objectifs

La réforme actuelle poursuit de concert trois objectifs :

- **Renforcer l'accessibilité et la qualité** de la justice pour les justiciables.
- **Améliorer le quotidien des professionnels** du droit et de la justice.
- **Renforcer l'efficacité de la procédure pénale** et de l'exécution des peines.

Ces objectifs sont portés par la **loi de programmation et de réforme de la justice 2018-2022**, le nouveau **plan pénitentiaire d'octobre 2018** – prévoyant l'édification de prisons jusqu'en 2027 – ou encore la **loi de modernisation de la justice promulguée le 18 novembre 2016**. Ces positions légales ne font pas oublier les différents constats émanant d'autorités telles que l'Observatoire international des prisons ou le contrôleur général des lieux de privation de liberté, concernant en particulier la problématique française de la **surpopulation** et de la **vétusté des établissements**. C'est sur ces deux thèmes que la France a été condamnée le 30 janvier 2020 par la Cour européenne des droits de l'homme (CEDH).

3. Outils

Afin de pouvoir mettre en œuvre ces objectifs, la première étape consiste à renforcer et adapter l'organisation et le fonctionnement de la justice, grâce à la mise en place de différents outils :

- la **refonte de la carte judiciaire** – avec notamment la fusion des tribunaux d'instance (TI) et de grande instance (TGI), pour créer les tribunaux judiciaires –, pour que le justiciable sache quelle instance saisir ;
- la création du **Parquet national antiterroriste (PNAT)** ;

– une **approche territorialisée**, avec la création de pôles spécialisés dans certains départements et l'expérimentation d'une cour criminelle départementale ;

– sur un plan répressif, la mise en œuvre en 2020 des **amendes forfaitaires** pour usage de stupéfiants, notamment afin de désengorger certains tribunaux.

La deuxième étape vise à rationaliser et **simplifier les procédures au profit des usagers**. Elle passe notamment par l'**informatisation**, et en particulier le développement de la plainte en ligne, mais également par l'**accélération des procédures**, notamment celle du divorce ou du plaider-coupable. La justice s'appuie de plus en plus sur des modes de **règlement amiable des différends** (médiateurs).

La troisième étape réside dans les ressources humaines (RH). Le personnel de la justice doit être épaulé dans ses activités et, notamment, il devient vital de **décharger** les juridictions de tâches non contentieuses, de **recruter** des magistrats et greffiers (plusieurs centaines de postes en 2020), et de **simplifier le travail** des acteurs de la procédure pénale, en particulier en supprimant des formalités inutiles (la numérisation de procédures devient un appui essentiel à ce titre).

Enfin, quatrième étape, la réforme de la justice va de pair avec l'évolution de la procédure pénale, des peines et de la prise en charge en général des délinquants. Ainsi, outre la **multiplication des places de prison** (une loi de programmation prévoit 7 000 places de plus d'ici à 2022 et 8 000 autres lancées ensuite), des centres pénitentiaires permettant une **prise en charge adaptée** des détenus verront le jour. Ils permettront alors aux détenus de circuler à l'aide de badges, pour accéder à des ateliers permettant de développer une réelle activité professionnelle.

Dans le cadre de la **politique des peines**, les travaux d'intérêt général (TIG) et les **bracelets électroniques** sont développés pour éviter l'incarcération. Les **lois Taubira du 15 août 2014 et Belloubet du 23 mars 2019** entendaient rompre avec le « *systématisme de l'emprisonnement* ».

Dans cet esprit, il convient d'instaurer une **nouvelle échelle des peines**, pour éviter de courtes peines d'emprisonnement, qui n'empêchent pas la récidive et peuvent être désocialisantes. Les peines d'emprisonnement de moins d'un mois sont ainsi interdites : elles se feront hors d'un établissement de détention entre un et six mois de condamnation ; les peines entre six mois et un an peuvent quant à elles être prononcées en détention à domicile sous surveillance électronique. L'idée-force ici est à la fois de trouver des alternatives à l'enfermement et d'opter pour des réponses pénales plus efficaces pour les délits du quotidien : amendes forfaitaires, **sursis probatoires** avec mise à l'épreuve et suivi socio-éducatif, et interdictions de fréquenter certains lieux font partie de cette panoplie.

La nouvelle politique pénitentiaire prend plus en compte les différentes catégories de la population pénale : un travail est d'ailleurs entamé pour **améliorer la prise en charge des détenus** présentant des troubles psychologiques et psychiatriques. Le gouvernement s'engage également sur la création de structures étanches pour les détenus condamnés pour **terrorisme ou radicalisés**, et vise à expérimenter une nouvelle mesure éducative d'accueil de jour des mineurs délinquants, en rénovant le **Code de la justice pénale des mineurs**, qui remplace, depuis le 1er octobre 2020 l'ordonnance du 2 février 1945.

Enfin, 1 500 emplois seront créés prochainement dans les **services d'insertion et de probation**, pour mettre en œuvre la nouvelle politique des peines.

Juridictions de l'ordre judiciaire

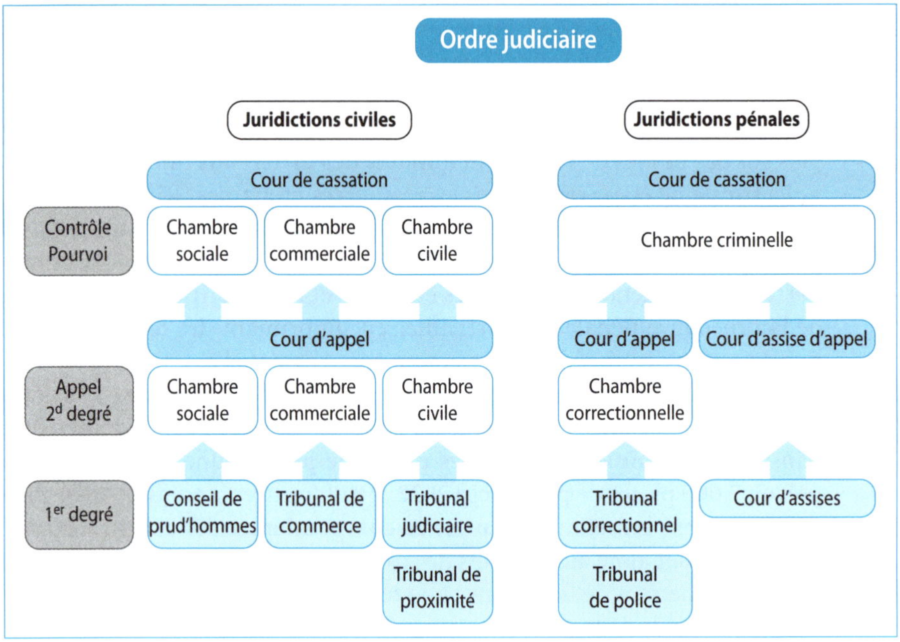

Source : ministère de la Justice.

4. Résultats et débats

La politique rénovée des peines n'est pas sans poser certaines difficultés. Des critiques sur les **libérations anticipées** ou les **substituts à l'incarcération** fleurissent, le bracelet électronique ou les TIG – pourtant lancés depuis de nombreuses années – n'ayant pas fait leurs preuves. D'ailleurs, un rapport d'avril 2018 de la commission de suivi de la détention provisoire relève que le développement des alternatives à l'emprisonnement rencontre des difficultés, en raison notamment d'un manque important d'effectifs et de moyens matériels. La loi vise pourtant à supprimer à terme toutes les peines inférieures à un mois de prison, pour passer sur ces substituts.

La surpopulation carcérale réelle (13 851 détenus en surnombre au 1er octobre 2019) doit être combattue par la création de nouvelles places de prison. Elle doit cependant aussi faire face à des **difficultés dans l'administration pénitentiaire**, à savoir un manque de gardiens, mais aussi de sécurité malgré des moyens complémentaires : 1 110 emplois supplémentaires prévus durant le quinquennat, le déploiement de dispositifs efficaces de brouillage des téléphones mobiles et le renforcement du renseignement pénitentiaire.

Question à réponse courte

Comment réduire la surpopulation carcérale ?

On peut observer deux axes majeurs pour limiter cette surpopulation, effective depuis de nombreuses années dans les prisons françaises. Le premier résulte du pilier de la politique pénale, à savoir l'incarcération. On peut, et c'est une volonté expresse des pouvoirs publics, multiplier le nombre de places de prison et construire des établissements dans le cadre de partenariats publics-privés. Mais pour d'aucuns, plus on construit, plus on enferme. Le second axe résulte d'une modification de la politique pénale, en revoyant les moyens de la réponse pénale et en les adaptant. Des alternatives ont ainsi été développées - comme le bracelet électronique ou les TIG –, mais il convient également de revoir les sanctions pour certaines infractions et d'éviter l'incarcération (notamment pour les peines inférieures à un mois).

FICHE 20 : La concurrence

1. Contexte

La **concurrence libre et non faussée** fut l'un des fondements de la construction européenne du marché intérieur et de son bon fonctionnement. Rejetée lors du débat sur le traité constitutionnel de 2005, cette notion disparaît des traités. La concurrence n'est plus un objectif (art. 3 du traité sur l'Union européenne, TUE), mais une compétence de l'UE au service du marché intérieur (art. 3 du traité sur le fonctionnement de l'Union européenne, TFUE) et un moyen d'aboutir au bon fonctionnement de celui-ci (Protocole n° 6 du TFUE).

Compétence exclusive de l'UE attribuée à la Commission européenne, la politique européenne de concurrence repose sur trois piliers (Titre 7 du TFUE) :

- l'**interdiction des aides d'État** (art. 107) ;
- la **lutte contre les ententes** (art. 101) et **abus de position dominante** (art. 102) ;
- le **contrôle des concentrations** (Règlement (CE) n° 139/2004 du Conseil du 20 janvier 2004).

Le socle de la politique européenne de la concurrence subsiste donc dans le traité de Lisbonne, dans la mesure où la libre concurrence n'est plus placée au même niveau que des objectifs généraux, comme le développement durable ou la cohésion économique, sociale et territoriale.

2. Objectifs

Citée 44 fois dans le TFUE, la notion de concurrence est devenue un outil à la disposition du **marché intérieur**, de la **politique monétaire** (art. 119 TFUE), mais aussi du **développement des territoires**, notamment par la politique de transport et de l'emploi, par les investissements d'**innovation**.

Parce que l'objectif est que règles et politique de la concurrence soient utilisées pour que le marché intérieur fonctionne de la façon la plus juste possible, elles tentent de concilier **liberté économique** et **protection des agents du marché**, et d'assurer une **dynamique du marché la plus loyale possible**. Il s'agit donc de passer d'une concurrence pour la concurrence à une concurrence pour les concurrents, au profit du **bien-être des consommateurs**.

Cette politique se heurte depuis quelques années à un environnement économique complexifié car mondialisé et numérisé, du fait principalement du développement de l'**économie des plateformes** et de la **compétition accrue entre blocs économiques régionaux** et **entre États membres** en soutien de leurs économies, entraînant des distorsions de concurrence au sein du marché intérieur.

La pandémie liée au SARS-CoV-2 (Covid-19) a réactivé les **possibilités d'exception aux sanctions pour atteinte à la concurrence**. C'est l'activation de l'article 101-3 du TFUE qui permet certaines ententes, qui produiraient des avantages économiques « équitables », soit parce qu'elles amélioreraient « *la production ou la* *distribution d'un produit* », soit parce qu'elles promouvraient « *le progrès technique ou économique* ».

Ainsi, dans une communication du 8 avril 2020, la Commission européenne a envisagé, d'une part, les projets de coopération éventuels visant à **remédier à la pénurie de produits et de services essentiels**. D'autre part, elle a également défini ses **priorités en matière de contrôle de l'application du droit de la concurrence** pendant cette crise, afin d'assurer une meilleure **sécurité juridique** aux acteurs économiques, notamment lors d'échanges d'informations susceptibles de bénéficier à la collectivité.

3. Outils

La Commission européenne dispose de pouvoirs de contrôle et de sanction, qui lui permettent de mener des enquêtes, d'organiser des auditions et d'accorder des exemptions. D'une part, elle repose sur un système de notifications par les autorités publiques lorsque celles-ci ont l'intention de fournir des aides publiques à une entreprise (aides d'État) ou par les entreprises qui ont le projet d'une fusion ou d'une entreprise commune. D'autre part, elle détient la prérogative de se saisir d'affaires relevant d'entente ou d'abus de position dominante.

La procédure devant la Commission européenne

Griefs	Étude du marché	Autonomie de décision	Politique de concurrence
La Commission européenne sollicite l'avis des parties intéressées pour juger des comportements anticoncurrentiels dans des affaires spécifiques.	Elle recueille les observations de toutes les parties prenantes pour évaluer les conséquences de la pratique sur le marché considéré.	Elle n'est pas tenue d'agir contre une plainte : son action relève d'un choix. Elle peut décider de ne pas poursuivre une entreprise si le préjudice est trop faible, par exemple. Cependant, si une entreprise ou une association de consommateurs dépose une plainte et qu'elle préfère ne pas donner suite, elle doit en exposer les raisons.	Elle peut mener des consultations publiques sur toutes ses initiatives en matière de politique de concurrence.

Depuis 2004, certaines **compétences en matière de contrôle** ont été confiées aux États membres, dans le cadre du **processus dit de « modernisation »** (règlement 1/2003). Ainsi, maintenant, les autorités de concurrence des États membres et les juridictions nationales peuvent, sur le principe de subsidiarité, contrôler la mise en œuvre du droit de la concurrence. Depuis cette date, ce sont les **autorités nationales de la concurrence** qui s'occupent des affaires propres à leur marché, là où la Commission conserve la main sur les affaires ayant une dimension européenne plus marquée.

Pour renforcer cette logique, la **directive 2019/1 du 11 décembre 2018** a renforcé les moyens mis à la disposition des autorités de la concurrence des États membres, afin de mettre en œuvre plus efficacement les règles en la matière. Ces nouvelles règles imposent aux États membres que les autorités administratives chargées de la concurrence puissent agir de manière indépendante et totalement impartiale, disposer des ressources financières et humaines pérennes, et de tous les pouvoirs requis pour recueillir des preuves pertinentes et imposer des sanctions proportionnées et dissuasives en cas de violation des règles.

C'est le **règlement n° 4064/89 du 21 décembre 1989** qui en a posé les fondements juridiques. Proposé par la Commission presque 20 ans auparavant, il n'a pas été adopté immédiatement, en raison des réticences des États membres, qui souhaitaient préserver leur capacité d'agir sur la politique industrielle. Ce texte n'a été remplacé qu'en 2004.

4. Résultats et débats

Le contrôle des concentrations par la Commission européenne a focalisé les débats autour de la politique de concurrence. Le rejet par ses services de la fusion entre les sociétés Legrand et Schneider en 2002 – rejet finalement sanctionné par la Cour de justice, qui estima que la Commission n'avait pas apporté d'éléments pertinents à sa décision –, puis la décision de février 2019 de refuser le rapprochement entre Alstom et Siemens ont focalisé les critiques, relançant le débat autour d'une **opposition entre politiques industrielle et de concurrence**.

La concentration d'entreprises n'est pas interdite en soi, à moins qu'elle ne crée ou renforce une position dominante, susceptible de déboucher sur des abus. Pour les tenants de la constitution de **champions industriels européens**, les concentrations peuvent favoriser des gains d'efficacité, comme la réduction des coûts de production, la mise en commun des départements de recherche et développement, etc. En facilitant la production de biens et de services à moindre coût, elles seraient source de concurrence.

Toutefois, la fusion d'entreprises par acquisition ou absorption d'une entreprise par une autre peut conduire à fausser la concurrence sur le marché, en créant ou en renforçant la position dominante de la nouvelle entité. Un tel **pouvoir de marché** lui permettrait de proposer des prix plus élevés, des services de moindre qualité ou de réduire ses efforts en matière d'innovation, au détriment du consommateur.

À l'origine, ce contrôle n'était pas prévu par les traités. L'augmentation des rapprochements d'entreprises au sein du marché commun (parfois dans le but d'échapper à la législation sur les ententes) a rendu nécessaire l'intervention européenne. Or, une fois qu'une concentration a eu lieu, bien que des amendes puissent être appliquées, elle est très difficile à défaire.

Outre ces deux affaires emblématiques de controverses teintées de protectionnisme national, il est important de rappeler que, dans tous les segments de la politique de concurrence envisagés, les autorités tant européennes que nationales ont une **vision proactive du marché**, selon le terme régulièrement employé par les institutions.

Le bilan du contrôle exercé par la Commission européenne

Avec une moyenne de 300 concentrations notifées par an, seules 5 à 10 % d'entre elles sont refusées par la Commission.

En 2017, les États membres ont accordé des aides pour un montant total de 116,2 milliards d'euros (hors soutien au secteur du transport), soit 0,76 % du PIB européen. La quasi-totalité a été validée par la Commission.

Question à réponse courte

La politique de concurrence s'oppose-t-elle à la politique industrielle ?

La question porte sur le débat récurrent de l'interaction, sinon du chevauchement, entre deux missions de la puissance publique : intervention directe dans l'allocation des ressources et/ou protection d'une économie de marché. Malgré la distinction originelle entre ces deux politiques, qui fait référence aux moyens employés et aux objectifs visés – favoriser une entreprise ou assurer le libre fonctionnement du marché –, cette opposition est finalement plus théorique qu'il n'y paraît tant les deux approches se complètent. Au fil des décisions prises par les autorités régulatrices, la politique de concurrence apparaît comme une politique industrielle implicite, qui permet de créer des groupes de dimension transnationale et de renforcer la compétitivité du territoire européen.

FICHE 21 : La protection civile de la population

1. Contexte

La demande de la population en termes de sécurité semble être en forte augmentation depuis quelques décennies, face à la **multiplication des menaces et des risques** : risque terroriste, climatique, sanitaire, risques naturels et technologiques, etc.

L'incendie de l'usine Lubrizol à Rouen le 26 septembre 2019, la recrudescence des épisodes cévenols dans le sud-est de la France, celle des tempêtes et des inondations – mais aussi des cyclones dans les territoires d'outre-mer – ou encore l'épidémie de Covid-19 tendent à le montrer. L'accident nucléaire de Fukushima en 2011 a aussi montré l'importance du risque nucléaire en France. L'Hexagone compte en effet 19 centrales nucléaires et 58 réacteurs en fonctionnement en 2021, dont le plus ancien a été mis en service il y a 40 ans.

2. Objectifs

Il faut distinguer **sécurité civile** et **protection civile**. La première relève des services de secours mis en place par la puissance publique, alors que la seconde regroupe les services de secours mis en place par d'autres acteurs, notamment des associations et des bénévoles. Les objectifs sont doubles pour toute politique de sécurité. Il convient d'agir à la fois en termes de prévention et de gestion des crises.

En matière de **prévention**, il convient :

- d'identifier et de connaître les différents risques, dans un but de prévention ou d'atténuation de leurs effets ; on cherche ainsi à réduire la vulnérabilité des populations ;
- de contrôler les installations sensibles, notamment nucléaires ;
- d'informer et d'alerter, mais aussi de développer une culture du risque (connaissance des phénomènes et bonne appréhension de la vulnérabilité) au sein de la population ;
- de limiter l'exposition aux risques technologiques et de réduire l'impact des pollutions industrielles et agricoles sur les personnes, les biens et l'environnement ;
- de former un maximum de personnes aux gestes de premiers secours, pour favoriser le réseau de la protection civile.

Quant à la **gestion des crises**, il faut :

- améliorer la préparation des acteurs du secours et de la population exposée, et mieux coordonner les différentes parties prenantes ;
- optimiser la lutte contre certains risques – comme les feux de forêt – et maîtriser les coûts ; cela passe aussi par l'amélioration de la sécurité maritime ou l'optimisation de la neutralisation d'engins explosifs.

3. Outils

A. Les acteurs de la sécurité civile

Il existe une **grande diversité d'acteurs** de la sécurité civile. L'importance de la proximité en matière de secours confère aux communes et aux départements un rôle essentiel. Les **services départementaux d'incendie et de secours (SDIS)** constituent ainsi le pivot de l'organisation de la sécurité civile. Dès lors que les événements ont une portée qui dépasse les limites et les capacités d'une commune, la direction des secours revient au représentant de l'État, qui peut faire notamment intervenir les moyens nationaux.

Au niveau national, la **loi de modernisation de la sécurité civile du 13 août 2004** consacre le rôle de coordination de l'État, « *garant de la cohérence de la sécurité civile* ». Elle fixe comme objectif de mobiliser l'ensemble des compétences contre les risques technologiques, naturels ou de nature terroriste, et « *reconnaît le caractère dangereux du métier et des missions exercées par les sapeurs-pompiers* ». Quatre idées sous-tendent la loi :

– **La sécurité civile doit être l'affaire de tous.** Pour cela, il faut sensibiliser les populations, généraliser l'apprentissage des gestes de secours, encourager le volontariat chez les pompiers, redéfinir le rôle des associations, etc.

– **La France doit mieux se préparer aux risques.** Un Conseil national de sécurité civile est créé, les plans d'urgence et de secours sont simplifiés, des plans communaux de sauvegarde sont créés, et les obligations des services publics et des opérateurs de réseaux sont renforcées, pour garantir la continuité du service et l'information des populations.

– **Les services d'incendie et de secours dépendent désormais du département.** Une conférence nationale des services d'incendie et de secours a été créée, composée de représentants de l'État, des élus locaux responsables des SDIS et des sapeurs-pompiers.

– **Il s'agit d'encourager les solidarités.** Pour cela, il convient de créer des établissements publics interdépartementaux, que l'État prenne en charge le coût des renforts extérieurs lorsque des départements sont sinistrés, etc.

L'action de l'État est coordonnée par la **Direction générale de la sécurité civile et de la gestion des crises (DGSCGC)**, qui s'appuie sur le réseau des préfets de zone et de département. D'autres opérateurs apportent également leur concours à cette politique de sécurité civile :

– L'établissement public **Météo-France** est au centre du dispositif d'alerte en matière de risques d'origine météorologique.

– Les services du **ministère en charge de l'Écologie** tiennent un rôle central dans la prévention des risques naturels et technologiques.

– Le **ministère en charge de la Santé** traite des urgences sanitaires.

– Le **ministère en charge de l'Agriculture** effectue un travail sur la lutte précoce contre les feux de forêt.

Rôle de Météo-France

Rôle de Météo-France

- Publication de **bulletins de sécurité et de vigilance météorologique** (*depuis 2001*)
  Objectif : avertir la population et les pouvoirs publics de l'arrivée d'événements dangereux
  - **Carte de vigilance** à quatre couleurs (vert, jaune, orange, rouge)
    Conseils de comportement
    Objectif : diffuser de façon large et efficace cette information
- Information sur les **risques sanitaires liés aux températures extrêmes** (*depuis 2004*) – en concertation avec l'Institut de veille sanitaire (InVS) –, dans le cadre du plan canicule
- Création du **service Avertissement pluies intenses à l'échelle des communes (Apic)** (*depuis 2011*)
  Objectif : avertir les communes de l'occurrence de précipitations exceptionnelles et du risque induit d'inondations par ruissellement ou débordement rapide de petits cours d'eau

Pour réduire la vulnérabilité aux risques, des **plans de prévention des risques naturels (PPRN)** ont été mis en place. Reposant sur la concertation, ils mettent en œuvre des stratégies locales de prévention, conformément aux orientations fixées par la circulaire du 3 juillet 2007. Le **plan de prévention des risques (PPR)** est un document réalisé par les services déconcentrés du ministère de l'Écologie, du développement durable et de l'énergie, qui réglemente l'utilisation des sols à l'échelle communale, en fonction des risques auxquels ils sont soumis : interdiction ou possibilité de construire sous certaines conditions.

Chaque commune dotée d'un PPR doit aussi mettre en œuvre un **plan communal de sauvegarde (PCS)**, qui doit préparer les acteurs communaux à la gestion de crises induites par différents risques. Il définit l'organisation pour assurer l'alerte, l'information, la protection et le soutien de la population au regard de ces risques (et notamment la mobilisation des services techniques communaux), et doit faire l'objet d'exercices d'entraînement et de contrôle opérationnel.

À la suite de la tempête Xynthia, en 2010, un **plan national submersions rapides** a été mis en place. Il comporte plusieurs mesures : protection des habitations, sécurité des barrages et des digues, et amélioration des systèmes d'alertes et de vigilance.

L'**Autorité de sûreté nucléaire (ASN)** tente de prévenir les accidents nucléaires et d'en minimiser les effets s'ils devaient survenir. Elle propose au gouvernement la réglementation qui encadre les activités nucléaires civiles. En outre, elle autorise et inspecte les installations et les activités nucléaires, et cherche à développer une culture de sûreté nucléaire et de radioprotection chez tous les acteurs concernés.

En cas de catastrophe, plusieurs acteurs sont déployés :

– En 2020, on compte **253 000 sapeurs-pompiers en France**, dont seuls 16 % de professionnels.

– En montagne, les **pelotons de gendarmerie de montagne (PGM)** peuvent intervenir pour secourir la population en cas d'accident ou d'avalanche.

B. Les acteurs de la protection civile

La **protection civile** peut également intervenir. Il s'agit d'environ **300 000 bénévoles**, qui représentent 97 associations (dont la Croix-Rouge, par exemple) ayant pour mission de secourir, d'aider et de former. Disposant des agréments de sécurité civile nécessaires à la tenue de dispositifs prévisionnels de secours (DPS), la protection civile mobilise ses équipes et ses équipements à diverses occasions :

- Elle met en place des postes de secours adaptés à la fréquentation lors de **manifestations** et d'**événements de grande envergure**.
- Elle vient en aide – en renfort du SAMU social (qui regroupe plusieurs membres d'ONG) – aux plus démunis, en organisant des **maraudes** ou en intervenant lors des **plans Grand Froid**.
- Elle organise des **opérations de collecte et de dons**, et peut intervenir auprès des sinistrés lors des crises.
- Elle contribue à former 110 000 personnes par an aux **gestes de premiers secours**.
- Dans les écoles, en plus des exercices annuels évaluant la **capacité à réagir face à un incendie**, elle organise des **plans particuliers de mise en sûreté (PPMS)**, en cas d'attaque terroriste.

4. Résultats et débats

La France est l'un des pays où la protection civile est la plus développée et la plus efficace. Mais, par essence **politique interservices et interministérielle**, la sécurité civile est une des fonctions les plus complexes et les plus difficiles à organiser, en raison de la diversité des risques, de leur caractère évolutif et, dans la plupart des cas, de la difficulté des prévisions. Il s'agit aussi de faire comprendre que le **risque zéro ne peut pas exister**, ce qui semble difficile à l'heure où les médias sont friands de catastrophisme, propre à générer une demande accrue en termes de sécurité. Enfin, la médiatisation croissante tend également à dramatiser les catastrophes, ce qui exerce une pression permanente sur les pouvoirs publics.

Question à réponse courte

Comment l'État s'organise-t-il face à la menace sanitaire ?

Face à la crise sanitaire, plusieurs instances sont intervenues et diverses mesures ont été mises en place, telles que le confinement ou le couvre-feu. Ces dispositions sont donc assorties de restrictions des libertés pour le bien commun, afin de limiter la propagation du virus. C'est le président de la République et le gouvernement qui ont pris ces décisions, ensuite validées par le Parlement. Certaines instances sont cependant intervenues pour conseiller l'exécutif, telles que la Haute Autorité de santé ou encore le Haut Conseil de la santé publique. Si certaines critiques, notamment du point de vue des collectivités territoriales, se sont élevées à cause du manque de concertation, il reste difficile d'établir avec précision quel est le bon échelon administratif pour mener une politique sanitaire efficace lorsque le risque est global (communal, départemental, régional, national ou communautaire).

PARTIE 3

Les politiques sectorielles

Europe et affaires étrangères

FICHE 22 : La politique étrangère de la France

1. Contexte

Sous la **Ve République**, la politique extérieure de la France relève du **ministère des Affaires étrangères**, qui a la responsabilité d'informer le président de la République en continu. Elle s'exerce au sein des organisations internationales, à commencer par l'ONU. La France y dispose d'un siège permanent au **Conseil de sécurité**, ce qui lui permet de discuter à égalité avec les États-Unis, la Russie, la Chine et la Grande-Bretagne.

Les ambassades et les consulats rédigent des rapports destinés au ministre des Affaires étrangères, bien que, depuis le général de Gaulle, la politique extérieure soit de fait un domaine réservé du chef de l'État. La diplomatie française est réputée, notamment en raison des concours très sélectifs pour recruter les agents du **quai d'Orsay**. Les carrières des hauts fonctionnaires français sont en effet, plus que dans d'autres pays, marquées par l'importance de la formation initiale et de certaines grandes écoles (École nationale d'administration, École polytechnique, École française d'Extrême-Orient).

Au début du XXIe siècle, on peut isoler quelques grandes lignes d'évolution de la politique extérieure de la France :

– Sous **Nicolas Sarkozy**, la réaffirmation des liens avec les États-Unis est marquée par de fortes tonalités atlantistes dans les discours, mais aussi par les actes, comme la **réintégration de la France dans les organes militaires de l'Organisation du traité de l'Atlantique nord (OTAN) en 2009** et un rapprochement avec Israël.

– Le président **François Hollande** a été confronté à des crises majeures, comme l'essor du jihadisme au Sahel, le conduisant à déclencher, en 2013, l'**opération Serval au Mali**, et à gérer la crise syrienne ainsi que les vagues d'attentats en 2015. Il a adopté une position pragmatique et consolidé l'axe franco-allemand, malgré sa volonté de renégocier le pacte de stabilité et de croissance qui s'opposait à la politique de la chancelière allemande. Les relations se sont néanmoins apaisées, notamment grâce à une solidarité affichée contre la Russie face à l'annexion de la Crimée et lors des commémorations mémorielles, comme à Reims le 8 juillet 2012 pour les 50 ans de la réconciliation franco-allemande. Concernant la question environnementale, la **COP21**, menée par Laurent Fabius, ministre des Affaires étrangères, a été une réussite diplomatique pour la France.

– Le mandat d'**Emmanuel Macron** est quant à lui marqué par la volonté d'occuper la scène internationale face à des personnalités clivantes telles que Donald Trump et Vladimir Poutine, en se réclamant du **gaullo-mitterrandisme.** La France plaide pour un **dialogue multilatéral face aux enjeux internationaux** et souhaite retrouver une place majeure dans un contexte de compétition commerciale entre la Chine et les États-Unis.

2. Objectifs

La politique extérieure de la France poursuit des objectifs de différentes natures. En matière d'économie, la diplomatie économique irrigue en fait les grands axes de la politique extérieure de la France. Depuis 2013, une Direction des entreprises et de l'économie internationale a été créée et a été rebaptisée **Direction de la diplomatie économique** depuis le 1er janvier 2019. Il s'agit d'un pont entre les grandes entreprises, les PME et les acteurs engagés dans les négociations diplomatiques. Elle apporte son soutien aux secteurs d'exportation, en collaboration avec des opérateurs publics tels **Atout France** pour le secteur du tourisme ou **Business France** pour tous les secteurs économiques.

Cette diplomatie économique intègre également les services techniques et scientifiques, pour promouvoir l'expertise française grâce à l'agence publique **Expertise France**. En effet, La France est au 3e rang en ce qui concerne le dépôt de brevets, grâce à la qualité de ses formations scientifiques et accompagne ses **10 000 start-up du numérique**, dont 13 font partie des 600 « licornes » comme Deezer, BlaBlaCar ou encore Doctolib. La France est aussi reconnue dans le secteur des jeux vidéo (Ubisoft).

La politique extérieure de la France est aussi un moyen de valoriser son rayonnement économique et culturel. Ainsi, concernant l'**intelligence artificielle par exemple**, la France a joué un rôle important dans la recherche et l'essor initial, avant d'être distancée par la Chine, les États-Unis, le Royaume-Uni et Israël, principalement en raison de la faiblesse de ses investissements et de la fuite des cerveaux. Ce retard a été mentionné dans le rapport Villani en 2017. Le rayonnement intellectuel, culturel et artistique renforce la place de la France à l'étranger et vient en appui à sa politique extérieure. Il passe par les réseaux des écoles, des universités et de la francophonie, mais aussi par les productions artistiques, le patrimoine matériel et immatériel, l'économie du luxe, le tourisme, le sport, le réseau diplomatique et les services de renseignement.

3. Outils

En matière de politique extérieure, la France actionne plusieurs leviers pour se déployer, comme l'insertion dans les instances internationales. La place qu'elle occupe au **Conseil de sécurité de l'ONU** la positionne ainsi souvent dans le rôle de médiateur parmi les cinq membres permanents. L'ambassadeur auprès de l'ONU est en outre l'un des plus importants du Quai d'Orsay. Le siège de l'**UNESCO** à Paris symbolise quant à lui le rôle moteur de la France en matière de politique culturelle et patrimoniale à l'échelle du monde.

La position de puissance économique de la France l'inscrit dans les voix importantes du **G7**, qu'elle a d'ailleurs présidé en 2019.

Mais c'est dans le cadre de l'**UE** que la France exerce un rôle central. Elle a été un acteur fondateur de la construction européenne, conçue comme un « multiplicateur de puissance ». Le processus d'élargissement a atténué le rôle dominant de la France, mais ne l'a pas fait disparaître. Elle est en effet toujours perçue comme un des deux piliers du couple franco-allemand, au pouvoir d'orientation réel. L'activation de la **clause dérogatoire du cadre général budgétaire**, portée par la France pour faire face à la pandémie de Covid-19, en est l'une des illustrations récentes. L'alliance entre Emmanuel Macron et Angela Merkel dans ce contexte de crise sanitaire démontre la durabilité et l'efficacité de l'axe franco-allemand.

Par ailleurs, la France a bâti des politiques bilatérales spécifiques avec les grandes puissances. Les relations avec l'allié historique états-unien ne sont jamais fondamentalement remises en cause, malgré des volontés d'affirmation de la souveraineté nationale et européenne. Aujourd'hui critique à l'égard du régime de Vladimir Poutine, la France maintient néanmoins un dialogue avec la Russie, malgré les sanctions auxquelles elle s'est associée contre Moscou suite à l'**annexion de la Crimée en 2014**. La France soigne ses relations bilatérales avec la grande puissance chinoise, un partenaire commercial de premier plan avec qui elle est cependant déficitaire. Le poste diplomatique le plus important est aujourd'hui l'ambassade de France à Pékin.

Malgré la persistance de liens historiques avec l'Afrique et une politique extérieure qui maintient une grande proximité avec le continent, la place de la France a reculé, notamment face à la Chine. Elle n'a plus le monopole de l'influence qui caractérisait la « Françafrique ». Emmanuel Macron a d'ailleurs annoncé vouloir refonder les relations avec l'Afrique, grâce à des gestes forts tels que la fin du franc CFA ou encore la volonté de restitution des patrimoines artistiques aux anciennes colonies, avec la commande du **rapport Sarr/Savoy**. L'opération militaire Barkhane, qui se poursuit contre les djihadistes depuis 2014, présente un bilan mitigé et la France envisage désormais de réduire les effectifs au Mali.

Déploiement des militaires français dans le monde

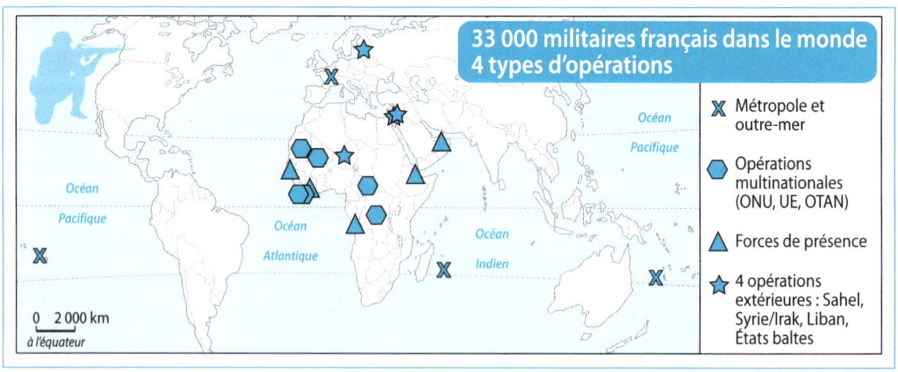

Source : d'après le ministère de la Défense.

La puissance publique a aussi intégré, depuis 2014, la diplomatie économique au domaine de la sécurité et de la défense, avec la **Direction de la coopération de sécurité et de défense**. Celle-ci a créé, en étroite collaboration avec le **ministère des Affaires européennes et étrangères**, une **section Liaison Entreprises**, qui accompagne les entreprises du secteur de la sécurité et de la défense et met à leur disposition les rapports de ses experts. Les forces armées, la puissance nucléaire, la

ZEE, seconde derrière celle des États-Unis, et la puissance maritime sont aussi des outils de la politique étrangère de la France, puissance nucléaire. La France est le 2e exportateur d'armement et dispose d'une force de projection. Enfin, le *soft power* complète ces atouts.

4. Résultats et débats

D'aucuns affirment que la France est désormais une puissance moyenne, dont le poids sur la scène internationale s'efface devant les pays émergents et la puissance américaine. Si la France reste dépositaire d'un héritage diplomatique ancien, sa voix est en effet moins forte qu'elle ne l'a été.

Néanmoins, elle n'a pas renoncé à assumer des responsabilités dans la gouvernance mondiale, comme ce fut le cas lors de la **COP21 en 2015**, et à intervenir militairement dans sa sphère traditionnelle d'influence et dans le cadre d'alliances stratégiques. Elle continue aussi de s'assurer une place de choix dans l'**économie du luxe** et son **rayonnement culturel** perdure par le tourisme et les atouts de son patrimoine. Elle accuse pourtant un retard dans les avancées liées à l'**intelligence artificielle**, et la réputation de son système scolaire et universitaire est remise en question, comme sa politique de recherche. L'échelle européenne semble être à la mesure de la puissance française, où sa position de partenaire de l'Allemagne lui permet le plus souvent d'amplifier la portée de sa voix, qu'elle continue de faire entendre plus globalement au **Conseil de sécurité permanent de l'ONU**.

Le **coût des OPEX** est aussi de plus en plus dénoncé, tandis que certains s'interrogent sur les bénéfices diplomatiques de ces interventions extérieures.

Question à réponse courte

Quelle est la situation du couple franco-allemand aujourd'hui ?

L'axe franco-allemand illustre la volonté politique de garantir la sécurité collective en Europe et la coopération entre les nations. Les deux puissances ont réussi à consolider un partenariat qui ne les empêche pas de développer des stratégies singulières ni d'avoir des différends, comme celui sur la mise au point d'un futur avion de combat européen. En 2021, le couple franco-allemand a cependant affiché sa solidarité lors de la pandémie, impulsant une stratégie commune face à la crise, qui doit se matérialiser par une méthodologie partagée en matière de production de vaccins, une harmonisation des normes, la création d'une *task force* sanitaire et un plan de relance économique.

FICHE 23 : Le rayonnement de la France à l'étranger

1. Contexte

La France est identifiée dans le monde comme une puissance culturelle, et ce depuis le XVIIIe siècle. Patrie des **droits de l'homme**, de la **gastronomie** et d'**illustres auteurs**, détentrice d'un **patrimoine culturel matériel et immatériel** très renommé, elle rayonne à l'étranger grâce à de multiples atouts. La Révolution française et la portée universelle des idées des Lumières lui ont conféré un statut particulier, porté par des artistes et des symboles forts. L'accueil de nombreux réfugiés politiques a contribué, au XIXe et au XXe siècle, à nourrir cette réputation dans de nombreux pays du monde. Les représentations mentales sur Paris ont également largement participé à alimenter une attractivité française pour les étrangers et un imaginaire romantique recherché par les touristes. En outre, le rayonnement de la France s'exprime également par son rôle dans la diplomatie internationale, son siège de membre permanent au conseil de sécurité de l'ONU, la localisation à Paris du siège de l'OCDE et de l'UNESCO mais aussi par la présence de bases militaires françaises à plusieurs endroits du monde.

Cependant, depuis la fin du XXe siècle, la mondialisation a fait émerger une culture globale relativement uniformisée, sur le modèle anglo-saxon, et on peut s'interroger sur la façon dont la France a pu conserver une place dans ce nouvel environnement.

2. Objectifs

La puissance d'une nation suppose de rayonner à l'étranger autrement que par son commerce, son industrie, sa technologie et sa force militaire. Le rayonnement est un **moyen de s'imposer comme une puissance complète**. L'**attractivité culturelle** permet ainsi de s'assurer une influence dans les relations internationales et un rang particulier dans le concert des nations. La puissance militaire et l'attractivité de certains secteurs économiques donnent à la France une position centrale dans la diplomatie mondiale et le commerce international.

Il s'agit aussi, pour la France, de développer des **politiques publiques à destination de l'étranger**, comme le développement touristique. Celles-ci lui permettent tout à la fois de faire perdurer des héritages et des traditions liés à son passé glorieux et de continuer à attirer touristes, étudiants, chercheurs, intellectuels et investisseurs dans un contexte de mondialisation, où la mise en concurrence avec les autres puissances traditionnelles et les pays émergents se renforce.

La politique culturelle de la France à l'étranger est aussi un moyen de conserver un certain **rang économique** et un **accès privilégié à des secteurs d'activité** – tels que l'économie du luxe –, sources de revenus. Le ***soft power*** français cherche à séduire et à convaincre, et dispose pour cela de différents leviers. La diffusion de la culture française alimente un capital sympathie à l'égard du pays, qui doit être utile à la politique étrangère de la France et à son commerce international.

Les chiffres clés du commerce extérieur en 2019

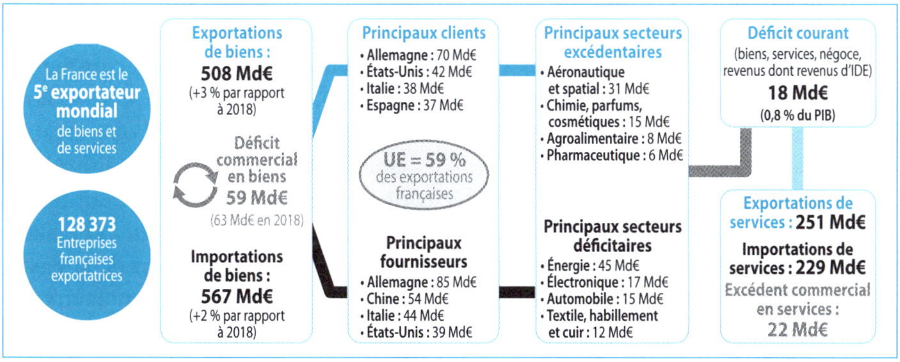

Source : https://www.cerl.fr/chiffres-cles-du-commerce-exterieur-francais-en-2019/.

3. Outils

La France propose des **réseaux éducatifs et culturels** à l'échelle internationale. L'**Alliance française** a par exemple été créée en 1883. Il était alors crucial de restaurer l'image de la France dans le monde après la défaite contre la Prusse en 1870. Présente dans 131 pays, à travers 832 agences fonctionnant en réseau, elle est un vecteur majeur de la langue et de la culture françaises, par les cours de français dispensés qui permettent de financer les agences. Les 98 **Instituts français** organisent, sous le contrôle des ambassades et avec leurs services culturels, des manifestations culturelles et artistiques qui diffusent la culture française dans 140 antennes. Enfin, le **réseau d'enseignement français à l'étranger, piloté par l'Agence pour l'enseignement du français à l'étranger** (AEFE), compte 535 établissements en 2020, implantés dans 139 pays. Très prisées par les élites locales, les **écoles françaises** scolarisent près de 370 000 élèves, dont 40 % sont Français et 60 % d'autres nationalités. Des **universités** françaises continuent également d'incarner l'excellence et d'attirer des étudiants étrangers. En 2020, le **classement mondial de Shanghai** classe ainsi la France au 3e rang, avec 5 établissements parmi les 100 premiers et 3 parmi les 50 meilleurs.

La **francophonie** est l'outil le plus marqué de la présence française à l'étranger. Longtemps langue des élites intellectuelles, le français est aujourd'hui la **deuxième langue diplomatique**, et la langue officielle de 29 États et de 37 organisations internationales. Très présent en Afrique, le français est la 5e langue la plus parlée au monde, avec 300 millions de locuteurs. L'**organisation internationale de la francophonie (OIF)** a été créée en 1970 à Niamey pour porter des projets de développement, mais aussi de valeurs démocratiques et humanistes (voir Fiche 24, *La francophonie*).

Le **tourisme et le patrimoine** sont des leviers essentiels du rayonnement de la France à l'étranger. L'Hexagone est ainsi la première destination touristique mondiale, avec **90 millions de visiteurs**. Le tourisme est stratégique pour l'économie et le rayonnement de la France à l'étranger et est d'ailleurs rattaché au **ministère des Affaires étrangères** depuis 2015. Cette « envie de France » a des retombées commerciales (17 milliards d'euros d'excédent) qui profitent avant tout à Paris, pôle d'attraction majeur. Mais les retombées sont aussi politiques, comme le montre l'ouverture du **Louvre à Abu Dhabi** en 2017. La cathédrale Notre-Dame étant, avant l'incendie, le monument le plus visité d'Europe et le Louvre est le musée d'art le plus visité au monde. Indissociable du tourisme, la **gastronomie** française est classée au **patrimoine immatériel de l'Unesco** depuis 2010 et fait figure de leader mondial. Six chefs français figurent parmi les 10 meilleurs chefs au monde et la cuisine française s'exporte de plus en plus. La réputation de la gastronomie française tient ainsi à ses chefs, mais aussi aux produits du terroir et aux vignobles, ambassadeurs du pays à l'étranger.

Si la France n'apparaît pas comme la puissance sportive la plus réputée, elle est néanmoins à l'origine de la (re)création des **Jeux olympiques** et de la Coupe du monde de football. C'est d'ailleurs le journal français *L'Équipe* qui a fondé la Ligue des champions et le titre du ballon d'or. L'organisation de la **coupe du monde de rugby en 2023** et des **Jeux olympiques de 2024** participe également au rayonnement de la France à l'étranger.

D'un point de vue intellectuel et artistique, la France rayonne également à travers le monde. L'intellectuel est une figure typiquement française, née avec Émile Zola pendant l'affaire Dreyfus. La France compte ainsi **68 prix Nobel** (4e position) et **12 médailles Fields** pour les mathématiques. Les artistes français sont un facteur de rayonnement essentiel, qu'il s'agisse d'écrivains, de musiciens, de cinéastes, d'acteurs ou de peintres. La France a été à l'origine de la naissance du cinéma et produit toujours 300 films par an. Le **cinéma** est un outil d'attractivité, qui vise à la fois à diffuser le « modèle français » à l'étranger et à attirer les créateurs étrangers en France. Depuis 2004, ceux-ci bénéficient ainsi d'un crédit d'impôt en cas de tournage dans l'Hexagone. Le cinéma d'auteur français est l'un des rares cinémas à avoir réussi à résister face aux grandes productions américaines, et les festivals de Cannes et de Deauville sont connus du monde entier.

La France est également une référence mondiale pour l'**économie du luxe**, et possède 30 % des parts du marché mondial du secteur. Le **Comité Colbert** rassemble par exemple les industries françaises du luxe (avec le groupe LVMH, classé au 1er rang des entreprises du luxe à travers le monde) et se charge notamment de leur diffusion sur les marchés émergents. Ce secteur est à l'origine d'un excédent commercial de 20 milliards d'euros et de 600 000 emplois directs. Des marques de prestige en haute couture, parfumerie et maroquinerie symbolisent le « *made in France* » et le chic parisien, et rayonnent partout à l'étranger.

4. Résultats et débats

L'émergence d'une culture mondialisée et la diffusion du modèle américain ont fragilisé le rayonnement culturel français. Les majors américaines du cinéma et de la musique, l'imposition de l'anglais comme langue internationale et l'essor du chinois ont fait reculer l'usage du français, même si l'espace francophone rassemblera potentiellement 540 millions de personnes, soit 7 % de la population mondiale si l'on prend en compte la croissance démographique africaine. Pour autant, il s'agit de faire vivre ces réseaux qui diffusent la langue et la culture française. Si l'objectif du gouvernement est de doubler le nombre d'élèves scolarisés dans les écoles françaises à l'étranger pour atteindre 700 000 en 2030, on note que **le budget global de l'action culturelle française au niveau mondial est en baisse et que ses moyens sont de plus en plus limités**. L'AEFE a connu une restriction des recrutements d'enseignants français et le chinois est désormais l'objet d'une demande très marquée par les collégiens et lycéens des pays industrialisés.

Concernant la recherche et le monde universitaire, **le débat sur l'augmentation des droits d'inscription pour les étudiants étrangers laisse craindre un tassement des demandes à venir**. La traduction des œuvres françaises et les romans s'effacent devant les mangas et les jeux vidéo. Les points forts que constituent en outre le tourisme, la gastronomie et l'art ont été mis à rude épreuve par la pandémie mondiale et pèsent sur la présence française à l'étranger.

Question à réponse courte

Quelle est l'importance de l'économie du luxe pour la France et comment fonctionne-t-elle ?

L'économie du luxe est un secteur clé pour la puissance du rayonnement français à l'étranger et la France réalise 30 % du commerce mondial du luxe avec une clientèle particulièrement nombreuse sur les marchés émergents et surtout en Chine. Ce secteur est à l'origine d'un excédent commercial considérable et emploie 600 000 personnes. Ces performances sont portées par de grandes marques prestigieuses rassemblées dans de grands groupes, LVMH se classant au 1er rang. C'est le Comité Colbert qui organise le marketing et la diffusion des créations des grandes enseignes à l'étranger.

FICHE 24 : La francophonie

1. Contexte

Le terme « francophonie » est apparu pour la première fois en 1880 sous la plume du géographe français Onésime Reclus. Il l'a utilisé dans l'ouvrage *France, Algérie et colonies*, pour désigner les espaces où la langue française était alors parlée.

On entend aujourd'hui par francophonie l'**ensemble des peuples ou des personnes qui utilisent le français**, entièrement ou partiellement, dans leur vie quotidienne et/ou dans le cadre de leurs communications. Le terme « francophonie » désigne, quant à lui, l'**ensemble des gouvernements, des pays ou des institutions qui usent du français dans leurs travaux ou leurs échanges**.

On utilise aussi le terme « espace francophone » ou « monde francophone » pour désigner une aire non pas seulement géographique ou linguistique, mais culturelle. La francophonie réunit toutes les personnes qui éprouvent une certaine appartenance à la langue française ou aux cultures francophones.

Carte de la francophonie

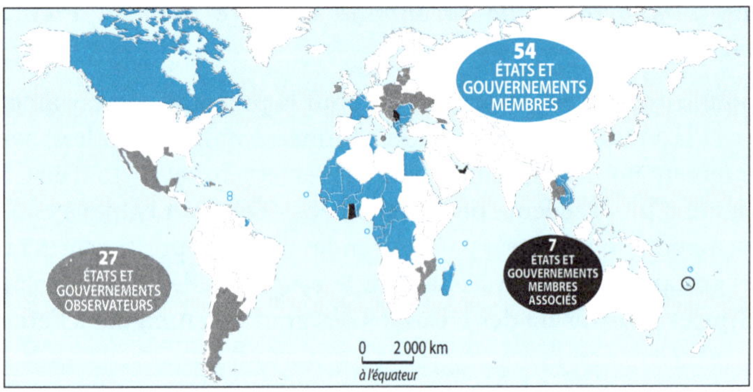

Source : Organisation internationale de la francophonie, https://www.francophonie.org.

2. Objectifs

Instrument de *soft power*, la francophonie vise à réunir les pays francophones au sein d'une **communauté politique** et à organiser leurs relations autour de **principes fondateurs**. L'**Organisation internationale de la francophonie (OIF)**, créée en 1970, regroupe aujourd'hui **88 États ou gouvernements**, dont 54 sont membres, 27 observateurs et 7 associés. Elle se donne quatre objectifs principaux :

– **Promouvoir la langue française, ainsi que la diversité culturelle et linguistique dans le monde.** Dans le cadre de la diplomatie culturelle, développer l'usage de la langue française dans le monde contribue au rayonnement de la France, et donc à la puissance du pays. De plus, la France considère que la mondialisation fait peser un risque d'uniformisation des cultures à l'heure où, sur les 7 000 langues actuellement parlées dans le monde, la moitié devrait avoir disparu à la fin du siècle. La francophonie se veut ainsi un instrument de lutte contre le monopole de l'anglais et de défense de la diversité culturelle et linguistique.

– **Promouvoir la paix, la démocratie et les droits de l'homme.** L'espace francophone doit contribuer à la consolidation de l'État de droit, à la tenue d'élections libres, fiables et transparentes, à l'instauration d'une vie politique apaisée, ainsi qu'au pluralisme et à la liberté des médias. Cela passe aussi par la promotion de la diversité des cultures juridiques et l'existence d'une vraie société civile.

– **Appuyer l'éducation, la formation, l'enseignement supérieur et la recherche.** Il s'agit là d'autant de passerelles vers le développement, l'emploi, et une vie autonome et digne.

– **Favoriser la coopération économique entre les pays membres, en lien avec le développement durable.** La francophonie se donne pour but de mettre en place les fondements d'un nouveau système de croissance, en défendant des intérêts communs à tous ses membres et en partageant une vision des réformes nécessaires, notamment en matière de commerce, d'accès aux financements, de mise en avant de la créativité et de l'innovation.

De façon plus générale, l'objectif principal reste de **favoriser la puissance de la France et de promouvoir les échanges de Paris avec les autres pays membres**.

3. Outils

Au sein du gouvernement, le portefeuille de la francophonie a un temps été rattaché au ministère de la Culture, puis a relevé d'un ministère ou d'un secrétariat d'État lié au ministère des Affaires étrangères. En 2021, le **secrétaire d'État chargé du Tourisme, des Français à l'étranger et de la Francophonie** auprès du ministre de l'Europe et des Affaires étrangères est Jean-Baptiste Lemoyne, depuis le 26 juillet 2020.

L'**OIF** agit selon les principes de la **Charte de la francophonie**, adoptée en 1997. Un Sommet de la francophonie, ou conférence des chefs d'États et de gouvernements ayant le français en partage, est organisé tous les deux ans. Présidé par le chef d'État ou de gouvernement du pays hôte jusqu'au sommet suivant, il se prononce sur l'admission de nouveaux membres, qu'ils soient membres de plein droit, membres associés ou membres observateurs. Il définit également les orientations de l'organisation dans un cadre stratégique décennal, afin d'assurer son rayonnement dans le monde. Il élit également le Secrétaire général, poste occupé depuis 2018 par **Louise Mushikiwabo**.

D'autres organisations sont en lien avec l'OIF. L'**Assemblée parlementaire de la francophonie** est composée de sections représentant les parlements des États membres. Elle prépare et adopte des résolutions sur des sujets qui intéressent la communauté francophone et qui sont ensuite transmises aux chefs d'État et de gouvernement lors des Sommets de la francophonie. Elle participe à des missions d'observation des processus électoraux et joue un rôle de coopération et de solidarité auprès des parlements francophones. Des programmes pluriannuels (tels que

NumériqueAPF ou MultidevMada) permettent aussi l'informatisation des services de nombreux parlements et le redémarrage des assemblées nationales en sortie de crise, après des périodes de conflits politiques.

Quatre **opérateurs** sont également essentiels à la bonne marche de la francophonie :

- L'**Agence universitaire de la francophonie**, fondée en 1961, est le plus grand réseau universitaire du monde, avec plus de 1 000 établissements membres, répartis dans 119 pays. Elle accompagne notamment les établissements d'enseignement supérieur et de recherche, et agit pour une francophonie scientifique.
- **Au niveau des médias, TV5 Monde** est le 2e réseau international de télévision, diffusé auprès de 370 millions de foyers dans près de 200 pays et territoires. Grâce au sous-titrage dans 14 langues, elle est regardée bien au-delà des publics francophones. Radio France Internationale (RFI) diffuse également en 14 langues étrangères et ses programmes sont repris par plusieurs centaines de radios partenaires à travers le monde.
- L'**Association internationale des maires francophones** vise à développer des actions innovantes à l'échelon des villes.
- L'**université Senghor à Alexandrie**, créée en 1989, est une institution de 3e cycle dont le but est de former et de perfectionner des cadres africains et des formateurs de haut niveau dans divers domaines liés au développement. C'est aussi un pôle d'échanges et de rencontres qui organise colloques, séminaires et conférences.

Il faut également citer les **16 réseaux institutionnels de la francophonie**, qui fédèrent près de 600 institutions membres dans plus de 60 pays de l'espace francophone. Ce sont de véritables relais entre la sphère étatique et la société civile, des viviers d'experts qui œuvrent en faveur de la coopération internationale.

Deux conférences ministérielles permanentes sont aussi très actives. La Conférence des ministres de l'Éducation des États et gouvernements de la francophonie (**CONFEMEN**) réunit tous les deux ans les ministres de 41 États, afin de mieux intégrer les systèmes éducatifs dans le processus de développement. La Conférence des ministres de la Jeunesse et des Sports de la francophonie (**CONFEJES**) favorise quant à elle la participation des jeunes pour réussir les changements stratégiques porteurs de développement économique et de cohésion sociale. D'autres instances sont également importantes. La **Conférence des organisations internationales non gouvernementales (COING)**, quant à elles, met en réseau et structure les organisations de la société civile francophone, afin de renforcer leur capacité d'action et de mobilisation. Certaines organisations sont ainsi accréditées par la COING. En retour, elles s'engagent à mener des actions compatibles avec les valeurs et les principes de la francophonie. L'**Observatoire de la langue française** permet de disposer de données statistiques sur la place et l'usage du français dans le monde.

Une **stratégie nationale de la France pour la langue française et le plurilinguisme** a été présentée par E. Macron le **20 mars 2018** et s'articule autour de **33 mesures pour apprendre, communiquer et créer en français**. L'enjeu est de faire du français l'une des trois langues majeures du XXIe siècle, en développant des actions de coopération avec les autorités locales de différents pays pour augmenter l'apprentissage du français dans leur système éducatif. Il s'agit également d'utiliser le **réseau des 800 Alliances françaises** (500 000 étudiants dans 132 pays), des **Instituts français** et des **535 établissements d'enseignement à l'étranger (réseau AEFE)**. La France milite aussi pour l'usage du français dans les institutions internationales et au sein de l'UE. Elle œuvre également pour la traduction systématique des textes et décisions adoptés en plusieurs langues.

Une **journée mondiale de la francophonie** est également célébrée le **20 mars**, depuis 1988.

4. Résultats et débats

Selon l'OIF, le français est aujourd'hui la **5e langue** la plus parlée dans le monde, avec **300 millions de locuteurs**, soit 4 % de la population mondiale. Le nombre de francophones devrait largement augmenter, en lien avec l'explosion démographique africaine. On estime ainsi que, **en 2050, il y aura 700 millions de francophones** (8 % de la population mondiale). Cela dit, ces chiffres sont contestés. D'autres estimations avancent un nombre de 130 millions de personnes qui utilisent quotidiennement le français. Le français ne serait alors que la 9e langue la plus parlée dans le monde.

La francophonie est également critiquée comme étant un **vecteur de néocolonialisme français**. Elle ne favoriserait en réalité que les intérêts de l'Hexagone, en se drapant de valeurs universelles. L'enjeu est important puisque **les pays francophones représentent environ 16 % du PIB mondial**.

Question à réponse courte

À quoi sert la francophonie ?

La francophonie est un espace qui regroupe l'ensemble des pays francophones. Elle proclame des valeurs en lien avec la démocratie et les Droits de l'homme, et valorise le plurilinguisme, en opposition avec la domination de l'anglais. Elle valorise l'usage du français par la population et dans les différentes organisations internationales. La francophonie semble surtout efficace lorsqu'elle cherche à développer l'utilisation du français dans la population et dans les instances internationales, même si les perspectives de développement de cet usage sont davantage liées à la démographie qu'aux politiques mises en place. Pourtant, il semblerait que la francophonie serve surtout les intérêts français et qu'elle alimente un certain néocolonialisme.

FICHE 25 : La France et l'Europe

1. Contexte

La France est l'**un des pays fondateurs** de l'Union européenne (UE), qui compte aujourd'hui 27 États membres. En effet, dès 1945, la construction européenne prend une place prépondérante dans la politique étrangère française. Après l'échec de la Communauté européenne de défense (CED) dans le cadre d'un traité, signé par six États, le 27 mai 1952 mais non ratifié par la France le 30 août 1954, le rapprochement entre l'Allemagne et la France, dont Jean Monnet, Robert Schuman et Konrad Adenauer sont les principaux artisans, va accélérer la mise en œuvre de la Communauté européenne du charbon et de l'acier (CECA) créée en 1951, à partir de laquelle va se construire le projet européen. À toutes les étapes de la construction européenne, la « coopération franco-allemande » a ainsi été un moteur poussant à plus d'harmonisation et d'intégration.

Le poids politique de la France dans l'Union européenne s'explique par de multiples facteurs, notamment car elle est le seul pays membre permanent du Conseil de sécurité de l'ONU.

Avec 23,2 milliards d'euros prévus en 2019, la France est le deuxième pays contributeur au budget de l'Union, derrière l'Allemagne. Par ailleurs, sa population (2e nombre de sièges au Parlement européen, derrière l'Allemagne et devant l'Italie) et sa géographie renforcent cette situation. Ainsi, devant l'Espagne et la Suède, sa superficie de 633 000 km^2 (dont 550 000 km^2 pour la seule France métropolitaine) est la plus étendue d'Europe occidentale, avec près de 15 % du territoire de l'UE. Par sa position géographique entre l'Europe du Nord et la péninsule ibérique, ainsi qu'en raison de l'importance de ses infrastructures aéroportuaires, son territoire est une véritable porte d'entrée majeure à l'espace européen.

2. Objectifs

Ce poids politique, renforcé par ses capacités militaires, donne à la France l'idée récurrente qu'elle a un rôle particulier à jouer au sein de l'UE. Prolongeant le dialogue « euro-arabe » entamé en 1973, cela se concrétise par un **positionnement plus géopolitique**, qui aboutit en 2008 à la création de l'Union pour la Méditerranée (UpM), ou encore la participation dans les processus de paix en Ukraine (séparatisme dans le Donbass) ou en Iran (accord de non-prolifération nucléaire).

Dans le même temps, la volonté des gouvernements français depuis le référendum de 2005, à la suite de l'échec du projet de Traité constitutionnel, est de contrebalancer les effets des doutes émis sur le **couple franco-allemand**. Celui-ci est en effet régulièrement taxé de « moins influent qu'auparavant », conséquence d'une dilution des rapports des États membres dans un plus grand ensemble (28 États membres entre 2013 et 2020) et d'une montée de l'euroscepticisme allant jusqu'à l'europhobie. Le Brexit puis la crise sanitaire de la Covid-19 ont pu apparaître comme des facteurs ressoudant les relations entre Berlin et Paris et donnant à nouveau le tempo, tant en matière budgétaire que de politique économique, comme la transition écologique avec le *Green New Deal*.

3. Outils

L'architecture institutionnelle européenne peut paraître complexe, entre une Commission qui incarne l'intérêt général, des Conseils – européen ou des ministres de l'UE – représentant les États membres, et un Parlement élu par les citoyens européens.

Mais dans toutes ces institutions, la France et les autres États sont représentés en fonction de leur poids démographique. Ainsi, plus un pays de l'Union européenne est peuplé, plus il a de députés européens. La France, avec 79 députés, se situe entre l'Allemagne (96) et l'Italie (76). Six pays ont moins de 10 députés. La représentation des États à la Commission est égalitaire, à savoir un commissaire par État.

La France dans la Commission et au Parlement

La Commission

- Avec 3 193 salariés, les Français représentent un peu moins de 10 % des effectifs de la Commission européenne
- Une longue présidence de la Commission (Delors 1985-1995), des portefeuilles importants : marché intérieur (Thierry Breton), affaires économiques et financières (Pierre Moscovici) ou encore transport (Jacques Barrot)

Le Parlement

- Siège à Strasbourg, mais secrétariat général à Luxembourg et travail quotidien avec la Commission à Bruxelles
- 79 députés français sur 705

Au sein du Conseil de l'Union européenne, regroupant les ministres des gouvernements en fonction des thématiques abordées, les décisions se prennent le plus souvent à la majorité qualifiée, c'est-à-dire à 55 % des pays (soit 15 sur 27) représentant au moins 65 % de la population totale de l'UE. Ainsi, au 1er janvier 2020, la population de l'UE à 27 États membres compte 447,7 millions d'habitants. La France, avec 67,1 millions d'habitants, détient près de 15 % de la population totale, contre 18,5 % pour l'Allemagne. Son vote est donc nécessaire pour adopter une décision. *A fortiori*, son vote, joint à celui de l'Allemagne, est un quasi-veto.

Enfin, on peut relever que, après le mandat de Jean-Claude Trichet, c'est Christine Lagarde qui préside la Banque centrale européenne, quand Michel Barnier, ancien commissaire à la Politique régionale puis au Marché intérieur et aux Services financiers, fut le négociateur en chef dans pour les accords du Brexit.

L'Union européenne est également présente en France avec diverses agences de la Commission européenne :

– l'Office communautaire des variétés végétales (OCVV) à Angers (droits de propriété industrielle sur des variétés végétales) ;

– l'Agence européenne du rail (ERA) à Valenciennes : assistance technique pour la sécurité ferroviaire et l'interopérabilité ;

– l'Autorité européenne des marchés et services financiers (ESMA) à Paris : garantir le bon fonctionnement des marchés financiers au sein de l'UE et de renforcer la confiance des investisseurs ;

– l'Autorité bancaire européenne (EBA), à Courbevoie : garantir un niveau de réglementation et de surveillance prudentielles efficace et cohérent.

– Il s'agit aussi de l'Institut d'études de sécurité de l'Union européenne (IESUE) à Paris, agence de la Politique étrangère et de sécurité commune (PESC) de l'UE, dont la mission est d'aider à forger une culture européenne de sécurité pour l'UE, de soutenir l'élaboration et la projection de la politique étrangère et de défense, ainsi que d'enrichir le débat stratégique à l'intérieur et à l'extérieur de l'UE.

Outre ces institutions, la France est logiquement représentée à la Cour de justice de l'UE (3 juges), au Comité économique et social européen et Comité européen des régions avec 24 représentants.

4. Résultats et débats

La relation entre la France et l'Union européenne se retrouve régulièrement questionnée au travers de plusieurs débats, tant politiques (répartition des postes et Europe de la défense) que symboliques (pays hôte d'une institution européenne) et linguistiques.

Le **français dans les langues de travail** est ainsi souvent évoqué comme l'une des mesures de l'influence française dans l'Union européenne. Un rapport de l'assemblée parlementaire de la francophonie sur l'usage du français et la promotion du multilinguisme dans les institutions européennes a été publié les 14 et 15 novembre 2019. Alors qu'il rappelait que le traité de Rome de 1957 a été rédigé en français, en italien, en néerlandais et en allemand, les rapporteurs estimaient que, en 2017, 84,4 % des textes pour lesquels une traduction est demandée à la Commission européenne sont en anglais, 2,6 % en français et 2 % en allemand.

L'influence française peut aussi se mesurer à travers la **répartition des nationaux dans la technostructure de l'Union**, comme le nombre de Directions générales (Commission) ou de Présidence de groupe ou de commissions parlementaires, qui fait l'objet d'analyses régulières. La dernière en date, en 2016, pointait que l'affaiblissement de l'influence française résulte en partie des vagues successives d'élargissement à l'Est depuis 2004. Elle a pu être mesurée avec la désignation de la candidate à la présidence de la Commission. La désignation d'Ursula von der Leyen en décembre 2019 est le fruit d'un **accord intergouvernemental franco-allemand** contre le Parlement, Madame von der Leyen n'ayant pas été candidate lors des législatives. Le Parlement voulait à nouveau pouvoir peser dans le débat interinstitutionnel grâce à l'accord politique de 2009 en marge du traité de Lisbonne.

En effet, le traité de Lisbonne, mettant à jour le traité sur l'Union européenne (TU), dispose à son article 17 que le Conseil européen est obligé de « tenir compte des résultats des élections au Parlement européen » avant de soumettre à ce dernier la proposition du candidat qu'il souhaite voir accéder au poste de président de la Commission européenne.

Pour les élections européennes de 2014, le Parlement et la Commission européenne ont proposé de mettre en place ce système dit du « *Spitzenkandidat* » (traduisible par « tête de liste »). Le Parlement a fait pression sur les chefs d'État et de gouvernement en annonçant que si le Conseil européen ne désignait pas un candidat préalablement choisi par les partis politiques européens ayant obtenu la majorité des sièges aux élections européennes, le Parlement – qui doit approuver cette nomination – mettrait son veto. Pour la première fois, la composition du Parlement avait une importance primordiale sur la Commission, l'organe exécutif de l'Union.

Enfin, le sort du travail de session du **Parlement européen à Strasbourg** reste le symbole de la place de la France dans l'UE.

Le traité sur le fonctionnement de l'Union européenne, reprenant un Protocole sur la fixation des sièges des institutions et de certains organismes et services des Communautés européennes ainsi que d'Europol annexé au Traité d'Amsterdam (1997) modifiant le traité sur l'Union européenne confirme une décision de 1965, fixant le siège du Parlement européen à Strasbourg, où les députés se rendent chaque mois depuis Bruxelles. Une tradition menacée par la crise sanitaire qui a contraint les élus à organiser leurs séances plénières dans la capitale belge.

Un changement du statut du **siège du Parlement européen** nécessiterait un accord des 27 États membres à l'unanimité. Or, la France s'y oppose et certains souhaitent qu'un recours soit déposé devant la Cour de justice de l'UE pour l'absence de tenue des douze sessions plénières réglementaires. En 2017, elle avait déjà saisi la Cour pour non-respect des traités car le budget annuel avait été voté à Bruxelles et non à Strasbourg.

Question à réponse courte

La France reste-t-elle un moteur de la construction européenne ?

La question porte sur l'évolution de l'influence française dans le processus d'intégration européenne, tant dans sa dimension d'élargissement géographique que d'approfondissement de la « communautarisation » des politiques publiques. Pays fondateur avec cinq autres de la Communauté économique européenne, la France est considérée comme un des moteurs de la construction européenne avec l'Allemagne.

Son influence tant géopolitique qu'historique lui garde une place prépondérante dans tous les processus politiques définissant les orientations stratégiques comme l'adoption de la monnaie unique. Cependant, son volontarisme est régulièrement battu en brèche par l'orthodoxie financière de pays économiquement plus « vertueux » ou par des États dont les standards en droits de l'humain sont éloignés.

Éducation nationale, jeunesse et sport

FICHE 26 : La politique de l'éducation

1. Contexte

Publiées fin 2019, les différentes **enquêtes PISA** placent la France entre le 20e et le 26e rang des 79 pays présents aux enquêtes de l'OCDE. Sur les 36 pays de l'OCDE, la France se situe entre le 15e et le 21e rang, soit au même niveau que l'Allemagne. Mais ces résultats, qui contrastent avec d'autres, ne cessent d'interroger sur l'efficacité du système éducatif français.

De même, la question de la **reproduction des inégalités sociales à l'école** pose la question du rôle des politiques éducatives. Le rapport 2020 du Centre national d'étude des systèmes scolaires (Cnesco) confirme également que la France est le pays de l'OCDE où l'origine sociale des enfants pèse le plus lourd dans les résultats scolaires. L'enquête PISA 2015 montre ainsi que la France compte parmi les pays de l'OCDE pour lesquels la corrélation des performances avec le milieu socio-économique est la plus forte (20 % en France, contre 13 % en moyenne dans l'OCDE). De même, la performance en sciences des élèves issus de l'immigration est inférieure de 62 points à celui des élèves non immigrés (contre 43 points en moyenne dans les pays de l'OCDE).

Diverses questions mettent la lumière sur le rôle des politiques éducatives : **la laïcité et la possibilité d'aborder le fait religieux**, à mettre en lien avec l'assassinat de Samuel Paty en octobre 2020, ou encore la **question des salaires**, bien en dessous de la moyenne des pays d'Europe de l'Ouest, avec des perspectives de carrières assez minces. Enfin, **la crise liée à la Covid a montré la place importante de l'école dans la société**, notamment lorsque le premier confinement a été décrété et que les écoles ont été fermées. Elle a d'ailleurs aussi mis en lumière les failles de la politique éducative, incapable de généraliser un enseignement à distance pour tous.

Le coût de l'éducation

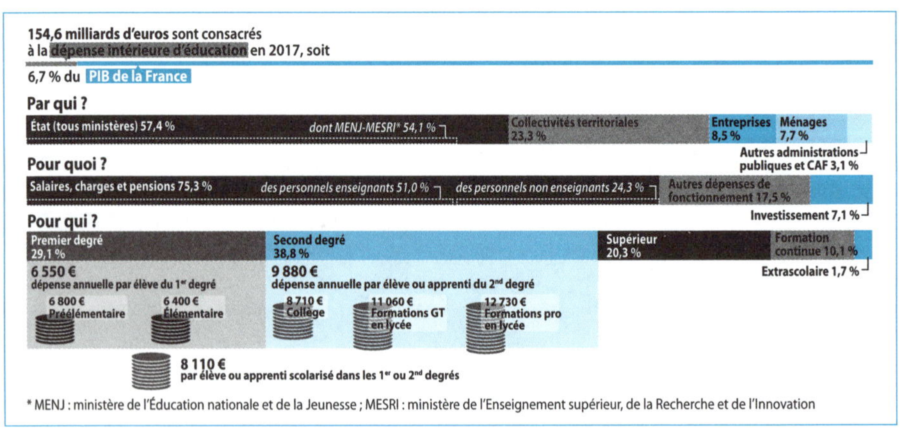

Source : ministère de l'Éducation nationale, de la Jeunesse et des Sports, https://www.education.gouv.fr.

2. Objectifs

La politique de l'éducation a d'abord pour but de **permettre la scolarisation de tous élèves dans les meilleures conditions possible**. Il s'agit de leur permettre d'acquérir un socle de connaissances et de savoir-faire indispensable à leur intégration sur le marché du travail. L'orientation est à ce titre capitale. Les politiques de l'éducation, après avoir été centrées sur l'instruction, évoluent ainsi de plus en plus vers la formation et l'acquisition de compétences.

Elle vise aussi à **gommer les inégalités sociales**, l'école républicaine étant conçue comme un creuset où chacun est capable de réussir, selon son « mérite ». On trouve ici l'origine de l'enseignement tel qu'il avait été conçu à fin du XIXe siècle, avec Jules Ferry, autour de la notion de **méritocratie républicaine**. L'école publique doit également favoriser la mixité sociale, un certain brassage des populations, le passage de diplômes de sécurité routière et l'acquisition de compétences numériques (certification Pix).

L'objectif est enfin de permettre à tous l'**apprentissage de la citoyenneté et du vivre-ensemble, des valeurs de la République** dans lesquelles chacun est censé se reconnaître. Cela va de pair avec la sensibilisation au développement durable.

3. Outils

A. Le ministère de l'Éducation nationale, de la Jeunesse et des Sports et son budget

La politique de l'Éducation est mise en œuvre par le **ministère de l'Éducation nationale, de la Jeunesse et des Sports**, à la tête duquel est placé, en 2021, Jean-Michel Blanquer. Elle est également portée par une administration centrale composée de fonctionnaires, qui apportent une certaine stabilité et garantissent une continuité dans la gestion des dossiers.

Le ministère gère ainsi trois directions, dont la **Direction générale de l'enseignement scolaire (DGESCO)**. Celle-ci élabore et met en œuvre la politique relative aux écoles, collèges et lycées, attribue aux autorités académiques les dotations en personnel et en crédits pour les établissements scolaires, et élabore la réglementation relative à leur fonctionnement.

Le coût annuel de la politique d'éducation s'élève en France à plus de 155 milliards d'euros. Le ministère de l'Éducation nationale, de la Jeunesse et des Sports dispose du premier budget national, avec 52,7 milliards d'euros, hors contributions aux pensions de l'État, dont 52,1 milliards attribués à l'enseignement scolaire, en hausse de 2 % par rapport à 2019. L'État est ainsi le premier financeur de cette politique, à hauteur de 57 %.

B. Réformer l'école

De façon plus récente, la **loi pour l'école de la confiance, du 26 juillet 2019**, tend à donner de nouvelles orientations. L'instruction devient obligatoire de 3 à 16 ans, et la formation jusqu'à 18 ans. La loi vise également à garantir, à l'issue de l'enseignement primaire, la maîtrise de la lecture, de l'écriture, du calcul et de certaines valeurs, comme le respect d'autrui. Les écoles publiques comme privées peuvent mener des expérimentations pédagogiques. De même, la loi porte une refonte de la formation des enseignants, qui s'appuie sur les Instituts supérieurs du professorat (Inspé). Un Conseil d'évaluation de l'école doit permettre de vérifier les résultats des différentes mesures mises en place dans le système éducatif, afin de suivre les recommandations formulées par l'UE et l'OCDE. La loi prévoit également, en cas d'absentéisme, une retenue sur les allocations familiales versées aux parents. Dans les salles de classe, il est désormais obligatoire d'afficher la devise de la République, le drapeau tricolore, le drapeau européen et les paroles de l'hymne national. Le texte précise enfin que la relation entre l'élève et l'enseignant est une relation d'autorité confortée par « *l'engagement et l'exemplarité des personnels de l'Éducation nationale* ».

La **rentrée 2019** a également vu naître la **réforme des lycées**. Un enseignement « sciences numériques et technologiques » est mis en place en seconde. Les filières générales L, ES et S sont remplacées par un tronc commun, tandis que les élèves de première doivent choisir trois spécialités en plus pour n'en garder que deux en terminale. Les **programmes scolaires** ont aussi été revus, publiés au Bulletin officiel du 22 janvier 2019. Ils donnent notamment une place plus importante au développement des compétences orales, pour préparer à la nouvelle épreuve du baccalauréat, le Grand Oral. Cet examen est également revu, donnant plus de place au contrôle continu et à des épreuves communes, ces dernières n'étant plus concentrées à la fin de l'année de terminale.

Les **assises de l'école maternelle**, tenues en mars 2018, ont montré la nécessité de lutter contre les inégalités, notamment celles de la langue (nombre de mots). Il s'agit alors de faire en sorte que l'école maternelle soit davantage tournée vers l'acquisition d'un vocabulaire oral.

C. Lutter contre les inégalités scolaires

Dans le cadre du **plan national de lutte contre la pauvreté, lancé en avril 2019**, la cantine à 1 euro doit permettre aux enfants de familles défavorisées de bénéficier d'un repas complet par jour. Des petits-déjeuners gratuits sont également mis en place dans huit académies tests. Cette mesure a été étendue à l'ensemble du territoire en septembre 2019, dans les zones d'éducation prioritaire ou rurales.

L'**éducation prioritaire**, mise en place en 1981, regroupe aujourd'hui des moyens au profit de 20 % des élèves dans plus de 1 000 réseaux d'éducation prioritaire (REP), dont 350 en REP+. L'accent est aujourd'hui mis sur l'évolution des pratiques pédagogiques et sur la coopération avec les partenaires et les structures périéducatives (sport, santé, culture, etc.). De même, **depuis 2008, les Cordées de la réussite** ont pour ambition de faciliter l'accès à l'enseignement et aux filières d'excellence pour les jeunes issus d'un milieu modeste. Depuis 2017, les classes de CP et de CE1 des établissements REP et REP+ sont dédoublées. Une politique de lutte contre le décrochage scolaire est aussi menée depuis plusieurs années dans le cadre de **la stratégie Europe 2020, objectif réaffirmé par le Conseil européen du 17 juin 2020**.

D. Redéfinir le métier d'enseignant

Un **Grenelle de l'éducation a été décidé par Jean-Michel Blanquer en octobre 2020**, afin d'envisager une refonte du système éducatif et des métiers des personnels d'éducation. Plusieurs orientations ressortent de ces diverses réunions : rémunérations au mérite et à la carte, fin de l'avancement à l'ancienneté, évaluation des professeurs par les directeurs d'établissement, contractualisation d'établissements autonomes, etc.

4. Résultats et débats

La mise en œuvre de ces réformes n'est pas allée sans difficulté. De **nombreux mouvements de grève** ont été organisés par les personnels de l'éducation et par des lycéens contre les réformes de Jean-Michel Blanquer. La mise en œuvre des épreuves communes de contrôle continu a été largement perturbée par ces manifestations et elles n'ont pas pu se tenir dans tous les établissements.

De même, la **crise de la Covid-19** a montré les failles de l'Éducation nationale. Les professeurs n'ont souvent pas eu les moyens, dans des établissements publics souvent dégradés, d'assurer la « continuité pédagogique » ou les « vacances apprenantes ». Force est de constater que les réformes nombreuses et successives sont vécues comme des chocs difficiles à digérer pour les personnels. En outre, si des progrès avaient été faits en matière de lutte contre le décrochage scolaire, ceux-ci se sont vus remis en cause avec la crise de la Covid-19.

La France a également un **taux d'encadrement** (nombre d'élèves par professeur) plus élevé que la moyenne, en particulier dans le primaire : 19 élèves par professeur contre 15 dans le reste de l'OCDE. Sur le long terme, il faut également prendre en compte la **dégradation des conditions d'exercice dans les établissements publics** par rapport aux établissements privés, depuis les années 1980 (incivilités, etc.). Les enseignants souhaitent par ailleurs une plus grande valorisation de leur métier.

La **carte scolaire**, sans cesse refondue, suscite également de nombreux débats.

Question à réponse courte

L'école est-elle vraiment inclusive ?

La loi du 11 février 2005, renforcée par la loi pour une école vraiment inclusive du 31 janvier 2019, tend à favoriser l'accueil des élèves en situation de handicap au sein des établissements ordinaires. Cela représente un progrès considérable et des personnels ont été affectés à cela. Pourtant, force est de constater que l'école républicaine n'est pas totalement inclusive. Les discriminations et le harcèlement, notamment sexuel, y restent présents, en témoigne la mort d'Alisha, une adolescente de 15 ans, morte noyée à Argenteuil en mars 2021, victime de harcèlement scolaire. Il en va de même pour l'inclusion sociale. Les établissements scolaires, dans le cadre de la dialectique public/privé, sont relativement ségrégués. Malgré la réforme de l'affectation au sein des lycées parisiens, les classes populaires sont surreprésentées au sein de certains établissements.

FICHE 27 : La politique sportive

1. Contexte

La France a accueilli la **Coupe du monde féminine de football en 2019** et se prépare à organiser la **Coupe du monde de rugby en 2023** et les **Jeux olympiques et paralympiques d'été en 2024**. À ce titre, le sport occupe une place importante en France. Les Français seraient ainsi 65 % à pratiquer une activité sportive régulière.

Pourtant, dans le contexte de la **crise de la Covid-19**, le sport a largement souffert des mesures qui lui ont été imposées : compétitions annulées, manques à gagner pour le sport professionnel et pour les clubs amateurs, diminution de la pratique sportive des Français, etc.

Parallèlement, le sport français est parfois éclaboussé par des scandales. En matière de **dopage**, la France serait, selon un rapport de l'Agence mondiale antidopage, le 2e pays le plus touché par ces pratiques en 2017. Des **violences sexuelles** ont également été révélées, dans un milieu qui se veut parfois très machiste.

2. Objectifs

La politique sportive nationale se donne quatre objectifs principaux.

Il s'agit d'abord de **développer le sport** pour tous et de **le rendre accessible**, en particulier à des publics particulièrement éloignés de la pratique sportive. Cette démocratisation passe notamment par une éducation au sport et par la construction ou l'entretien d'infrastructures. Elle favorise également l'intégration sociale du plus grand nombre.

La politique sportive vise ensuite à organiser le **sport de haut niveau** français, en lui permettant de rayonner sur le plan international par sa participation à des activités au niveau européen et international. Le but est de mettre à disposition des infrastructures et de créer des conditions optimales pour l'entraînement et la préparation.

L'objectif est également de faire de la **prévention** par le sport. Le ministère chargé des Sports intervient ainsi pour lutter contre les dérives que constituent le dopage, la violence, le racisme, la tricherie ou toute forme de discrimination. Il s'agit alors de promouvoir le sport comme facteur de santé et de bien-être.

Enfin, la politique sportive se donne pour mission de promouvoir les **métiers du sport** et le **développement de l'emploi sportif**. Elle encourage la solidarité et les passerelles entre sport professionnel et sport amateur, tout en tentant de favoriser une économie du sport (par exemple, la dépense sportive des ménages représente 0,9 % du PIB en 2017).

3. Outils

A. Acteurs de la politique sportive et dépense publique

Plusieurs acteurs interviennent dans le cadre de la politique sportive. Le **ministère chargé des Sports, dirigé par Roxana Maracineanu**, et notamment sa **Direction des sports**, a vocation à organiser le sport français, national et international. Assurant la tutelle de toutes les fédérations sportives, il est chargé d'élaborer, de mettre en œuvre et d'évaluer la politique concernant les activités physiques et sportives. Il programme, sur le plan budgétaire, la création ou la rénovation d'équipements. Le ministère de l'Éducation nationale et celui de l'Enseignement supérieur sont parties prenantes de cette politique, puisque l'éducation physique et sportive est un enseignement obligatoire dans le primaire et le secondaire et en classes préparatoires (mais il reste facultatif dans le supérieur). Depuis 2019, les sports ont d'ailleurs été regroupés dans le portefeuille de l'Éducation nationale et de la Jeunesse, dirigé par Jean-Michel Blanquer. Le **Comité national olympique et sportif français (CNOSF)** est aussi un interlocuteur privilégié de l'État pour toutes les questions sportives. Les **fédérations sportives agréées** sont, quant à elles, chargées de l'organisation matérielle d'une ou de plusieurs disciplines sportives. Délégataires d'une mission de service public, elles peuvent organiser des compétitions et gèrent 16 millions de licenciés au sein de 300 000 associations sportives. Grâce aux dotations et aux moyens de l'État, elles préparent les sportifs de haut niveau à leur participation aux Jeux olympiques et paralympiques.

La France est le pays d'Europe qui consacre le plus d'argent au sport : près de 40 milliards d'euros par an. Ce financement est en partie public, avec 15 milliards d'euros de l'État et 7 milliards d'euros des collectivités locales. La part des dépenses privées tend cependant à prendre de l'importance. Une partie du budget du ministère des Sports subventionne l'Agence nationale du sport, dont les principales missions sont de soutenir les associations sportives, développer la pratique sportive locale, financer des équipements sportifs et participer à l'organisation de grands événements sportifs internationaux. Son budget s'élève à 284 millions d'euros. La solidarité entre sport professionnel – qui génère d'importants revenus – et sport amateur s'organise grâce à la **taxe Buffet, mise en place en 2000 :** elle impose aux fédérations sportives qui bénéficient de la vente de droits télévisuels de reverser 5 % de ces recettes à l'Agence nationale du sport.

B. La protection des sportifs de haut niveau et l'intégration du plus grand nombre

Une loi visant à **protéger les sportifs de haut niveau et les professionnels**, ainsi qu'à **sécuriser leur situation juridique et sociale** a été votée le 27 novembre 2015. Elle prévoit la création d'un CDD spécifique pour les sportifs et entraîneurs professionnels salariés. Elle crée un dispositif de couverture accidents du travail/maladies professionnelles, avec une obligation d'assurance individuelle/accident, à la charge des fédérations. Ces dernières devront assurer le suivi socioprofessionnel de leurs licenciés inscrits sur la liste des sportifs de haut niveau, en collaboration avec l'État, les entreprises et les collectivités territoriales.

La politique sportive tend à intégrer le plus grand nombre.

Le sport pour tous

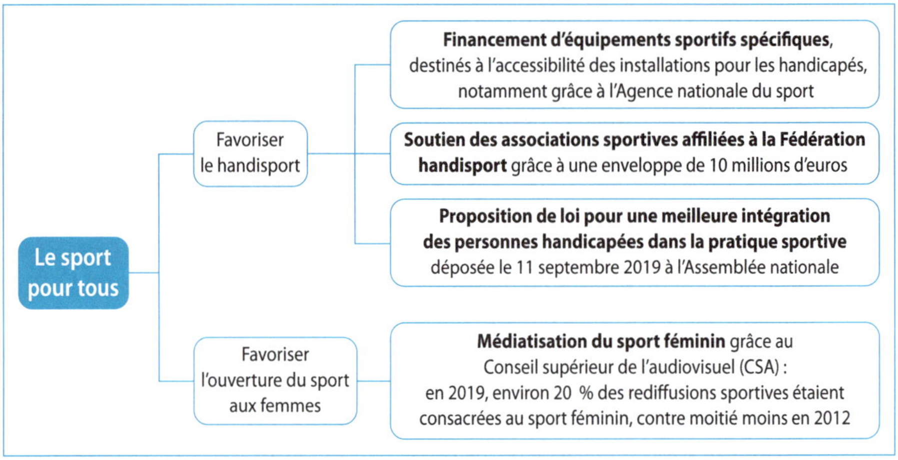

Afin de favoriser l'intégration, et à la suite des États généraux du sport, en 2002, des moyens techniques, financiers et humains ont été débloqués afin de valoriser l'aspect éducatif et la fonction sociale du sport auprès de publics dits « en difficulté ». Le sport de nature est également encouragé, de même que la notion d'écocitoyenneté *via* le sport.

C. D'autres mesures

Pour **lutter contre le dopage et les incivilités**, la Fondation sport santé apporté des outils d'information et de prévention à destination des scolaires, des sportifs et de leur encadrement et d'autre part, un dispositif législatif et répressif visant à préserver la santé et l'exemplarité du sportif. **L'Agence française de lutte contre le dopage (AFLD)** est chargée des sanctions disciplinaires pour faits de dopage et de la recherche sur les substances et les méthodes d'analyse. Les sanctions pénales ont été renforcées (jusqu'à sept ans d'emprisonnement et 152 000 euros d'amende), ainsi que la fréquence et l'organisation des contrôles. Afin de prévenir les incivilités et toute forme de discrimination, des accords ont été signés avec la Ligue internationale contre le racisme et l'antisémitisme (LICRA) et la Fédération des associations de supporteurs du football français.

Le plan de relance pour le sport, mis en place suite au discours à l'Assemblée nationale de Roxana Maracineanu du 28 octobre 2020, vise à soutenir ce secteur confronté à la crise de la Covid. **Le budget de l'Agence nationale du sport** se verra ainsi octroyer **120 millions d'euros sur deux ans**, avec trois objectifs : créer des emplois dans le secteur des associations sportives, favoriser la transition énergétique des équipements sportifs, accompagner le développement numérique des clubs et fédérations sportives.

Enfin, la **proposition de loi « visant à démocratiser le sport en France »**, déposée le 26 janvier 2021, tend à instaurer une meilleure gouvernance du sport. Le texte instaure la parité intégrale au sein des instances nationales déconcentrées des fédérations. Il s'agit également de faire élire les présidents de fédération par les clubs (qui devraient représenter au moins 50 % des voix de chaque scrutin). Le nombre de mandats à la tête des fédérations est limité à trois. Enfin, le dernier article doit garantir l'honorabilité des acteurs du sport : il s'agit de mieux contrôler les bénévoles et toute personne intervenant dans l'encadrement des pratiquants, notamment les maîtres-nageurs et les arbitres.

4. Résultats et débats

La **féminisation du sport** et les **bonnes pratiques** tendent à progresser, mais elles relèvent d'un travail de longue haleine et sur le long terme. De même, racisme et discriminations semblent avoir la peau dure dans le milieu du sport, comme dans d'autres d'ailleurs.

Se pose également la question des **équipements sportifs**, notamment dans les villes, du **point de vue du genre**. Force est de constater que l'essentiel est occupé par des hommes, ce qui questionne sur la légitimité des politiques urbaines.

Pour finir, alors que l'activité sportive des Français n'a cessé de croître (34 millions de personnes), on assiste à une **régression du nombre de licenciés pratiquant la compétition**. Cela pose problème pour de nombreux clubs, qui rencontrent des difficultés financières, aggravées par la Covid-19.

Question à réponse courte

Les Jeux olympiques et paralympiques sont-ils populaires en France ?

En 2012, après l'échec face à Londres, les Jeux olympiques et paralympiques pourront finalement se tenir à Paris en 2024. Il s'agit là d'un formidable atout de rayonnement pour la France, qui doit, pour l'occasion, témoigner de sa capacité à réaliser des infrastructures propres au bon déroulement de cette compétition internationale, même si 95 % des sites existent déjà. Deux tiers des Français y étaient d'ailleurs favorables, d'autant plus qu'une partie des sites et du village olympique sera installée en Seine-Saint-Denis, afin d'impulser croissance et développement dans ce département le plus pauvre de la France métropolitaine. Pourtant, des critiques s'élèvent : le budget reste élevé (plus de 6 milliards d'euros, sans compter les éternels dépassements budgétaires) et les 20 % de licenciés supplémentaires dans les clubs ne devraient pas être atteints. Pour certaines sources, les bénéfices restent incertains, tandis que le risque terroriste ou pandémique menace toujours.

Enseignement supérieur, recherche et innovation

FICHE 28 : La politique de l'enseignement supérieur

1. Contexte

Dans le cadre de la formation initiale, l'enseignement supérieur accueille les bacheliers et les titulaires d'un diplôme d'accès aux études supérieures. L'État a le **monopole de la collation des grades universitaires**, validés par la signature du ministre ou de son représentant (comme le recteur d'académie).

L'enseignement supérieur est caractérisé en France par une **organisation multiple** : les étudiants sont accueillis dans les universités, les établissements d'enseignement supérieur recrutant leurs élèves par concours (« grandes écoles »), les instituts universitaires technologiques et les lycées en formations post-baccalauréat. Les universités exercent en France une double mission : l'**enseignement** et la **recherche**. Elles ont ainsi un rôle dans la transmission du savoir, sa conservation (notamment dans le réseau formé de plus de 700 bibliothèques universitaires) et sa production (voir Fiche 29, *La politique de la recherche*).

Conformément au **processus de Bologne**, engagé en 1998 et ayant conduit à la constitution en 2010 de l'Espace européen de l'enseignement supérieur (EEES), les grades universitaires sont désormais au nombre de quatre : outre le baccalauréat, il s'agit de la licence (niveau bac +3), du master (bac +5) et du doctorat (bac +8). La réforme **licence-master-doctorat (LMD)** a ainsi permis une harmonisation avec les normes européennes.

En 2020, la France comptait **2,8 millions d'étudiants** (contre 300 000 en 1960 et 1,7 million en 1990), **dont plus de 350 000 étudiants étrangers**. Un étudiant sur quatre est scolarisé en Île-de-France.

La dépense publique annuelle par étudiant en France est estimée à 10 000 euros. Ce chiffre se situe dans la moyenne de l'OCDE, mais en deçà des niveaux atteints aux États-Unis et au Royaume-Uni.

2. Objectifs

Certains objectifs sont directement liés aux **établissements** et aux **formations** :

– La complémentarité entre l'enseignement supérieur et la recherche s'inscrit dans le cadre d'une **économie de la connaissance** (voir Fiche 29, *La politique de la recherche*).

– La répartition des pôles universitaires et écoles supérieures est aussi un **facteur d'attractivité et de dynamisme des territoires**.

– Les formations sanctionnées par des diplômes visent à une **adéquation avec le marché du travail** : dans le Répertoire national des certifications professionnelles (RNCP), les grades LMD correspondent respectivement aux niveaux les plus élevés, 6 (licence) à 8 (doctorat). Plus de 90 % des diplômés de niveau 7 (master) trouvent un emploi dans un délai de deux ans et demi après l'obtention de leur diplôme. Seul un Français sur cinq âgé de plus de 25 ans possède un niveau de diplôme supérieur à bac +2.

D'autres objectifs sont liés aux **étudiants** et à l'**accès à l'enseignement supérieur**.

Selon le Conseil constitutionnel, le **principe de gratuité de l'enseignement** (y compris supérieur), conformément au préambule de la Constitution de 1946, ne fait pas obstacle à la mise en place de **droits d'inscription**, si leur montant reste limité et prend en compte les capacités financières des étudiants. Les frais d'inscription en licence sont ainsi de 170 euros pour les étudiants français à la rentrée scolaire 2021-2022 (contre 20 000 dollars aux États-Unis).

Plus que les frais d'inscription, les **conditions de vie** des étudiants créent des **inégalités** (notamment dans l'accès au logement) qu'il convient de réduire. L'exercice d'une activité salariée pendant la scolarité, au-delà d'une certaine durée, apparaît préjudiciable à la réussite des études. En 2019, selon l'Insee, la précarité touchait 21 % des étudiants et, selon l'Observatoire de la vie étudiante, 14 % des étudiants avaient renoncé à des soins médicaux pour des raisons financières.

L'**accueil des étudiants étrangers** (y compris des étudiants européens) est aussi un enjeu d'attractivité : la France se classe au 4e rang mondial (après les États-Unis, le Royaume-Uni et l'Australie, et en recul relatif par rapport à ces pays) et vise à accueillir 500 000 étudiants étrangers en 2027. Dans cet objectif, il est nécessaire de favoriser une simplification des démarches administratives (visas, accès aux aides sociales) et un accès accru aux formations en français et en anglais.

3. Outils

Les acteurs de l'enseignement supérieur sont divers.

Un **département ministériel** (secrétariat d'État ou ministère) consacré à l'enseignement supérieur existe en France depuis 1974. Il a notamment la tutelle de la Direction générale de l'enseignement supérieur et de l'insertion professionnelle (DGESIP), qui élabore et met en œuvre la politique de l'enseignement supérieur, y compris en ce domaine dans les contrats de plan État-région (CPER). Les CPER définissent les investissements d'infrastructures, au regard notamment de la compétence des **régions** pour l'aménagement du territoire.

La France compte **plus de 70 universités**, employant 200 000 personnes et accueillant 1,6 million d'étudiants (dont 41 % de boursiers). La **Conférence des présidents d'université** (CPU) est un interlocuteur privilégié des pouvoirs publics. Elle est constituée en association loi 1901 et rassemble les dirigeants exécutifs des universités et établissements d'enseignement supérieur et de recherche.

Des établissements publics administratifs, les **centres régionaux des œuvres universitaires et scolaires (CROUS)**, sont en charge des aspects matériels liés à la vie étudiante.

En application du principe de liberté de l'enseignement, les **établissements** d'enseignement supérieur peuvent être **privés**. Ils se répartissent en deux catégories :

– les **établissements à but non lucratif**, tels que l'ESSEC, l'Institut catholique de Paris, etc. ; ils peuvent alors recevoir le label d'établissement d'enseignement supérieur privé d'intérêt général (EESPIG), en application de la loi dite Fioraso du 22 juillet 2013 ; ils perçoivent une subvention, fixée par contrat avec l'État, pour leur participation aux missions de service public ;

– les **établissements relevant de sociétés commerciales, à but lucratif** (pour un certain nombre d'écoles de management et d'écoles d'ingénieurs).

Pour ce qui est des moyens engagés, les **bourses sur critères sociaux** et les **logements étudiants** (relevant des CROUS) permettent l'accès des étudiants les moins favorisés à l'enseignement supérieur. Ces crédits ont augmenté en 2020 et 2021.

4. Résultats et débats

Après l'adoption en 2007 de la loi relative aux libertés et responsabilités des universités (LRU), les **universités** sont devenues progressivement **autonomes** pour leur gestion budgétaire, en matière de ressources humaines et (en partie) pour leur gestion immobilière. Le conseil d'administration des universités a intégré des représentants des collectivités territoriales et des acteurs économiques. Majoritairement soutenue par la CPU, la réforme a suscité un mouvement de protestation des étudiants. Le rapprochement avec les entreprises a permis d'obtenir des ressources supplémentaires et plus de 30 fondations ont ainsi été créées.

Plus que le principe d'autonomie des universités, c'est son **effectivité** qui fait débat : certains ont critiqué la réforme pour ne pas avoir alloué des ressources à la hauteur de l'augmentation du nombre d'étudiants ; les partisans de la réforme répondent que toutes les possibilités de liberté de gestion n'ont pas été utilisées par les universités. En outre, les universités de lettres et sciences humaines ont moins de possibilités de nouer des partenariats avec le secteur privé que les universités scientifiques.

Dans le cadre de la loi LRU, l'autonomie des universités s'est accompagnée d'une nouvelle **mission d'insertion professionnelle**, afin de mieux concilier diplômes et formations.

La poursuite des études après le baccalauréat pour la grande majorité d'une classe d'âge (voir Figure ci-après) pose la question des **capacités d'accueil** : la réponse a été non pas d'instaurer des concours d'entrée, mais de mettre en place une procédure d'affectation grâce à la plateforme Parcoursup, créée en 2018, recueillant et gérant les vœux des futurs étudiants. La plateforme Parcoursup a toutefois été critiquée pour, entre autres, son manque de transparence.

Évolution de la part des bacheliers par génération et par voie d'accès

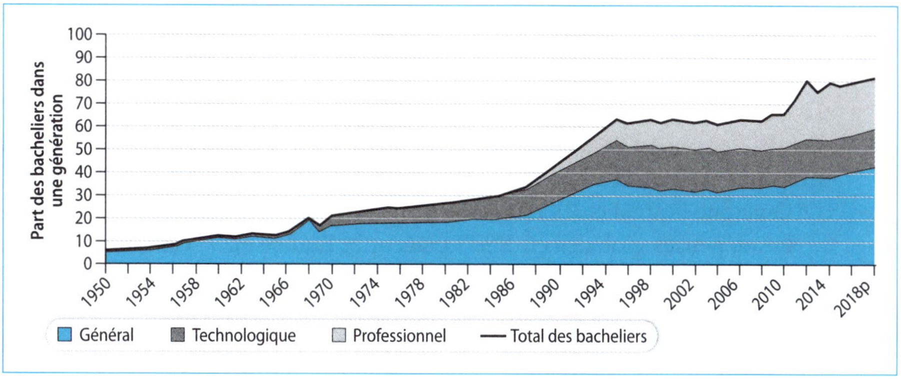

Source : ENS Lyon, http://ses.ens-lyon.fr.

La crise économique résultant de la crise sanitaire a à nouveau posé la question des conditions de vie étudiantes. L'instauration d'un **revenu étudiant**, demandée par certaines organisations syndicales, n'est toutefois pas à l'ordre du jour en France.

Critiquée par une partie des acteurs universitaires comme contrariant l'objectif d'attractivité, la **hausse des frais d'inscription** des étudiants extraeuropéens, actée par un arrêté du 19 avril 2019, est justifiée par une volonté de mieux prendre en compte les coûts réels et s'accompagne d'une augmentation des bourses et des exonérations.

Question à réponse courte

Pourquoi la France cherche-t-elle à accueillir plus d'étudiants étrangers ?

Selon le Premier ministre Édouard Philippe, en novembre 2018, l'accueil d'étudiants étrangers en France vise à ce que notre pays « *reste l'un des acteurs majeurs de [la] mondialisation des études supérieures* », au regard de la corrélation entre effort d'éducation, recherche et dynamisme de l'économie. Par ailleurs, cette politique constitue aussi un facteur de rayonnement international de la France et favorise des échanges croisés : plus de 90 000 étudiants français étudient en effet à l'étranger. Mais, en pratique, et comme l'a observé Campus France en 2021, l'augmentation du nombre d'étudiants internationaux est plus faible que la moyenne mondiale (+19 % contre +28 % au cours des cinq dernières années). Si la France apparaît attractive pour la zone francophone, ce n'est pas le cas pour les grands pays émergents, le Moyen-Orient, l'Afrique anglophone et l'Europe extracommunautaire.

FICHE 29 : La politique de la recherche

1. Contexte

La dépense française de recherche et de développement (R&D) s'élevait à **52 milliards d'euros** en 2018, soit **2,2 % de son PIB** – ce qui la plaçait en 2016 dans la moyenne de l'OCDE (2,3 %), mais après la Corée du Sud (4,2 %), le Japon (3,1 %), l'Allemagne (2,9 %) et les États-Unis (2,7 %).

Les dépenses globales en R&D placent la France au **7e rang mondial**, après les États-Unis, la Chine, le Japon, l'Allemagne, la Corée du Sud et l'Inde. La France tend à reculer par rapport aux autres grands pays, puisqu'elle occupait la 5e place mondiale (*ex aequo* avec la Chine) en 2001.

Les dépenses en faveur des sciences

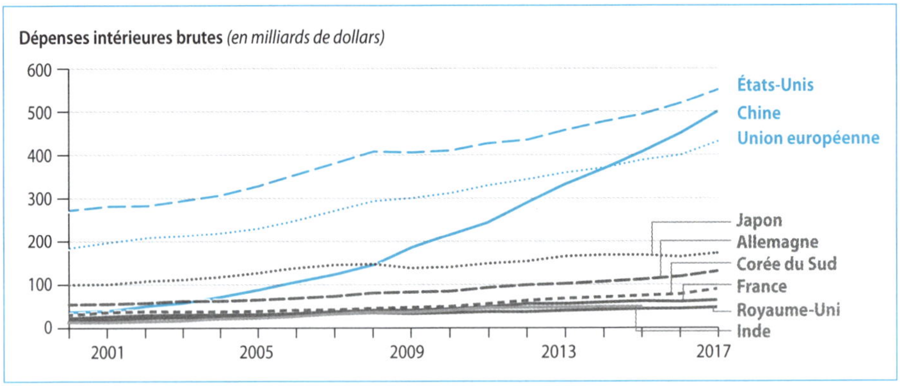

Source : d'après *Nature.*

La France occupe le 6e rang mondial pour les publications scientifiques.

La recherche peut être publique ou privée. La **recherche publique (18 milliards d'euros** en 2017) relève des établissements d'enseignement supérieur et des organismes de recherche publique, et se consacre notamment à la recherche fondamentale, c'est-à-dire à des travaux expérimentaux ou théoriques, par opposition à la recherche appliquée. La **recherche privée (33 milliards d'euros** en 2017) est quant à elle menée par les entreprises.

La recherche emploie **plus de 600 000 personnes** en France, dont 300 000 chercheurs (soit 1 actif sur 100), dont 40 % travaillent dans le secteur public et 60 % dans le secteur privé.

Parmi les prix Nobel français récents, peuvent être cités Emmanuelle Charpentier (chimie) en 2020, Esther Duflo (économie) en 2019, Gérard Mourou (physique) en 2018, Jean-Pierre Sauvage (chimie) en 2016 et Jean Tirole (économie) en 2014, et Serge Haroche (physique) en 2012. Dans le domaine des mathématiques, **un tiers des médaillés Fields** sont issus de laboratoires français (plaçant la France au 2e rang mondial après les États-Unis), dont le Franco-Brésilien Artur Avila en 2014, le Franco-Vietnamien Ngo Bao Chau et le Français Cédric Villani en 2010.

2. Objectifs

La recherche et l'innovation scientifique ont été identifiées comme un **facteur de croissance économique** à long terme. L'économiste autrichien Joseph Schumpeter lie les cycles économiques de long terme à l'innovation (par exemple, aujourd'hui, les technologies de l'information et de la communication) : lors des cycles de croissance de 40 à 60 ans identifiés par Nikolai Kondratiev, les phases A d'expansion correspondent, selon J. Schumpeter, à la diffusion des innovations techniques, entraînant *in fine* une évolution des structures de production dans un processus de « destruction créatrice » d'activités et d'emplois. L'OCDE estime que l'impact à 10 ans d'une hausse de 10 % des dépenses en R&D s'élève à 0,3 ou 0,4 point de PIB.

L'objectif est de porter à **3 % la part du PIB** consacrée aux **dépenses de R&D** en France. Il n'est cependant pas atteint, malgré une croissance annuelle des dépenses entre 2007 et 2017 (1,6 %) deux fois supérieure à celle du PIB (0,8 %).

La recherche constitue aussi un facteur de **rayonnement** et d'**attractivité** pour la France : le Vietnamien (naturalisé français) Ngo Bao Chau, médaillé Fields en 2010, a ainsi été formé en France.

La recherche a aussi des implications sur la **souveraineté** des États, notamment en matière de défense et de sécurité, pour moderniser les équipements ainsi que la force de dissuasion nucléaire, la recherche militaire étant par ailleurs présentée comme favorisant l'innovation dans l'ensemble de l'économie. Plus largement, la recherche reflète des choix et des **priorités politiques** : le plan de relance après la crise liée à la pandémie de Covid-19 a conduit à des investissements accrus en matière notamment de santé et des technologies numériques (cyber, cloud, quantique, intelligence artificielle). Par ailleurs, en 2017 le président Emmanuel Macron avait déjà lancé un appel aux chercheurs travaillant sur le climat à rejoindre la France.

3. Outils

La politique de la recherche a pour la première fois incombé à un **département ministériel** sous le Front populaire, en 1936, avec la création d'un sous-secrétariat d'État. Celui-ci est en général rattaché au ministère également en charge de l'enseignement supérieur. L'élaboration et la mise en œuvre des politiques relatives à la recherche incombent à la **Direction générale de la recherche et de l'innovation (DGRI)**.

La recherche publique est menée au sein :

– des **établissements d'enseignement supérieur**, dont les universités (voir Fiche 28, *La politique de l'enseignement supérieur*), qui regroupent plus de la moitié des chercheurs du secteur public ;

– d'**établissements publics :** Institut national de la santé et la recherche médicale (Inserm), Institut national de la recherche agronomique (Inra), Commissariat à l'énergie atomique (CEA), etc. ;

– de **fondations privées** (Institut Pasteur, Institut Curie).

Créé en 1939 pour coordonner l'activité des laboratoires, le **Centre national de la recherche scientifique** (CNRS) est le principal organisme public français de recherche scientifique. Il emploie plus de 30 000 personnes et finance 1 200 laboratoires de recherche, ainsi que des projets scientifiques, en encourageant l'interdisciplinarité.

Les entreprises sont quant à elles incitées à augmenter leurs dépenses en R&D. Créé en 1983, pérennisé en 2004 et progressivement élargi, le **crédit d'impôt recherche** (CIR) permet la déductibilité fiscale des dépenses en R&D (à hauteur de 30 % des dépenses éligibles, lesquelles couvrent les dépenses de personnel des chercheurs et des techniciens et une part d'au moins 50 % des dépenses de fonctionnement).

La **loi de programmation de la recherche** 2021-2030 réaffirme l'objectif de consacrer au moins 3 % du PIB aux dépenses en R&D, en prévoyant un accroissement des moyens de 25 milliards d'euros sur 10 ans, tout en revalorisant les carrières.

4. Résultats et débats

Dans le système français de recherche publique, marqué par une tradition colbertiste (sept doctorants sur dix reçoivent un financement pour leur doctorat), les chercheurs sont des **fonctionnaires** titulaires et non des contractuels recrutés pour une durée limitée. Si ce modèle, qui garantit l'indépendance des chercheurs – non soumis à des obligations de résultat –, n'est pas remis en cause, il se caractérise par une proportion plus élevée d'enseignants-chercheurs que de chercheurs (de l'ordre de quatre à un), les premiers devant également se consacrer à leur charge d'enseignement.

Par ailleurs, les politiques de **limitation des dépenses budgétaires** ont aussi pesé sur la politique de la recherche, ne permettant pas d'atteindre l'objectif de 3 % du PIB pour les dépenses en R&D. Elles ont favorisé les coopérations avec le secteur privé, mais ce dernier privilégie un retour sur investissement assez rapide, qui pèse sur les orientations de recherche. Enfin, les **conditions de travail des chercheurs du secteur public** conduisent à des départs vers le secteur privé ou à l'étranger. Une étude de juillet 2018 de l'ambassade de France en Allemagne faisait apparaître un démarrage tardif des carrières de chercheur du secteur public en France (34 ans en moyenne, en 2014, contre 25 ans pour les chercheurs du secteur privé), un taux de chômage élevé des docteurs (10 % dans un délai de trois ans après l'obtention du doctorat, contre 2 % en Allemagne) et des salaires inférieurs de 20 % à 50 % à ceux de leurs homologues allemands.

L'**efficacité du CIR** a quant à elle fait l'objet de nombreux débats, après une augmentation de son coût qui s'est toutefois stabilisé autour de 6 à 7 milliards d'euros par an. Si ce dispositif, qui a des équivalents dans d'autres pays, est salué comme incitant les entreprises à investir dans l'innovation (contrairement à d'autres baisses d'impôt, appelées dépenses fiscales) et a pu amortir les effets de la crise économique de 2008-2009, l'« effet d'aubaine » (c'est-à-dire les dépenses qui auraient été engagées même en l'absence d'incitations fiscales), notamment de la part des plus grandes entreprises, est diversement apprécié, et de fait difficile à évaluer.

Un débat est récemment apparu concernant la **liberté de la recherche**, qui découle de la liberté académique (ou liberté universitaire), qui caractérise les sociétés démocratiques : non seulement les enseignants mais aussi les chercheurs peuvent conduire leurs travaux sans subir de pressions extérieures, notamment politiques et économiques, ce qui a pour corollaire la liberté d'expression des chercheurs et des enseignants-chercheurs. Ainsi, des universitaires ont réagi négativement aux propos tenus en 2021 sur l'islamo-gauchisme par la ministre de l'Enseignement supérieur et de la Recherche.

Toutefois, le champ de la recherche la rend indissociable des **débats politiques et éthiques**. C'est particulièrement le cas dans le domaine de la **recherche sur l'embryon**, susceptible de permettre d'améliorer les chances de réussite des tentatives de fécondation lors d'une assistance médicale à la procréation. Les chercheurs français peuvent ainsi travailler à partir d'embryons surnuméraires obtenus dans le cadre d'une fécondation *in vitro*. Des scientifiques plaident pour un assouplissement des conditions de recherche, qui font l'objet d'un encadrement qui n'est pas propre à la France.

Question à réponse courte

Le gouvernement doit-il orienter la politique de recherche ?

S'il appartient au gouvernement de définir et conduire la politique publique de la nation, y compris dans le domaine de la recherche, ce rôle consiste à définir un cadre juridique (statut des établissements et des chercheurs, incitations fiscales pour la recherche privée, etc.), ainsi qu'à proposer au Parlement le vote de crédits budgétaires, puis à en assurer l'exécution. Un département ministériel a en charge la politique de la recherche et de l'enseignement supérieur. Il incombe donc au gouvernement de définir des priorités de recherche, mais celui-ci ne s'immisce pas dans la conduite des travaux des chercheurs, qui bénéficient – comme les enseignants – du principe de la liberté académique. Ainsi, le CNRS a un rôle de financement des laboratoires, mais il n'intervient pas dans les choix de gestion et de recherche de ces derniers. Le rôle d'impulsion de l'État est toutefois limité en pratique par le rôle du secteur privé, qui représente plus de la moitié des financements de la recherche en France.

Économie, finances, relance

FICHE 30 : La politique industrielle

1. Contexte

La politique industrielle désigne l'ensemble des politiques publiques conduites pour favoriser et réglementer la production industrielle, ainsi qu'encourager l'innovation et la recherche. La politique industrielle actuelle intervient dans un contexte marqué par une **désindustrialisation** – qui s'est accélérée après la crise économique de 2008 – et une **perte de compétitivité** des industries françaises, marquée par un recul des parts de marché.

Comme le souligne un rapport de France Stratégie de décembre 2020, la désindustrialisation a été plus marquée en France, où les **délocalisations** ont été plus nombreuses que dans les autres pays de l'Union européenne : « *Depuis 1980, les branches industrielles ont perdu près de la moitié de leurs effectifs (2,2 millions d'emplois), et l'industrie ne représente plus aujourd'hui que* ***10,3 % du total des emplois****. La part de l'industrie dans le PIB a reculé de 10 points sur la même période et s'établissait ainsi à* ***13,4 % en 2018****, contre 25,5 % en Allemagne, 19,7 % en Italie, ou encore 16,1 % en Espagne.* »

Si les coûts salariaux unitaires du secteur manufacturier en France sont comparables à ceux de l'Allemagne et se situent dans la moyenne de la zone euro, les impôts de production y sont relativement plus élevés, sans que les subventions compensent ce différentiel.

Part de la valeur ajoutée industrielle dans l'économie

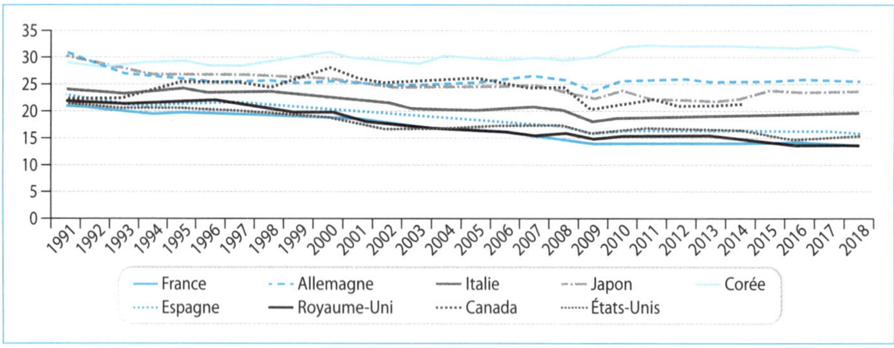

Source : France Stratégie, Les politiques industrielles de la France, 2020, à partir des données publiées par l'OCDE.

2. Objectifs

Au-delà de la **réindustrialisation**, la politique industrielle a d'abord pour objectif de favoriser, plus largement, la **compétitivité** des entreprises nationales, tout en soutenant l'innovation par la **recherche** (voir Fiche 29, *La politique de la recherche*) pour accompagner les secteurs d'avenir. Il s'agit ainsi d'encourager les **changements**

structurels, de maintenir ou de créer des **emplois**, et de combler un **déficit commercial** dans le secteur manufacturier.

Plus spécifiquement, la politique industrielle soutient des secteurs jugés prioritaires pour la **souveraineté nationale** (comme l'industrie de la défense) et **pallie les déficiences du marché**. Certaines infrastructures ou des dépenses d'innovation ont en effet un impact positif pour l'économie sans être suffisamment rentables pour le secteur privé par le seul jeu du marché, par exemple les voies de chemin de fer ou les dépenses publiques en recherche fondamentale.

La politique industrielle française, sous la Ve République, a aussi encouragé la constitution de **champions nationaux** pouvant rivaliser avec leurs concurrents étrangers : Air France, EDF, RATP ou Alstom (cette dernière ayant obtenu le soutien de l'État en 2004).

3. Outils

A. Les acteurs de la politique industrielle

Les **entreprises publiques** ont longtemps été un vecteur privilégié de la politique industrielle. Malgré les privatisations qui se sont succédé depuis 1986, l'État conserve des **participations** dans le capital d'entreprises stratégiques, et ce dans différents domaines :

- énergie : plus de 80 % chez EDF, 24 % chez Engie – issu de la fusion entre GDF et Suez en 2008 –, 49 % chez Orano – ex-Areva –, etc. ;
- mines et métallurgie : 25 % chez Eramet ;
- transports : aéroports (50 % chez Aéroports de Paris), ports, autoroutes, etc. ;
- armement : 25 % chez Thales, etc. ;
- chantiers navals : plus de 80 % dans les Chantiers de l'Atlantique ;
- industries légères : 15 % chez Renault, etc.

B. Les moyens de la politique industrielle

Les outils de la politique industrielle sont multiples : législatifs et réglementaires, dans l'accès aux marchés publics et pour les financements, par les investissements publics soutenant l'innovation.

La politique industrielle consiste d'abord en une **réglementation**, notamment en matière de fiscalité (y compris de crédits d'impôt) et de subventions. Créée en 2009, la **Direction générale des entreprises** a ainsi un objectif de réindustrialisation, notamment par l'octroi de subventions. La baisse de la fiscalité sur les entreprises s'est accélérée à la suite du **rapport Gallois** de 2012 sur la compétitivité française : le Pacte national pour la croissance, la compétitivité et l'emploi a comporté une baisse de 20 milliards d'euros par an des charges sur les entreprises, dans le cadre du Crédit d'impôt pour la compétitivité et l'emploi (**CICE**). Après 2017, le CICE a été transformé en une baisse pérenne de cotisations, tandis qu'a été engagée une diminution de l'impôt sur les sociétés.

La réglementation porte aussi sur le **contrôle des actifs français**. Par le décret dit Montebourg de 2014 relatif à la protection des actifs stratégiques français, l'État a élargi à de nouveaux secteurs (eau, santé, énergie) son contrôle sur les opérations d'acquisition d'entreprises situées en France.

Dans le cadre de sa **diplomatie économique** ou de la **garantie des intérêts économiques de la nation**, le gouvernement intervient pour favoriser ou non des rapprochements d'entreprises. En 2020, il a ainsi demandé à LVMH de différer l'acquisition du groupe américain Tiffany, pour éviter des taxes américaines. En 2021, il s'est opposé à l'OPA hostile de Veolia sur Suez.

S'agissant de l'accès aux marchés et des financements, la **commande publique** soutient également le secteur privé. Elle soutient néanmoins moins l'innovation en France qu'elle ne le fait aux États-Unis et en Allemagne. **Bpifrance**, banque publique d'investissement créée en 2012, contribue au financement des petites entreprises et des entreprises de taille intermédiaire, ainsi que celui des entreprises innovantes.

En matière d'**investissements publics**, des projets d'innovation s'inscrivent désormais dans un cadre européen, compte tenu des investissements à réaliser pour qu'ils soient compétitifs à l'échelle internationale. On peut citer Airbus, avec les coopérations précoces avec l'Espagne et le Royaume-Uni, ou encore Arianespace, avec le lancement de satellites pour, entre autres, l'Agence spatiale européenne.

L'industrie reste un bénéficiaire majeur des programmes d'investissements publics :

- Sur les 35 milliards d'euros du programme des **investissements d'avenir** lancé en 2010, 18 milliards ont été consacrés notamment aux secteurs du transport, du numérique et du développement durable.
- En 2013, 34 plans **Nouvelle France industrielle** ont été lancés. Ils visent à soutenir des marchés en croissance : *big data*, objets connectés, hôpital numérique, supercalculateurs, etc.
- Créés en 2004 en France, les **pôles de compétitivité** (ou *clusters*) regroupent sur un même territoire des entreprises, des établissements d'enseignement et des organismes de recherche, pour encourager l'innovation : Paris-Saclay, Sophia Antipolis, etc.

Après la pandémie liée à la Covid-19, le plan de relance économique de la France de 2020-2022 (**France Relance**) comporte un volet de soutien à l'industrie : soutien aux transports à faibles émissions de carbone, nouvelles réductions d'impôts sur les sociétés (10 milliards d'euros) et soutien à l'innovation dans le cadre des investissements d'avenir.

4. Résultats et débats

Une politique industrielle étant par nature **interventionniste**, elle a longtemps rencontré l'hostilité des partisans d'une économie de marché non encadrée, considérant l'État peu à même d'évaluer le rapport coûts/bénéfices, pouvant favoriser certains lobbys, et faisant bénéficier certains secteurs d'une économie de rente.

Les développements les plus récents de la politique industrielle (privatisations, baisses d'impôts sur les entreprises) s'inscrivent cependant dans le cadre d'une libéralisation de l'économie. Ces **baisses d'impôt** sont fortement débattues : si elles sont insuffisantes pour les syndicats d'employeurs, elles créent des effets d'aubaine pour les syndicats de salariés (voir Fiche 35, *Les politiques de l'emploi* et Fiche 37, *Les politiques du marché du travail*). Ce point du rapport Gallois de 2012 a aussi fait l'objet de critiques provenant des oppositions politiques et d'économistes.

Au regard du **coût** des investissements publics, la pertinence des choix industriels est discutée en termes de rapport dépenses/avantages. Par exemple, même si l'aéronautique civile est globalement un succès de la politique industrielle française, les vols de l'avion supersonique Concorde ont pris fin en 2003.

Les politiques industrielles concentrent les critiques sur le poids supposé des ingénieurs en tant qu'**experts** dans la décision publique en France, au regard également des objectifs écologiques. Cette critique doit cependant être nuancée : la transition écologique est aujourd'hui prise en compte dans les orientations de la politique industrielle.

La politique industrielle est subordonnée aux règles communautaires du **droit de la concurrence**, qui interdit les aides de l'État et les ententes entre entreprises. Si des exemptions sont prévues en matière de recherche et d'innovation, la politique de la concurrence crée des contraintes qui n'existent pas aux États-Unis et en Chine, et font obstacle tant à des politiques nationales qu'à une politique industrielle européenne qui stopperait la désindustrialisation.

Enfin, la crise de la Covid-19 a mis en lumière une **perte de souveraineté** dans des secteurs industriels liés à la santé, tels que les médicaments, les molécules et même les masques. Les nouvelles priorités d'investissement visent à pallier les **retards** en matière de **robotique** (la France n'occupe que le 18e rang mondial pour l'utilisation de robots) et d'**informatique** (échec du plan Calcul lancé en 1966 pour assurer l'autonomie française dans les techniques de l'information, choix malencontreux comme le Minitel).

Question à réponse courte

L'État actionnaire, État stratège ?

Alors que les privatisations et les cessions de capital ont réduit le rôle traditionnel de l'État actionnaire pour décider des politiques industrielles, cette fonction apparaît contestée par les économistes libéraux. En fait, l'État est davantage un régulateur de l'économie, comme en atteste le décret dit Montebourg de 2014, relatif à la protection des actifs stratégiques français, qui a étendu le contrôle de l'État sur les opérations d'acquisition d'entreprises situées en France. Le rôle de l'État stratège s'exprime aujourd'hui davantage par les choix d'investissement dans des secteurs innovants (investissements d'avenir ou programme Nouvelle France industrielle). Des dispositifs ont aussi été créés pour revaloriser la fonction stratégique de l'État, comme la création du Conseil national de l'industrie, dans un contexte de désindustrialisation continue.

FICHE 31 : La politique numérique

1. Contexte

Lancé en 1981 en Ille-et-Vilaine, puis en 1982 dans le reste de la France, le Minitel fut définitivement inutilisable le samedi 30 juin 2012. Avec l'arrêt du protocole X.25 et du réseau Transpac, c'est une page de l'histoire française des télécommunications qui s'est tournée. Bien que ce service ait été remplacé par l'Internet, le Minitel a été le terrain d'expérimentations de services que nous utilisons encore aujourd'hui, assurant au secteur du numérique un poids important dans la création de richesses. Ainsi, le **secteur des logiciels et des services numériques** représente aujourd'hui **plus de 530 000 postes en France** et **6 % du PIB français**, soit quelque 150 milliards d'euros.

Cependant, une part importante de la population française (environ 15 % selon l'Insee) reste exclue ou en difficulté avec les usages du numérique, complétée par le fait que 38 % des usagers apparaissent manquer d'une compétence numérique dans au moins un de ces domaines, comme la recherche d'information, la communication, l'utilisation de logiciels et la résolution de problèmes.

2. Objectifs

La problématique générale de la politique numérique repose sur deux axes : les équipements et les contenus. Pour ce qui est des **équipements**, après un monopole de France Telecom qui a permis la couverture téléphonique de tout le territoire et le développement de la télématique, les enjeux relèvent aujourd'hui du **déploiement de la 5G** et des ***smart territories*** (territoires « intelligents ») par l'interaction des agents connectés, mais aussi de l'**accès audiovisuel au plus grand nombre grâce à la fibre optique**. Pour ce qui est des **contenus**, en France comme en Europe, les politiques publiques intègrent des objectifs pour **rendre le numérique citoyen et inclusif**. La démarche vise à permettre au plus grand nombre de participer aux débats publics lors et en dehors des processus électoraux.

Ces deux axes reposent sur une même idée : l'**accès** et le **partage des données** doivent être source de revenus pour les entreprises et de bien-être, sans porter atteinte aux droits et libertés des personnes. L'idée est aussi que, par le numérique, les citoyens renforcent leur pouvoir d'agir.

Depuis la fin des années 1990, les technologies numériques transforment le fonctionnement de l'administration et la relation à l'usager. Parce qu'elle suppose un décloisonnement de l'administration et l'adoption du point de vue de l'usager, l'**administration électronique**, dématérialisation de documents et de procédures notamment, a été rapidement considérée comme un **levier de la réforme de l'administration**. Depuis la fin des années 1990, les technologies numériques transforment le fonctionnement de l'administration, l'électronique ayant été rapidement considérée comme un levier de la réforme de l'administration (voir Fiche 16, *L'administration, les pouvoirs publics et les usagers*).

Aujourd'hui, l'objectif est la dématérialisation de 100 % des démarches administratives d'ici à 2022 si l'on en croit le plan Action publique 2022. Lancé par le gouvernement le 13 octobre 2017, pour accélérer la transformation de l'administration, ce plan pluriannuel vise à améliorer la qualité des services publics, offrir un environnement de travail modernisé aux fonctionnaires et maîtriser les dépenses publiques en optimisant les moyens.

Enfin, il importe de relever que l'Union européenne (UE) n'a pas de compétence particulière et intervient alors sur ce domaine en tant que support du marché intérieur.

3. Outils

La **filière des infrastructures du numérique** est mobilisée pour répondre à l'enjeu de la généralisation de la connectivité très haut débit (THD) des réseaux fixes comme des réseaux mobiles. Le déploiement du THD fixe et mobile, qui constitue un chantier d'infrastructure pour les 15 ans à venir, représente actuellement 10 milliards d'euros d'investissements par an dans les réseaux anticipant la densification de ces infrastructures. L'objectif est de répondre aux besoins croissants d'inclusion numérique du citoyen, de numérisation des entreprises et de cohésion numérique des territoires.

En France, le **Conseil national du numérique (CNNum)** et l'**Agence du numérique**, organismes consultatifs en charge d'étudier les questions relatives au numérique et d'informer et de conseiller le gouvernement quant aux enjeux et perspectives de la transition numérique, formulent un certain nombre de recommandations.

Les orientations stratégiques de la politique du numérique

Les recommandations du CNNum et de l'Agence du numérique

Une transition numérique citoyenne et inclusive
- Faire de l'accès à Internet et à ses ressources essentielles un droit effectif.
- Aider les décideurs à embrasser les enjeux sociaux et politiques du numérique.

La reconfiguration de l'économie par les plateformes
- Réguler la collecte des données.
- Réduire les inégalités sociales et territoriales.
- Préserver la démocratie dans un monde dangereux.
- Permettre la convergence entre transformation numérique et transition écologique.

La préparation de la société française aux révolutions numériques
- Déployer les infrastructures nécessaires pour apporter un accès à Internet performant sur l'ensemble du territoire.
- Favoriser l'autonomie et la capacité de tous à se saisir des opportunités du numérique. C'est notamment l'initiative French Tech, qui soutient la croissance des start-up en France et à l'international.

La **stratégie européenne pour le numérique** date de 2010 et fait partie de la stratégie Europe 2020, sous le volet « croissance intelligente ». Cette stratégie est aujourd'hui appelée **Marché unique numérique (*Digital Single Market*)**. Cette volonté repose autant sur les opportunités digitales pour les citoyens et les entreprises que sur l'affirmation de la position de l'Europe en tant que leader mondial de l'économie numérique. Le souhait est notamment de stimuler le commerce électronique au sein de l'UE. Cet objectif passe par la modernisation des règles de l'UE relatives aux contrats en ligne, par la réglementation sur le blocage géographique et par la mise en place de tarifs plus abordables pour la livraison transfrontalière de colis.

Les trois axes européens de la stratégie numérique

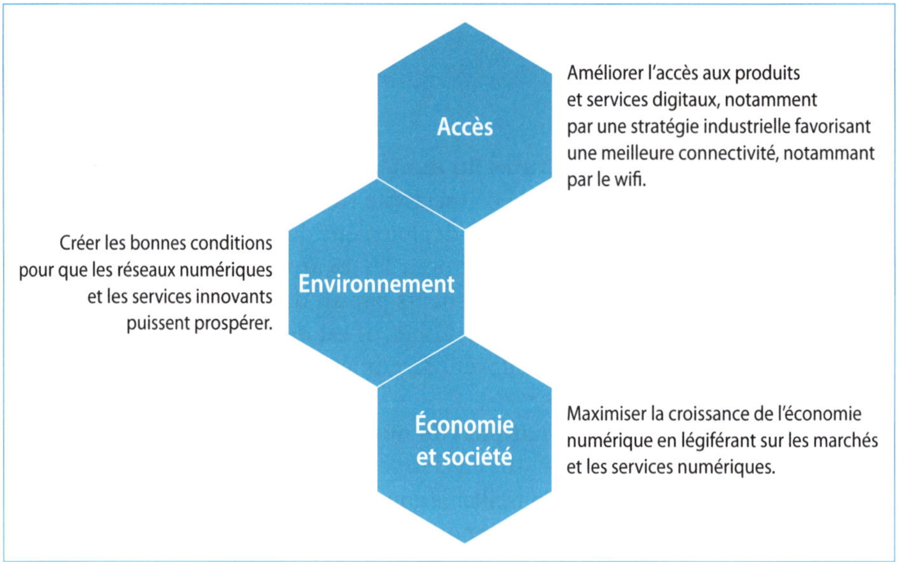

Concrètement, cette stratégie permet à l'UE d'avancer sur ces sujets et d'uniformiser les pratiques au sein des différents pays membres. Par exemple, depuis le 15 juin 2017, les frais d'itinérance pour les téléphones mobiles n'existent plus dans l'UE.

4. Résultats et débats

Des États comme la France ont poussé la Commission européenne à prendre des mesures pour renforcer le secteur européen de la créativité, et notamment moderniser les règles sur les droits d'auteur (loi n° 2019-775 du 24 juillet 2019 « *tendant à créer un droit voisin au profit des agences de presse et des éditeurs de presse* » pour permettre une rémunération plus juste des auteurs). La France est ainsi le premier pays membre de l'UE à insérer dans sa législation les objectifs de la directive européenne sur le droit d'auteur, le 15 avril 2019. Cette prise en compte de la propriété intellectuelle s'inscrit dans une recherche d'équilibre avec l'offre d'un accès plus large aux contenus en ligne – au-delà des frontières.

Toute la période de la pandémie liée au SARS-CoV-2 (Covid-19) a montré l'importance de l'alternative numérique aux lieux habituels de vente, forçant les gouvernements – et particulièrement le gouvernement français – à inciter les commerces physiques à basculer sur de la vente en ligne et à faire la promotion du « cliquez-emportez ». L'Éducation nationale a également tenté d'assurer une continuité pédagogique la plus efficace possible.

Ce constat d'un **retard du commerce en ligne** renvoie à celui des relations entre administrations et usagers, notamment quand on pense à la nécessité d'une attestation dérogatoire aux déplacements, numérique ou papier. Le déploiement de l'administration électronique, des services en ligne et des téléprocédures a été entamé à la fin des années 1990, notamment par le Programme d'action gouvernemental pour la société de l'information (PAGSI).

L'autre constat fait est la nécessaire régulation des GAFAM (Google, Amazon, Facebook, Apple et Microsoft) – on y adjoint parfois Twitter, d'autant que la France a instauré une taxe dite GAFA en 2019. C'est tout le sens du projet de **double règlement sur les services et les marchés numériques**, présenté le 15 décembre 2020. Il vise respectivement à réglementer le pouvoir des entreprises technologiques, réguler les contenus – comme la haine en ligne ou les « *fakes news* » – et assurer la transparence des algorithmes, ainsi qu'à harmoniser le marché unique numérique européen et mieux lutter contre les abus de position dominante.

Enfin, la mise aux enchères des fréquences pour la technologie 5G a ravivé les critiques répétées contre la fracture numérique, avec les zones blanches et les populations peu ouvertes à la transformation numérique de l'État.

Alors que les enchères de la 5G rapportent 2,786 milliards d'euros à l'État, Orange obtenant la plus grande part des onze blocs de fréquences en jeu, les analystes – posant la question de l'opportunité de la 5G – rappelaient que plus de 3 500 centres-bourgs de communes de France ne bénéficiaient d'aucune couverture mobile. Par ailleurs, le réseau de la 4G reste encore peu déployé au-delà des centres urbains, donnant un taux de connexion de 68 % en 2018 et bien plus bas pour la fibre optique. Il ne faut cependant pas oublier les efforts importants réalisés depuis le plan de rattrapage « New Deal Mobile » piloté par l'Autorité de régulation des communications électroniques et des Postes (Arcep).

Question à réponse courte

Comment réduire la fracture numérique ?

La question porte sur une situation qui, par ses principales caractéristiques d'accès aux infrastructures comme aux contenus, remet en cause le modèle dominant d'une utilisation harmonieuse des services numériques offerts tant par le secteur privé que par l'administration publique. Malgré l'intégration, les efforts constants des pouvoirs publics pour assurer l'accès le plus large possible aux services numériques, du téléphone fixe sous monopole à la téléphonie mobile concurrentielle, les inégalités numériques sont encore nombreuses et sources de contestations importantes, renvoyant à la répartition du développement économique et social sur le territoire.

FICHE 32 : Économie sociale, solidaire et responsable

1. Contexte

Le concept d'économie sociale et solidaire (ESS) relève d'une convergence. L'économie sociale se définit par les statuts des structures qui la composent : associations, coopératives, mutuelles et fondations. Elle trouve ses racines dans le mouvement ouvrier du XIXe siècle et sa résistance à la logique productiviste de la révolution industrielle, et rassemble les organisations dont l'objectif premier est l'utilité sociale. Elle naît dans les années 1970 pour répondre aux nouveaux besoins des populations, touchées notamment par le chômage et l'exclusion sociale. En effet, en 1970, la croissance économique était dans de nombreux esprits un fait durable, n'ayant apparemment que peu d'obstacles devant elle.

Dans un monde globalisé, l'ESS rappelle l'importance de la **localisation de l'activité économique**, intégrant les besoins de chaque territoire – tant d'un point de vue social qu'environnemental –, consacrant l'objectif d'un développement durable précisé pour la première fois dans le **rapport Brundtland (1987)**, qui servira de base théorique au **Sommet de la Terre de 1992**. Ainsi, ce ne sont pas les territoires qui doivent s'adapter au modèle économique dominant, mais bien l'économie qui doit prendre en compte leurs spécificités, afin de permettre un développement réellement tourné vers les habitants. Ce choix d'une relocalisation économique doit générer un **cercle vertueux**, à plusieurs titres :

- Au **niveau économique et social**, les activités fortement territorialisées ont l'avantage d'offrir une importante ressource d'emplois non délocalisables.
- Du point de vue de l'**écologie**, les circuits courts permettent par exemple de développer un mode de consommation responsable et respectueux de l'environnement.
- Au **niveau sociétal et humain**, l'ancrage territorial de l'ESS rétablit des liens sociaux, particulièrement nécessaires dans la prise en charge de populations vieillissantes et dépendantes.

Ce concept d'ESS désigne donc un **ensemble d'organisations regroupées** sous forme de **coopératives**, **mutuelles**, **associations** ou **fondations**, dont le fonctionnement interne et les activités sont fondés sur un **principe de solidarité et d'utilité sociale**.

L'ESS repose sur des secteurs marchand et non marchand :

- Le **sous-secteur marchand** est constitué, fondamentalement, de coopératives et de mutuelles, de groupes d'entreprises sous le contrôle de coopératives, de mutuelles et d'autres entreprises similaires, telles que les sociétés anonymes à participation ouvrière et certaines institutions sans but lucratif au service des entreprises de l'économie sociale, comme l'insertion par l'activité économique.
- Le **sous-secteur non marchand** est constitué, dans une large majorité, d'associations et de fondations, fournissant essentiellement leur production à titre gratuit ou à des prix économiquement non significatifs.

2. Objectifs

Ces organisations adoptent des **modes de gestion démocratiques et participatifs**. Elles encadrent strictement l'utilisation des bénéfices qu'elles réalisent. Ainsi, le profit individuel est proscrit et les résultats sont réinvestis. Leurs ressources financières sont généralement en partie publiques.

Mise en œuvre par des structures aux formes très diverses, l'ESS a acquis un véritable statut juridique avec la **loi n° 2014-856 du 31 juillet 2014 relative à l'économie sociale et solidaire**, qui a renforcé le cadre normatif. Ainsi, le terme d'économie sociale et solidaire regroupe un ensemble de structures qui reposent sur des valeurs et des principes communs.

Ces objectifs généraux vont se décliner en des objectifs opérationnels incluant l'**information du consommateur** et la **promotion de son action citoyenne** en tant que « consom'acteur », ainsi que le maintien et le développement d'une activité économique pleinement ancrée dans le territoire d'implantation, privilégiant les **circuits de production et de consommation courts**, remettant en cause l'idée d'une consommation qui ne ferait pas une place à la possibilité de **partage** ou de **recyclage**. Cette ESS va aussi dans le sens d'une économie circulaire incluant les notions d'**économie verte**, d'**économie de l'usage** ou d'**économie de la fonctionnalité**, d'**économie de la performance** et d'**écologie industrielle**.

Cet ensemble se complète par une logique forte, tournée vers l'insertion dans l'emploi au travers de l'**insertion par l'activité économique**, objectif devant permettre aux personnes les plus éloignées de l'emploi de se réinsérer professionnellement.

Les domaines de l'économie sociale et solidaire

L'acte de consommation

- Un consommateur se réapproprie l'acte de consommation en faisant usage de son pouvoir d'achat pour protéger les valeurs et les causes qu'il défend, allant jusqu'à développer une consommation responsable.
- On évoque le consom'acteur, qui privilégie le bio et/ou le commerce équitable, évite les produits sur-emballés, favorise le commerce de proximité, adopte une banque solidaire, etc.
- Le consommateur-citoyen, qui « vote avec son Caddie », choisit de consommer de façon « citoyenne » et non plus seulement de manière consumériste.

L'emploi

- Les structures d'insertion agissent par l'activité économique (chantiers, associations, ateliers ou entreprises).
- Les sociétés coopératives ouvrières de production ou sociétés coopératives de travailleurs (SCOP) sont des sociétés commerciales constituées en sociétés anonymes, sociétés à responsabilité limitée ou sociétés par actions simplifiée, dont la majorité du capital et du pouvoir de décision est détenue par les salariés.
- Les sociétés anonymes à participation ouvrière (SAPO) sont une variété de société anonyme où coexistent deux types d'actions : de classiques actions de capital d'une part, et des « actions de travail » d'autre part. Ces actions de travail ne sont pas attribuées aux salariés eux-mêmes, mais à la collectivité des salariés, via une société coopérative de main-d'œuvre.

3. Outils

Le cadre de l'Union européenne a été singulièrement renforcé depuis le Sommet européen de Göteborg du 17 novembre 2017, au cours duquel la création du **Socle européen des droits sociaux** a été actée. La proclamation du socle, reprise le Parlement européen, s'est inscrite dans un agenda social déjà dense au niveau européen. La Commission européenne avait en effet lancé deux chantiers d'importance (la révision des règlements de coordination des régimes de Sécurité sociale et celle de la directive de 1996 sur le détachement des travailleurs), pour favoriser une forme de **convergence sociale** tout en luttant contre les dérives. La directive sur les « travailleurs détachés » est réformée au 29 mai 2018, à la suite de débats entre tenants d'une liberté totale de la migration professionnelle au sein de l'Union et les pays qui souhaitaient une meilleure prise en compte des réalités des marchés du travail nationaux et la sanction des abus. Ainsi, la directive de 2018 prévoit une limitation à 12 mois du détachement.

Dans ce cadre, la législation française repose sur un ensemble normatif de trois textes :

– loi n° 2014-856 du 31 juillet 2014 relative à l'**économie sociale et solidaire** ;

– loi n° 2015-992 du 17 août 2015 relative à la **transition énergétique pour la croissance verte ;**

– loi n° 2020-105 du 10 février 2020 relative à la **lutte contre le gaspillage et à l'économie circulaire**.

Impliquer les collectivités locales et favoriser le financement de l'économie circulaire

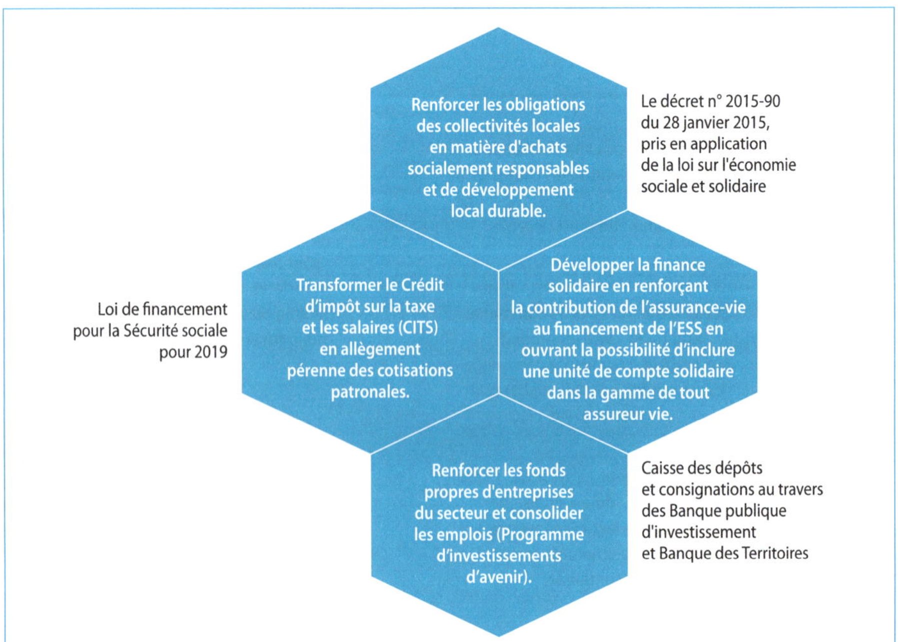

Le gouvernement a annoncé en novembre 2018 un **pacte de croissance pour l'économie sociale et solidaire**, afin de favoriser les entreprises de l'ESS, notamment grâce à la **commande publique** et à un meilleur **accès au financement**. Ce pacte de croissance vise à renforcer la politique européenne et internationale de la France en faveur de l'ESS et de l'innovation sociale, et à favoriser les synergies avec les États, institutions, réseaux et acteurs internationaux.

4. Résultats et débats

La note d'analyse de l'Observatoire national de l'ESS, publiée en novembre 2019, indique que l'ESS représente 2,4 millions de salariés en France, soit 14 % de l'emploi salarié privé. Les entreprises de l'ESS ont créé 71 100 emplois entre 2010 et 2018.

Dans un contexte de reprise économique par suite de la crise de 2008, cette création d'emplois est logiquement un objectif qui fait l'objet d'une **politique publique de plus en plus volontariste**, notamment avec l'engagement de 2018 et le pacte de croissance pour l'ESS.

La crise économique liée à la pandémie de Sars-CoV-2 pourrait être un révélateur d'une nécessité d'accélérer l'intégration de l'ESS dans notre modèle économique. En remettant en cause une partie des caractéristiques et des conséquences de la mondialisation, en rapprochant par les contraintes sanitaires les consommateurs des circuits locaux de distribution et des salariés relevant de ces « métiers essentiels » à notre mode de vie, la période marquée par la Covid-19 aura un effet accélérateur dans la prise de conscience que cette ESS peut être un **relais de croissance** important.

Par ailleurs, le développement de la **responsabilité sociétale des entreprises (RSE)** est vu comme un outil de régulation sociale. Cette RSE, qui se rapproche de l'ESS sans en relever véritablement, est régulièrement évoquée dans la mondialisation économique. En effet, son impact sur le commerce international, et notamment sur le commerce « Nord-Sud », renvoie aussi à un débat récurrent en économie internationale, celui sur le ***fair trade***, ce commerce « juste », qui ne s'appuie pas sur un *dumping* social de la part des pays dits du Sud, mais qui s'articule aujourd'hui autour de la question du lien entre commerce international et normes sociales.

Question à réponse courte

Économie sociale et solidaire : un modèle économique durable ?

La question porte sur la pérennité d'un modèle économique qui, par ses principales caractéristiques, remet en cause le modèle dominant d'une croissance basée sur la production de biens manufacturés et leur consommation.

Malgré l'intégration d'une démarche de développement durable incluant réduction des déchets et sensibilisation des consommateurs à leur mode de consommation, la nécessité d'affirmer l'ESS comme politique publique fait son chemin. Cela passe notamment par les crises économiques systémiques qui remettent régulièrement en cause notre modèle productiviste.

Agriculture, alimentation et mer

FICHE 33 : La politique agricole

1. Contexte

L'agriculture française est la première de l'Union européenne en termes de valeur de la production et la huitième au monde. Elle a fait l'objet d'une mutation importante après 1945, véritable « révolution silencieuse » qui a profondément transformé le métier, mettant en avant un agriculteur qui est aussi un « entrepreneur de culture ».

Pourtant, le **malaise paysan** est réel et l'agriculture française connaît des fractures majeures entre, d'une part, les grands céréaliculteurs de la Beauce et les viticulteurs propriétaires de domaines renommés qui dégagent des bénéfices importants et, d'autre part, nombre d'éleveurs et producteurs de lait à la limite de la faillite. Parallèlement, **le nombre d'agriculteurs ne cesse de reculer** en France : ils ne sont plus que 400 000 en 2021 et l'agriculture ne représente plus que 1,5 % de l'emploi, pour à peine 3 % du PIB.

La politique agricole est élaborée dans le cadre communautaire depuis 1962, *via* la **politique agricole commune (PAC)**. Elle a subi plusieurs grandes réformes, notamment en 1992, avec la fin des prix garantis, en 1999, en 2003, en 2008 et en 2013. Une réforme va se mettre en place au 1er janvier 2023.

2. Objectifs

Les objectifs de la politique agricole sont triples.

Il s'agit avant tout d'**assurer l'indépendance et la sécurité alimentaire de la France et de l'Europe**. C'était d'ailleurs le but premier de la PAC dans les années 1960, ce qui a favorisé l'intensification de l'agriculture *via* l'irrigation, la sélection des semences, l'utilisation d'intrants (engrais, pesticides) et la mécanisation. La sécurité alimentaire s'entend en quantité, mais aussi en qualité. Dans le contexte de crises sanitaires, comme celle de la « vache folle » à la fin des années 1990, les Français attendent ainsi plus de **traçabilité et de transparence** quant aux produits qu'ils consomment. Enfin, des **prix raisonnables** doivent pouvoir être proposés aux consommateurs.

Le but est également de **promouvoir le développement et l'équilibre des territoires ruraux**, en aidant les espaces agricoles qui sont le plus en difficulté et en subventionnant les agriculteurs qui répondent aux critères mis en avant. La population agricole doit ainsi bénéficier d'**un niveau de vie convenable**, issu du fruit de son travail.

Enfin, de façon plus récente, la politique agricole vise à **répondre aux enjeux climatiques** et à **préserver les ressources naturelles**, intégrant ainsi la notion de **développement durable**. À l'heure où les pratiques de l'agriculture intensive – et les agriculteurs eux-mêmes – sont remises en question, il s'agit d'encourager une agriculture plus respectueuse de l'environnement et du bien-être animal.

3. Outils

A. La politique agricole commune (PAC)

La politique agricole française est mise en œuvre dans le cadre de la **PAC**, seule politique véritablement intégrée à l'échelle européenne, assortie d'un budget spécifique.

La **réforme de 2013** change peu l'orientation vers une moindre intervention publique sur les marchés et les prix, et ne revient pas sur le démantèlement du système d'intervention et de prix garantis pour les agriculteurs. La gestion des marchés repose donc sur des **protections douanières** et des « **filets de sécurité** » (aides au stockage privé et, dans une moindre mesure, achats publics) en cas de baisse brutale des cours. La **libéralisation des marchés** a même été poursuivie, puisque les règlements de 2013 ont mis fin aux quotas et aux prix garantis pour le sucre, après la fin des quotas laitiers en 2015. Cela dit, une logique interventionniste demeure sur certains points. En cas de crise, l'intervention publique est légitimée. Les **pouvoirs de négociation des agriculteurs** sont renforcés au sein des filières alimentaires. Ainsi, les organisations de producteurs et les interprofessions peuvent être reconnues et, sous certaines conditions, autorisées à négocier des prix de livraison avec les transformateurs et les distributeurs.

La réforme qui doit entrer en vigueur au **1er janvier 2023** est bien avancée. Chaque pays présentera ainsi des **Plans stratégiques nationaux** (PSN), afin de mieux prendre en compte les types d'agriculture et les spécificités de chaque territoire. Une plus grande marge de manœuvre est donc donnée aux États. Les financements encourageront à une **agriculture plus verte**, afin de récompenser les bonnes pratiques. Enfin, la **simplification du système d'aides directes**, qui ne sera plus déterminé en fonction de la surface exploitée, permettra une rémunération plus juste des agriculteurs.

Le budget français a atteint **9,1 milliards d'euros de crédits européens par an sur la période 2014-2020**, en baisse mais dans une moindre mesure par rapport à la plupart des pays. La PAC repose ainsi sur deux piliers :

– **Les aides au revenu des agriculteurs.** Ces aides dites « découplées » reposent sur un paiement à l'hectare, sont versées indépendamment du type de production, et sont majorées pour les jeunes agriculteurs. Ensuite, 30 % de l'ensemble des aides résident dans des subventions pour le verdissement, sous condition de bonnes pratiques environnementales : diversification des cultures, maintien des prairies permanentes, préservation de surfaces d'intérêt écologique, etc.

– **Le développement rural.** Il repose sur des projets subventionnés répondant à diverses priorités, comme la préservation des écosystèmes, la lutte contre le changement climatique, l'encouragement à l'innovation, la gestion des risques agricoles, l'inclusion sociale, etc.

La PAC 2021-2027

La PAC 2021-2027		
	Stratégie biodiversité (en lien avec le Green Deal*)	– Étendre l'agriculture biologique (25 % de la surface agricole utile). – Augmenter les éléments du paysage riches en biodiversité. – Requalifier 10 % des terres agricoles en haute diversité biologique. – Enrayer le déclin des pollinisateurs en réduisant de 50 % – d'ici à 2030 – l'utilisation et la nocivité des pesticides, de 20 % l'utilisation des engrais chimiques et de 50 % l'usage des antibiotiques dans l'élevage et l'aquaculture.
	Principe de la conditionnalité des aides	– Rotation des cultures. – Maintien des prairies temporaires. – Mise en place d'infrastructures agroécologiques.
	Lutte en faveur de l'environnement	Contraindre les États membres à fléche au moins 30 % de leurs crédits Feader (fonds européen agricole pour le développement rural) sur des aides environnementales (ce sont les Eco-régimes).

* Le Green Deal est un pacte vert pour l'Europe, c'est-à-dire un ensemble d'initiatives proposées par la Commission européenne pour rendre l'UE climatiquement neutre en 2050.

B. Améliorer la façon de produire en France

Dans un cadre plus national, la **loi agriculture et alimentation**, ou « loi pour l'équilibre des relations commerciales dans le secteur agricole et une alimentation saine et durable », a été promulguée le 1er novembre 2018. Il s'agit d'abord de permettre aux agriculteurs d'avoir un **revenu digne en répartissant mieux la valeur**. Sur la construction du prix, le contrat et le prix associé seront désormais proposés par les agriculteurs, en prenant en compte les coûts de production. Ils pourront peser dans les négociations grâce à un regroupement en organisations de producteurs et au renforcement des interprofessions. La loi vise aussi à encadrer les promotions en valeur et en volume pendant deux ans sur les denrées alimentaires. De même, les renégociations des prix sont facilitées en cas de fortes variations du coût des matières premières et de l'énergie (même si cela est peu pratiqué).

La loi vise ensuite à **améliorer les conditions sanitaires et environnementales de la production**. Les néonicotinoïdes et tous les produits à mode d'action identique sont interdits, afin de protéger la biodiversité et les abeilles (ils ont finalement été réautorisés jusqu'en 2023 – par la **loi du 14 décembre 2020** – pour les seules cultures de la betterave sucrière, menacées par le virus de la jaunisse). Les activités de vente et de conseil pour les produits phytosanitaires sont séparées. Les rabais et remises sur ces produits sont également interdits, afin de mieux contrôler leur utilisation. Le dioxyde de titane (utilisé pour des raisons esthétiques) est suspendu dans les produits alimentaires et les riverains à proximité des zones à traitement phytosanitaires bénéficient d'une protection.

Afin de renforcer le **bien-être animal**, la loi permet aussi d'étendre le délit de maltraitance animale en élevage aux activités de transport et d'abattage. Les peines sont doublées et passent à un an d'emprisonnement et 15 000 euros d'amende. Un responsable de la protection animale est désigné dans chaque abattoir, avec le statut de lanceur d'alerte. Dans les abattoirs volontaires, la loi permet d'expérimenter la vidéosurveillance, tandis qu'est interdite la mise en production de tout bâtiment nouveau ou réaménagé d'élevages de poules pondeuses en cage.

D'autres dispositions sont mises en place, notamment pour **favoriser l'installation des jeunes agriculteurs**. La dotation jeunes agriculteurs (DJA) est ainsi une aide en capital financée à 80 % par l'UE et à 20 % par l'État. Son montant varie selon la zone d'installation, la part de l'activité agricole dans l'ensemble des revenus professionnels, ainsi que la nature et l'ampleur du projet.

4. Résultats et débats

Les mesures durables mises en place semblent avoir peu d'effets immédiats. L'agriculture biologique progresse ainsi peu, même si elle se situe à 8,5 % de la SAU en France.

Le revenu des agriculteurs reste faible, s'établissant en moyenne à 1 390 euros par mois, bien en dessous de la moyenne française. Selon un rapport de 2017, 20 % des agriculteurs n'ont pas pu se verser un revenu.

Par ailleurs, la demande des Français évolue. Une part d'entre eux tend à favoriser une agriculture plus durable et les circuits courts. Le nombre d'associations pour le maintien d'une agriculture paysanne (Amap) – c'est-à-dire un partenariat entre des consommateurs et un agriculteur – augmente : on en compte plus de 2 000 aujourd'hui et près de 250 000 consommateurs s'y approvisionnent.

Reste que le métier d'agriculteur continue à avoir une image négative, malgré le fait que certains jeunes ménages s'installent à la campagne et contribuent à transformer les pratiques.

Question à réponse courte

Va-t-on vers une agriculture plus durable en France ?

Plusieurs mesures, en conformité avec les prescriptions européennes, favorisent une agriculture plus durable. La PAC 2021-2027 tend à s'inscrire de plus en plus dans le Green Deal. Les aides aux agriculteurs sont conditionnées au respect de normes écologiques et une stratégie biodiversité a été décidée. En France, la loi du 1er novembre 2018 tend également à limiter l'utilisation d'intrants chimiques. Cela dit, l'État semble être revenu, à la marge, sur certaines dispositions comme l'interdiction des néonicotinoïdes. Surtout, en matière sociale, la situation de certains agriculteurs reste difficile et de fortes inégalités traversent la profession. De même, l'agriculture biologique progresse très lentement.

FICHE 34 : La politique de la mer

1. Contexte

La France dispose d'**atouts maritimes importants**. Elle est ainsi ouverte sur trois façades maritimes (Manche-mer du Nord, océan Atlantique et Méditerranée) et dispose de 5 400 km de littoraux en métropole. Elle possède en outre de nombreux territoires d'outre-mer (120 000 km^2, et même 530 000 km^2 si l'on inclut la terre Adélie en Antarctique), qui lui offrent la **deuxième zone économique exclusive (ZEE) du monde**. Pourtant, sa puissance maritime reste peu importante au regard de ces avantages. Ses ports sont ainsi de faible importance à l'échelle européenne et mondiale : Fos-Marseille a un trafic annuel moyen d'environ 100 millions de tonnes contre plus d'un milliard de tonnes pour Shanghai et plus de 800 millions de tonnes pour Rotterdam.

Parallèlement, la mer offre de **nouvelles perspectives de puissance** dans une économie largement maritimisée, plus de 85 % du trafic de marchandises passant par la mer. Elle fournit également des perspectives en matière d'énergie (renouvelable ou pas) et de ressources, à tel point que les États tentent de plus en plus de se l'approprier et d'y marquer leur hégémonie.

2. Objectifs

La politique maritime de la France affiche plusieurs objectifs. Il s'agit d'abord de **renforcer la puissance française sur les mers**, sur le plan économique mais aussi militaire. La France se doit ainsi d'affirmer sa présence sur les océans du monde, de rayonner et de développer ses ports, afin de prendre une part plus active dans le commerce international, en lien avec les autres ports européens et notamment ceux de la Northern Range (Rotterdam, Anvers, etc.). La France assure également sa protection par la mer et contribue à la sécurisation des espaces maritimes.

La politique maritime vise aussi à **développer l'exploitation des ressources maritimes**, qu'elles soient halieutiques, énergétiques ou minérales, voire biochimiques. Le but est également de **soutenir les activités économiques liées à la mer**, pour les développer ou les aider si elles sont en crise (pêche, etc.).

Enfin, sur le plan du développement durable, la France se doit de **protéger les ressources marines et la biodiversité**, de **renforcer la transition écologique pour la mer et le littoral,** et de **développer une économie bleue durable**.

3. Outils

A. Le ministère de la Mer et le Grenelle de la mer

L'ensemble de ces politiques est géré par le **ministère de la Mer**, poste aujourd'hui occupé par Annick Girardin. Il est épaulé par d'autres ministères, notamment celui des Armées – qui gère les ports militaires, comme celui de Toulon –, celui de l'Outre-mer ou de l'Environnement.

L'État a affiché à plusieurs reprises sa volonté de développer une politique maritime. Le **Grenelle de la mer**, organisé en juillet 2009, a réuni les pouvoirs publics, les élus, les acteurs économiques et professionnels concernés par la mer, ainsi que des membres de la société civile. Un **Livre bleu des engagements du Grenelle de la mer** regroupe les propositions retenues. Plus récemment, en février 2017, la France s'est dotée d'une **stratégie nationale pour la mer et le littoral**, qui donne un cadre de référence pour les politiques publiques concernant la mer et le littoral et, plus généralement, pour tous les acteurs de l'économie maritime et des littoraux.

La France a également mis au point une stratégie concernant ses ports.

La stratégie portuaire française

La stratégie portuaire française

Réforme portuaire – 2008

- 7 grands ports maritimes
- Missions recentrées sur les activités de sécurité
- Coordination encouragée entre ports d'une même façade
- Élaboration de projets stratégiques (dessertes terrestres et ferroviaires)
- Gouvernance : dissociation des missions de contrôle (conseil de surveillance, où le rôle des collectivités territoriales est accru) et de gestion (directoire)

Stratégie de relance portuaire – 2013

- Fluidifier les passages portuaires (entrées et sorties)
- Rapprocher les systèmes portuaires des filières industrielles d'avenir (énergies vertes, etc.)
- Faire collaborer ports et collectivités territoriales pour élaborer un plan d'aménagement à long terme (avec gestion des espaces sensibles)

Stratégie nationale portuaire – 2021 (Comité interministériel de la mer, CIMer)

- Haropa (fusion des ports de l'axe séquanien : Le Havre, Rouen, Paris)
- Accélération de la transition énergétique

B. La valorisation des ressources

La France tente également d'**accroître sa ZEE** (aujourd'hui 11,5 millions de km²). Elle a, en accord avec la Commission des limites du plateau continental (liée à l'ONU), accru son espace maritime de 151 000 km². Une augmentation similaire de plus d'un demi-million de kilomètres carrés avait déjà eu lieu en 2015. Elle entend d'ailleurs encore réclamer 500 000 km² de plateau continental à cette Commission.

La France développe également l'exploitation des **ressources marines**. Les **énergies marines renouvelables (EMR)** commencent à faire l'objet d'une certaine attention. En effet, à l'exception notable de l'usine marémotrice de la Rance, il n'existe pas encore de parc de production en France. La stratégie française consiste à soutenir la recherche et le déploiement commercial des technologies. L'État finance ainsi des projets de recherche ou de fermes précommerciales. Dans le cadre du **programme des investissements d'avenir (PIA)**, l'Agence de l'environnement et de la maîtrise de l'énergie **(ADEME)** a lancé plusieurs appels à projets sur les énergies renouvelables en mer. En mars 2017, le ministère de l'Environnement a également lancé un appel d'offres pour des fermes commerciales hydroliennes.

La **stratégie nationale portuaire de janvier 2021** vise également à adapter la stratégie sur les grands fonds marins, avec l'ambition de mieux pouvoir les explorer, afin de favoriser la recherche et de pouvoir évaluer la possibilité d'exploitation des nodules polymétalliques qui recouvrent les fonds marins.

C. Protection et développement durable

Afin de protéger les ressources et la biodiversité et d'accélérer la transition énergétique, plusieurs mesures ont été mises en place. Tout d'abord, des **parcs naturels marins** ont été créés à partir de 2007, le premier étant celui de la mer d'Iroise, en Bretagne. La France en compte neuf en 2021. Créés par décret, ils sont **régis par la loi du 14 avril 2006**.

La France tente également de **protéger les récifs coralliens**. L'**Initiative française pour les récifs coralliens (Ifrecor)** s'emploie ainsi à organiser la gestion durable de ces écosystèmes sensibles. Elle favorise leur prise en compte dans les stratégies nationales et locales, crée les conditions d'une pêche durable, lutte contre la pollution des eaux marines et la sédimentation, et promeut un tourisme soutenable. L'**article 113 de la loi pour la reconquête de la biodiversité, de la nature et des paysages** fixe l'objectif de protéger 75 % des récifs coralliens ultramarins d'ici à 2021. L'**action 37 du Plan biodiversité** étend cet objectif à l'ensemble des récifs coralliens français d'ici à 2025.

Au niveau international, la France a assuré à trois reprises le **secrétariat de l'International Coral Reef Initiative (Icri)**, de juin 2016 à juin 2018. Elle s'est efforcée de mieux faire connaître le rôle central joué par ces écosystèmes côtiers et d'encourager le financement de projets et d'initiatives contribuant à les protéger et à les restaurer. Elle a également porté des actions fortes, comme l'adoption d'une recommandation pour interdire les microbilles de plastique dans les produits cosmétiques, la production d'un rapport sur l'impact des écrans solaires, ou encore le déploiement d'un dispositif d'amarrage qui ne nuit pas aux récifs coralliens.

D. Assurer la présence française sur les mers

Sur le plan militaire, la **présence française sur les mers est assurée par la Marine**. La dissuasion française repose sur des missiles balistiques mer-sol qui équipent quatre sous-marins nucléaires lanceurs d'engins de la classe Triomphant et des missiles de croisière. En 2038, la France disposera également d'un nouveau porte-avions à propulsion nucléaire, qui succédera à l'actuel Charles de Gaulle, comme annoncé par Emmanuel Macron dans son discours du 8 décembre 2020.

La France intervient également en mer. En février 2021, la ministre des Armées, Florence Parly, a annoncé que deux bâtiments, dont un sous-marin nucléaire d'attaque, ont effectué des manœuvres en mer de Chine méridionale, un espace revendiqué par la Chine. Elle tend aussi à sécuriser des espaces particulièrement dangereux, en luttant contre la piraterie (au large de Djibouti par exemple).

Pour faire face à la crise liée à la Covid-19, le plan de relance présenté par le Premier ministre le 3 septembre 2020, octroie 650 millions d'euros au ministère de la Mer, dont 200 millions pour les ports, dans le but de les rendre plus durables.

4. Résultats et débats

La puissance des ports français reste faible au regard des grands ports européens et mondiaux. Certaines activités sont en difficulté, à commencer par la pêche. Même si les chantiers navals de l'Atlantique affichent une reprise de leur activité, celle-ci n'est peut-être que temporaire au vu de la concurrence mondiale dans ce domaine.

La présence française dans sa ZEE reste également relativement insuffisante, d'autant que certaines délimitations de sa ZEE sont contestées par des États voisins (Maurice par exemple autour de l'île de Tromelin).

En matière écologique, le plan de lutte contre la prolifération des algues vertes en Bretagne, mis en place dès 2010, a permis en 2020 une diminution de 7 % des échouages.

Question à réponse courte

Quelles limites à la puissance maritime française ?

Bien qu'elle dispose d'atouts maritimes importants, la puissance française est limitée sur ce plan. La production française de produits aquatiques reste insuffisante par rapport aux besoins de la population. La pêche maritime française ne couvre ainsi que 80 % des besoins nationaux, même si la France est le 4e producteur de pêche et d'aquaculture de l'UE. Les pêcheurs français vont également, à terme, pâtir du Brexit. La France est également très en retard pour l'exploitation des énergies marines renouvelables. L'exploration des fonds marins reste également encore un défi. Quant à ses ports, ils restent peu compétitifs et se trouvent relativement déclassés à l'échelle européenne et mondiale. Fos-Marseille n'est ainsi pas en mesure de rivaliser avec Rotterdam, 10e port mondial en 2019. Pour ce qui est de la présence française, elle reste insuffisante dans l'océan Atlantique au large de la Guyane, dans l'océan Pacifique autour de la Polynésie et de la Nouvelle-Calédonie, et dans l'océan Indien, notamment pour lutter contre la piraterie et sécuriser les TAAF.

Travail, emploi et insertion

FICHE 35 : Les politiques de l'emploi

1. Contexte

Les politiques de l'emploi peuvent se définir comme l'ensemble des mesures prises par les administrations publiques en vue d'**accroître le taux d'emploi**, de **réduire le chômage** et de **réglementer les relations de travail**. Les politiques relatives à la lutte contre le chômage, c'est-à-dire visant à atteindre l'équilibre entre l'offre et la demande de travail, sont traitées dans la Fiche 37, *Les politiques du marché du travail.*

En 2019, selon la définition du Bureau international du travail (BIT), la **population active française** s'élève à plus de **29,5 millions de personnes**. La part des salariés est de 88 % et celle des travailleurs indépendants de 12 % (dont les agriculteurs, qui forment 1,4 % de la population active, et les artisans, commerçants et chefs d'entreprise, dont la part est de 6,8 %). Du fait de la hausse continue de leur taux d'activité, les femmes représentent désormais près de la moitié de la population active (48,6 % en 2019). Les cadres forment quant à eux plus de 20 % de la population active, les professions intermédiaires 26 %, les employés 26 % et les ouvriers 19 %. La proportion de cadres augmente de façon continue, corrélativement à un recul de l'emploi non qualifié.

L'**accès à l'emploi** augmente avec le niveau de formation. En 2019, le taux de chômage des personnes non diplômées atteint 15,8 %, soit un chiffre près de deux fois supérieur à la moyenne nationale (8 %), alors qu'il est inférieur de près de moitié (5 %) à la moyenne nationale pour les titulaires d'un diplôme de niveau bac +2 ou supérieur.

Le marché du travail est caractérisé non seulement par un taux de chômage élevé, mas aussi par une **précarisation** des conditions de travail, qui se traduit par le recours à des emplois autres qu'en contrat à durée indéterminée (CDI) à temps plein, ce qui est la norme de travail. Il peut s'agir de contrats à temps partiel subi, ou de contrats à durée déterminée (CDD) ou par intérim. Selon l'Insee, en 2020, sur 100 salariés, 86 sont en CDI, 10 en CDD, 2 en intérim et 2 en apprentissage. La part des CDD a plus que doublé depuis 1982 (de moins de 5 % à plus de 10 %). Le contrat de travail peut aussi n'offrir que peu de garanties de protection sociale ou n'apporter qu'une faible rémunération : **2 millions de travailleurs pauvres** occupent ainsi un emploi, mais leur revenu se situe cependant en dessous du seuil de pauvreté (fixé à 60 % du revenu médian, soit un peu plus de 1 000 euros par mois).

Les femmes occupent plus souvent des emplois à temps partiel et sont moins bien rémunérées : les hommes ont ainsi un salaire **28,5 % plus élevé que celui des femmes** (9 % si le poste et les compétences sont identiques).

2. Objectifs

Les politiques publiques visent à accroître les capacités d'accès à l'emploi, à adapter l'offre de formation et à prendre en compte les besoins généraux (pourvoir des emplois stables, s'inscrivant dans une perspective de carrière) et les besoins spécifiques des travailleurs.

Le concept d'**employabilité** recouvre l'accès à l'emploi et l'évolution professionnelle. Il est défini par l'Organisation internationale du travail (OIT) comme « *l'aptitude de chacun à trouver et conserver un emploi, à progresser au travail et à s'adapter au changement tout au long de la vie professionnelle* ».

L'État régulateur de l'économie doit prendre en compte l'évolution du marché du travail et des structures économiques dans sa **politique de formation**, initiale et continue. (La formation continue se définit comme les actions de formation après la fin des études et l'entrée dans la vie active.) L'élévation du niveau de formation initiale répond quant à elle à la diminution du nombre d'emplois non qualifiés automatisables (c'est-à-dire pouvant faire l'objet d'une substitution capital-travail) et délocalisables.

Les politiques publiques de l'emploi visent également à lutter contre la **précarité du travail** et à garantir des **évolutions de carrière**. Par exemple, l'ancienneté est prise en compte en cas de licenciement pour motif économique dans les entreprises de plus de 50 salariés.

Enfin, elles intègrent les **besoins relevant de publics spécifiques**, pour favoriser leur accès à l'emploi : les jeunes, les femmes, les personnes handicapées, les étrangers, les seniors, etc.

3. Outils

Les outils des politiques publiques incluent l'offre de formation, la modification des règles législatives et réglementaires du droit du travail, ainsi que des mesures en faveur de publics spécifiques.

La **professionnalisation des formations initiales** passe par une action sur les contenus des politiques de formation et les parcours. S'agissant des contenus des formations, le certificat d'aptitude professionnelle (CAP) a été créé par la loi Astier en 1919, ouvrant la voie à des **filières professionnelles**, puis aux lycées professionnels en 1977 (ayant pris leur nom actuel en 1985) et aux licences professionnelles en 1999. Relevant tant de la professionnalisation des contenus que des parcours vers l'emploi, les formations professionnelles intègrent des mises en situation sur le marché du travail, par l'apprentissage ou les stages. La formation en alternance, d'une durée de un à trois ans et formant à des diplômes de niveau CAP à bac +5, intègre une formation en entreprise et dans un établissement d'enseignement.

Le **Code du travail** encadre les conditions d'exécution du contrat de travail. En particulier, il impose l'obligation à l'employeur de garantir la sécurité et la santé au travail, et de maintenir la capacité du salarié à occuper un emploi, par des actions de **formation continue** prenant en compte l'évolution des emplois, des technologies et des formations. Le droit du travail prohibe les discriminations et lutte contre les inégalités. S'agissant du statut des salariés, il encadre les procédures de recours à des emplois précaires. Ainsi, il n'est possible de pourvoir un emploi en CDD que pour l'exécution d'une tâche précise et temporaire et dans les seuls cas énumérés par la loi ; le CDD ne peut ainsi avoir pour effet de pourvoir durablement un emploi lié à l'activité normale et permanente de l'entreprise. À défaut, il peut être requalifié en contrat à durée indéterminée.

Dans le cadre des politiques pour l'emploi, il convient aussi d'adapter les normes aux situations spécifiques des entreprises et des branches. Le **dialogue social** est ainsi une source importante du droit. La loi définit des thèmes obligatoires de négociation collective entre représentants des employeurs et des salariés. Ainsi, selon l'article L. 2242-15 du Code du travail, « *la négociation annuelle sur la rémunération, le temps de travail et le partage de la valeur ajoutée dans l'entreprise porte sur :*

1° les salaires effectifs ;

2° la durée effective et l'organisation du temps de travail, notamment la mise en place du travail à temps partiel [et] la réduction du temps de travail ;

3° l'intéressement, la participation et l'épargne salariale [...] ;

4° le suivi de la mise en œuvre des mesures visant à supprimer les écarts de rémunération et les différences de déroulement de carrière entre les femmes et les hommes. »

S'agissant des mesures prises pour l'**emploi de publics spécifiques**, la figure ci-après met en exergue des mesures en faveur des personnes handicapées, des jeunes et des personnes éloignées de l'emploi.

Aperçu des mesures pour l'emploi en destination de publics spécifiques

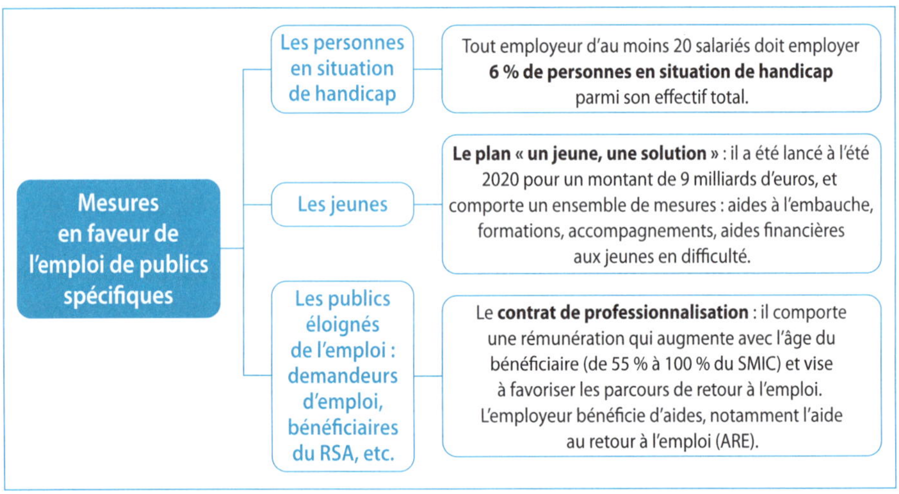

4. Résultats et débats

Dans un contexte économique dégradé, pour faire coïncider l'offre et la demande de travail, les entreprises demandent non seulement plus de **souplesse** en matière de salaire et de licenciement pour motif économique (voir Fiche 37, *Les politiques du marché du travail*), mais aussi pour le recrutement en dehors d'un CDD, et ce afin d'ajuster plus facilement la demande de travail à leur production. Il convient ainsi de trouver un équilibre entre les objectifs de sécurisation sociale et ceux de sécurisation professionnelle. Les **utilisations abusives** par les employeurs sont en outre sanctionnées. La loi du 10 juillet 2014 a en particulier encadré le recours des entreprises aux **stagiaires**, tout en augmentant les droits des stagiaires : hausse de la gratification, Ticket-Restaurant et remboursement des frais de transport, trimestres pour la retraite, etc.

La **jurisprudence sociale** est également créatrice de droits. En mars 2020, la Cour de cassation a ainsi requalifié de contrat salarié le lien qui unissait un chauffeur de véhicule Uber à son donneur d'ordres, considérant alors comme fictif le statut de travailleur indépendant du chauffeur.

Pour finir, la pandémie liée à la Covid-19 a conduit à des adaptations, en principe conjoncturelles. Comme l'a observé l'Insee dans sa photographie du marché du travail en 2020, « *le recours au* ***chômage partiel ou technique*** *est inédit : 6,2 % des personnes en emploi sont concernées en moyenne sur l'année et jusqu'à un quart des personnes en emploi pendant le premier confinement. Il permet de* ***contenir largement le recul de l'emploi****. En revanche, le volume moyen d'heures travaillées recule nettement (–7,4 % en moyenne sur l'année par rapport à 2019).* »

Question à réponse courte

Faut-il brûler le Code du travail ?

Apparu en 1910, le Code du travail s'est substitué au contrat de gré à gré, conclu entre l'employeur et le salarié dans un rapport de force très favorable au premier. Comme tout code, il consiste en un recueil des textes législatifs et réglementaires applicables à un domaine. L'interrogation renvoie en fait à un travail de simplification des normes, ainsi que de renforcement de la place des accords collectifs dans la réglementation des relations de travail. La simplification des normes répond aux objectifs des employeurs d'assouplir les conditions de travail, mais se heurte aux objections des syndicats de salariés. Plusieurs réformes successives ont été engagées depuis 2008, afin de simplifier le Code du travail (notamment dans le cadre de la loi travail de février 2016, dite loi El Khomri). La réforme engagée en 2017 a créé le CDI de chantier – conclu pour une durée indéterminée liée à un chantier ou à une opération –, instauré le CDD de mission (ou à objet défini) – qui s'adresse à des ingénieurs ou cadres recrutés le temps d'une mission –, mis en place une rupture conventionnelle collective et favorisé les négociations d'entreprise, même en l'absence de délégué syndical.

FICHE 36 : La réforme des retraites

1. Contexte

La réforme des retraites s'inscrit dans un temps relativement long. Face à l'**augmentation de l'espérance de vie** (85,3 ans pour les femmes et 79,5 ans pour les hommes en 2019) – et donc à l'allongement de la durée de la retraite – et à la diminution de la natalité dans les années 1970 – après le baby-boom –, le **nombre d'actifs tend à diminuer en proportion du nombre d'inactifs**. Ainsi, en 1950, selon l'OCDE, la France comptait plus de cinq personnes potentiellement actives (c'est-à-dire ayant entre 20 et 64 ans) pour un retraité. En 2020, ce ratio a chuté à moins de trois actifs pour un retraité.

En conséquence, les systèmes de retraite se trouvent en **déficit**, alors qu'ils étaient excédentaires entre 2016 et 2019. En 2019, le déficit s'élevait ainsi à 1,9 milliard d'euros et la situation s'est aggravée avec la crise de la Covid-19, en raison du repli de l'activité et donc de moindres rentrées (cotisations salariales et patronales). Selon le **Conseil d'orientation des retraites (COR)**, le déficit des systèmes de retraite oscillerait entre 7,9 et 17,2 milliards d'euros en 2025.

Nombre de gouvernements se sont ainsi attaqués à ce chantier, avec plus ou moins de succès. La **réforme Balladur de 1993** a allongé de 150 à 160 trimestres la durée de cotisations pour avoir une retraite à taux plein, augmenté la durée de la carrière de référence (des 10 meilleures années aux 25 meilleures) et indexé les retraites sur l'inflation et non plus sur les salaires. La **réforme Fillon de 2003** a instauré une transition progressive de la durée de cotisation de tous les régimes, sauf les régimes spéciaux, vers 42 ans. La durée de cotisation des fonctionnaires s'est ainsi alignée sur celle du privé, passant de 37,5 ans à 40 ans. En 2007, la réforme des régimes spéciaux (SNCF, RATP, etc.) s'est également alignée sur leur durée de cotisation à 40 ans. Une autre réforme est venue compléter le dispositif en 2013-2014.

2. Objectifs

Les objectifs sont donc de **remettre à l'équilibre** les comptes des retraites et d'**anticiper de possibles déficits croissants** à plus ou moins long terme. Il s'agit ainsi de faciliter l'adaptation du système de retraite aux changements structurels (croissance, rapport actifs/retraités, etc.), afin de permettre dans le futur un équilibre budgétaire.

L'objectif est également de favoriser une certaine **égalité de traitement entre les citoyens**, en supprimant les régimes spéciaux et en favorisant une retraite de base pour les personnes bénéficiant de pensions très faibles, notamment les agriculteurs. Il convient aussi de **simplifier un système jugé trop complexe**, avec la juxtaposition de régimes très différents.

3. Outils

Le projet de loi a été validé en première instance début mars 2019, suite à l'utilisation du 49.3. Il n'a pas encore pu passer devant le Sénat suite à la décision de la suspension de cette réforme pendant le confinement. Il s'applique à toute personne née après 1975 et maintient un système de retraite par répartition.

A. La fin des régimes spéciaux

Il prévoit notamment la **fin des 42 régimes spéciaux**, au profit d'un **système universel par répartition**. Le calcul des pensions se fera par points – dont la valeur ne pourra ni baisser ni augmenter moins vite que l'inflation –, accumulés tout au long de la carrière professionnelle. Le système fonctionne ainsi : un actif cotise et accumule chaque année un nombre de points, transformés ensuite en pension mensuelle une fois l'âge de la retraite atteint. Chaque personne dispose ainsi d'un compte sur lequel les points sont additionnés. Le passage des points à une pension se fait grâce à un coefficient de conversion, qui peut prendre en compte plusieurs facteurs : le nombre d'années cotisées ou encore l'espérance de vie moyenne du pays. Lorsqu'un salarié part à la retraite, sa pension correspond donc au nombre de points acquis durant sa vie active multiplié par la valeur du point en vigueur à la date du départ à la retraite. Le régime général français et les régimes complémentaires (Agirc et Arrco) fonctionnent de cette façon.

Un nouveau mode de calcul des pensions de retraite

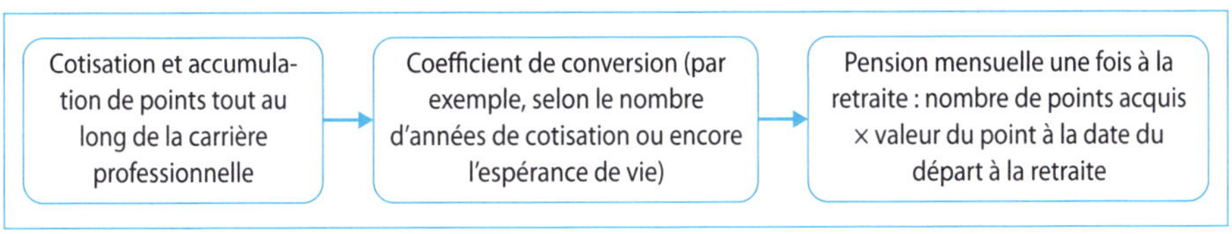

B. Âge légal et âge pivot

L'âge légal de départ à la retraite est maintenu à **62 ans**. Cependant, en vue d'inciter les Français à travailler plus longtemps, l'exécutif veut mettre en place un **âge pivot**, fixé à 64 ans, avec un mécanisme de décote ou de surcote de la pension de retraite. Le mécanisme de bonus-malus pourrait faire varier la pension de retraite d'environ 5 % par an, à la hausse ou à la baisse, pour chaque année travaillée en plus ou en moins. L'âge pivot évoluerait en fonction de l'espérance de vie de la génération à laquelle l'assuré est attaché. Il serait donc amené à être révisé, afin de tenir compte des contraintes financières du régime. Mais il existe des **dérogations à cet âge légal**. Il peut descendre à 57 ans, voire 52 ans, pour les fonctionnaires exerçant des fonctions régaliennes (policiers, douaniers, surveillants pénitentiaires, contrôleurs aériens). Les militaires pourront également conserver le droit de percevoir une pension après 17 ou 27 années de service effectif. Le texte donne aussi la possibilité aux égoutiers recrutés avant le 1er janvier 2022 de partir à la retraite à 52 ans, et aux fonctionnaires ayant opté pour leur maintien dans la catégorie B de la fonction publique hospitalière de continuer à partir à 57 ans.

C. Quelques ajustements en fonction des professions

À destination des **enseignants**, en partie lésés par la réforme, une hausse des salaires est entérinée dans la loi, qui sera matérialisée dans une future loi de programmation. À destination, entre autres, des **avocats**, qui bénéficiaient d'un régime autonome excédentaire, un abattement de 30 % sur l'assiette des cotisations sociales des professions indépendantes et un « dispositif de solidarité » à destination des « petits cabinets » ont été décidés. Pour **les salariés de la RATP**, le régime spécial est supprimé. Mais la réforme s'appliquera à partir de la génération 1985 pour les fonctionnaires et les agents des régimes spéciaux dont l'âge légal de départ est de 52 ans (conducteurs). Pour ceux dont l'âge légal de départ est de 57 ans (agents de maintenance), la première génération concernée par le système universel sera celle de 1980. Le calcul des pensions se basera en revanche sur l'ensemble de la carrière et non sur les six derniers mois, comme c'est le cas actuellement.

Pour les **travailleurs exposés à des facteurs de pénibilité**, une visite médicale à 55 ans sera généralisée, ainsi que l'amélioration des modalités d'acquisition de points, dans le cadre du compte professionnel de prévention, pour les travailleurs exposés à plusieurs facteurs de risques professionnels. Un congé de reconversion est aussi octroyé aux personnes soumises à la pénibilité, pouvant aller jusqu'à six mois. De même, le compte pénibilité et la retraite pour incapacité permanente, déjà en vigueur dans le secteur privé, permettront à certains de cesser le travail à 60 ans.

Le projet de loi vise à progressivement étendre la retraite aux salariés en forfait-jours, aux régimes spéciaux et aux agriculteurs, et à modifier les règles du cumul emploi-retraite, afin que ceux qui perçoivent une pension à taux plein puissent accumuler des points supplémentaires lorsqu'ils reprennent une activité.

D. Une retraite minimum

À terme, **en 2025, aucune retraite ne devra être en dessous d'un seuil de 85 % du SMIC**. Une majoration en points de 5 % par enfant pourra être accordée, dont la moitié sera attribuée à la mère au titre de la maternité, l'autre moitié pouvant être partagée entre les deux parents ou attribuée à l'un ou à l'autre. La loi attribue aussi un bonus supplémentaire de 2 % pour le troisième enfant, automatiquement réparti à parts égales entre le père et la mère, sauf décision contraire de leur part. Les parents isolés se verront attribuer des points supplémentaires aux parents.

Enfin, il s'agit de **recalculer les pensions de réversion**, pour garantir au conjoint survivant, à partir de 55 ans et deux ans de mariage au moins, 70 % des points de retraite acquis par le couple (à partir de 2037 pour les personnes ayant intégré le système universel).

E. La règle d'or : l'équilibre pendant cinq ans

Le **projet de loi organique** a également été adopté, à la suite d'un vote, par l'Assemblée nationale en mars 2020. Il doit encadrer la réforme sur le plan financier. Il a notamment décidé de l'établissement **d'une règle d'or obligeant le système de retraite à être à l'équilibre pendant cinq ans**. Tous les ans, les lois de financement de la Sécurité sociale devront présenter une trajectoire de la branche retraite à l'équilibre pour les cinq années suivantes. Il a également décidé de l'application, dès 2022, du système universel de retraite aux parlementaires (députés et sénateurs) nés à partir de 1975. La loi organique supprime enfin la sanction disciplinaire de mise à la retraite d'office pour les magistrats.

4. Résultats et débats

La réforme des retraites a été stoppée par la crise de la Covid-19 au Sénat. Des interrogations subsistent même quant à sa mise en place avant la fin du quinquennat en 2022. Le secrétaire d'État chargé de la réforme, Laurent Pietraszewski, a déclaré le 24 janvier 2021 que les conditions n'étaient alors pas réunies pour relancer la réforme.

Beaucoup de critiques ont été adressées à cette réforme et des **grèves importantes** ont eu lieu à l'hiver 2019-2020. De nombreux sondages indiquaient alors qu'une majorité des Français y était d'ailleurs opposée.

Le débat se porte aussi sur l'utilisation du 49.3 pour faire passer une réforme impopulaire, ainsi que sur la multiplication des amendements par l'opposition lors de la procédure de débat parlementaire, afin de retarder son adoption. Il questionne également le maintien d'un régime de retraite par répartition, alors que l'on encourage les Français à avoir une retraite complémentaire et à **faire appel aux fonds de pension (retraite par capitalisation)**.

Question à réponse courte

Quels sont les moyens d'action de l'État pour résorber le déficit des retraites en France ?

L'État dispose de trois moyens principaux pour tenter de limiter le déficit des retraites. Il peut tout d'abord diminuer les pensions des retraites, ce qui est le principal objet de la réforme de 2019. De nombreuses retraites vont aussi baisser, notamment celles des enseignants, dont le calcul reposait sur les six derniers mois de la carrière, alors qu'il va désormais se fonder sur l'ensemble de la carrière. L'État peut ensuite allonger la durée de cotisation, ce que l'on retrouve également dans la loi autour de la question de l'âge pivot à 64 ans. Il peut enfin augmenter les cotisations des actifs, ce qui est cependant difficilement soutenable compte tenu du niveau déjà important des prélèvements obligatoires en France.

FICHE 37 : Les politiques du marché du travail

1. Contexte

A. Sur le plan théorique

Le **marché du travail** désigne le lieu de rencontre théorique entre l'offre de travail (par la population active) et la demande de travail (par les employeurs). Selon un modèle classique, une **hausse des salaires** rend l'offre de travail plus attractive pour les salariés, et un **moindre coût du travail** accroît la demande de travail par les employeurs. L'offre de travail augmente donc avec le salaire, à l'inverse de la demande de travail. Dans la figure ci-après, à l'équilibre sur le marché du travail, le nombre de personnes employées est Q* et le salaire s'élève à W*.

Le marché du travail

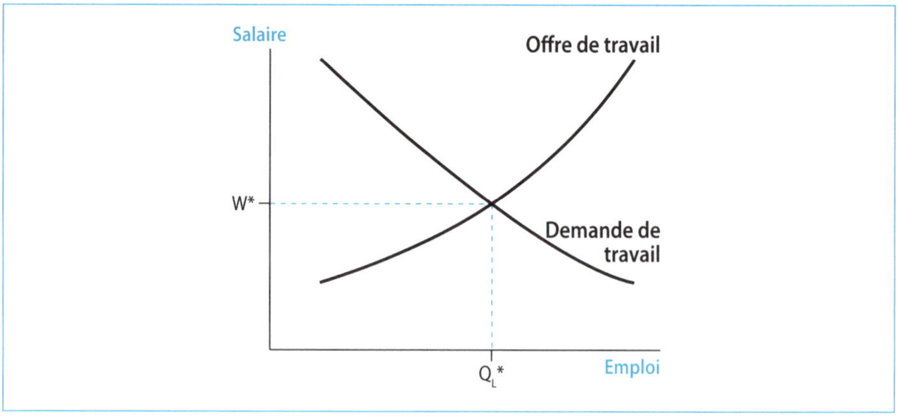

Si le salaire est supérieur au salaire d'équilibre (W*), la demande de travail diminue et la quantité de travail est inférieure à la quantité d'équilibre (Q_L*) : il en résulte du **chômage**.

Les économistes libéraux mettent en avant cette configuration pour justifier les **politiques de modération salariale** et de **baisse des impôts et charges**. Il existe cependant d'autres cas de figure : ainsi, si l'offre de travail est insuffisante (en cas de pénurie d'emplois), les employeurs doivent augmenter le salaire proposé : par conséquent, la quantité de travail et le salaire augmentent. Cet équilibre du marché du travail se réalise toutes choses égales par ailleurs : la quantité de travail demandée par les entreprises dépend aussi de ses carnets de commandes, de sa fiscalité, etc.

En pratique, il n'existe pas un seul marché du travail, mais plusieurs – selon les secteurs d'activité et les qualifications des travailleurs. En particulier, la **théorie de la segmentation** (Doeringer et Piore, 1971) distingue un marché primaire (hauts salaires, emplois stables et fortes perspectives de carrière) et un marché secondaire (bas salaires, emplois précaires et faibles perspectives de carrière).

B. Sur le plan pratique : les données relatives au marché du travail en France

La fin des Trente Glorieuses a marqué l'apparition en France d'un **chômage de masse**, stabilisé autour de 10 % depuis le milieu des années 1980. Après une diminution du chômage depuis 2015, la crise économique de 2020 a cependant entraîné un rebond du nombre de demandeurs d'emploi.

Fin 2020, **2,7 millions** de travailleurs sont ainsi au **chômage (soit 9 % de la population active)** et 40 % d'entre eux sont des chômeurs de **longue durée**, c'est-à-dire au chômage depuis au moins un an. Le taux de chômage en France se situe dans la moyenne de la zone euro, mais est supérieur à celui de l'Allemagne (6 %), des États-Unis (7 %) et du Japon (3 %).

En 2019, selon les données de l'OCDE, le salaire moyen en France était de 46 500 dollars (environ 42 000 euros). Il est ainsi légèrement inférieur à la moyenne de l'OCDE (48 600 dollars), se situe en dessous du niveau des États-Unis (65 800 dollars), de l'Allemagne (53 600 dollars) et du Royaume-Uni (47 200 euros), mais est supérieur à celui de l'Italie (39 200 dollars) et du Japon (38 600 dollars).

2. Objectifs

Sur le plan macroéconomique, atteindre l'équilibre sur le marché du travail suppose :

- une **flexibilité** des salaires, permettant d'adapter l'offre et la demande de travail ;
- un **marché transparent** : les conditions d'offre et de demande de travail doivent ainsi être connues de tous ;
- un **marché ouvert**, c'est-à-dire sans restriction à l'entrée.

Toutefois, la rémunération répond aussi à des **objectifs sociaux** (garantir un niveau de revenus, distribuer la valeur ajoutée des entreprises) et de **soutien** à l'économie (favoriser la consommation). Il en résulte une **réglementation des salaires** (notamment l'existence d'un salaire minimum, créé en France en 1950) et **des conditions de travail** (en particulier, sur la durée de travail et l'âge de départ en retraite).

Sur le **plan microéconomique**, des réglementations spécifiques tiennent compte des différences de situation selon les secteurs d'activité, la taille des entreprises et la qualification des salariés : elles visent à adapter les conditions de travail aux particularités des secteurs économiques, en autorisant par exemple des dérogations au repos dominical pour permettre la continuité de l'activité. Le travail rémunéré est encadré par un **contrat de travail**, régi par le droit du travail.

Au croisement des échelles macro- et microéconomique, l'assurance chômage vise à garantir un **revenu de remplacement aux actifs temporairement privés d'emploi**. La durée d'indemnisation dépendant de la durée d'affiliation à l'assurance chômage, seule la moitié des chômeurs sont indemnisés au titre de l'assurance chômage. L'indemnisation s'inscrit également dans les politiques de l'emploi : un trop faible écart avec les revenus des personnes disposant d'un emploi est désincitatif à la reprise d'activité et qualifié de **trappe à inactivité**. D'inspiration danoise, la **flexisécurité** combine pour sa part une facilitation des licenciements et une meilleure indemnisation du chômage.

3. Outils

Les politiques de lutte contre le chômage peuvent être classées selon leur inspiration, libérale ou keynésienne. En pratique, les politiques françaises sont mixtes.

La France a instauré un premier dispositif d'**allègement des cotisations sociales patronales** sur les salaires les moins élevés en 1993. Ces dispositifs s'élèvent à 28 milliards d'euros en 2019. Ils sont dégressifs, en fonction du niveau de salaire et répondent à un soutien à l'emploi peu qualifié (voir Fiche 30, *La politique industrielle*).

S'agissant des **procédures**, l'autorisation administrative de **licenciement** a été supprimée en France en 1986. En cas de licenciement pour motif économique, l'**obligation de reclassement** impose à l'employeur de rechercher préalablement pour son salarié un nouveau poste disponible dans l'entreprise. Depuis 2017, cette obligation a été assouplie : l'employeur peut diffuser une liste des postes disponibles pour un reclassement à l'ensemble de ses salariés, et non plus individuellement. Il doit cependant consulter le comité social d'entreprise, et les entreprises de plus de 50 salariés doivent préciser l'ordre des licenciements, notamment selon les charges de famille et l'ancienneté.

D'inspiration keynésienne, la **diminution du temps de travail** se traduit par un renchérissement du coût du travail par l'employeur. Elle est cependant compensée par des gains de productivité résultant de réorganisations du travail. La hausse des salaires augmente en outre le niveau de consommation et stimule *in fine* la production. Depuis 2002, la durée hebdomadaire du travail en France est fixée à 35 heures (contre 39 heures auparavant).

Les politiques interventionnistes soutiennent la création d'emplois, en créant directement des emplois publics ou en subventionnant – depuis 1977 – la création d'emplois par divers employeurs, suivant la procédure des contrats aidés. Depuis 2018, les différents contrats aidés ont été regroupés dans le **contrat unique d'insertion** (CUI), qui associe une formation et/ou un accompagnement professionnel pour le salarié bénéficiaire et une aide financière pour l'employeur. L'**aide à la reprise ou à la création d'entreprises** (ARCE) par les demandeurs d'emploi permet à ces derniers de percevoir des allocations chômage sous forme de capital.

Créée en 2008 et ayant succédé à l'Agence nationale pour l'emploi, **Pôle emploi** associe des représentants de l'État, des employeurs et des salariés. L'agence offre un accompagnement personnalisé de retour à l'emploi et indemnise les demandeurs d'emploi. Depuis 2019, après deux refus d'offres raisonnables d'emploi (tenant compte des qualifications) sans motif légitime, le demandeur peut être radié de Pôle emploi et son revenu de remplacement supprimé : il s'agit de personnaliser les parcours et de responsabiliser les demandeurs d'emploi, l'indemnisation étant conditionnée à l'inscription dans un parcours d'insertion.

4. Résultats et débats

Le recours à plusieurs leviers d'intervention publique sur le marché du travail fait débat : l'aménagement et la réduction du temps de travail, la baisse des charges sociales ou encore l'évolution du SMIC.

Il n'existe pas de consensus quant au nombre d'emplois créé par la **réduction du temps de travail** depuis 2002 (50 000 à 500 000 selon les études).

Les **baisses de charges sociales** ont été continues depuis 1993 : la sensibilité (ou **élasticité**) de l'emploi non qualifié aux variations du coût du travail est positive, mais dans des proportions très diversement évaluées. Il existe aussi des inconvénients : coût budgétaire, **effet d'aubaine** (l'emploi aurait été créé ou maintenu même sans cet avantage) – cependant difficiles à mesurer –, ou encore risque que l'entreprise maintienne de faibles salaires (**« trappe à bas salaires »**).

Quant au **SMIC**, il est indexé sur l'inflation et l'évolution du pouvoir d'achat, et peut donner lieu à des revalorisations au-delà du minimum légal. Son niveau est débattu : si le salaire minimum mesuré en proportion du salaire médian (en 2019, 61 % en France) est relativement élevé (48 % en Allemagne, 55 % au Royaume-Uni), le SMIC horaire est plus élevé en France qu'en Allemagne, mais le SMIC mensuel est plus bas. Pour les partisans d'une revalorisation du SMIC, il relève d'une politique de solidarité et les exonérations de charges atténuent l'impact du coût du travail au niveau du SMIC. Dans une logique libérale visant à une adaptation aux conditions de marché, des différenciations du SMIC sont envisagées selon les régions (régionalisation), les secteurs d'activité ou encore les bénéficiaires (« SMIC jeunes »), mais contredisent alors l'objectif de solidarité nationale.

Question à réponse courte

L'État peut-il favoriser l'emploi en augmentant le niveau des salaires ?

Selon les économistes libéraux, une diminution des coûts salariaux favorise l'embauche de nouveaux salariés. L'embauche dépend cependant aussi des carnets de commandes : pour les keynésiens, une baisse des salaires fait chuter la consommation et peut ainsi engendrer une récession. En pratique, l'État français a à la fois choisi d'indexer le salaire minimum sur le pouvoir d'achat et l'inflation – par solidarité avec les travailleurs les plus exposés aux risques de délocalisation –, et poursuivi et amplifié une politique de baisse des charges sociales sur les salaires les moins élevés, afin de réduire le coût du travail et en accroître sa compétitivité.

Solidarités et santé

FICHE 38 : La politique de santé

1. Contexte

La stratégie nationale de santé constitue le cadre de la politique de santé en France. Elle est définie par le gouvernement et se fonde sur des statistiques et analyses, notamment dressées par le **Haut Conseil de la santé publique**. On y évoque entre autres l'état de santé de la population, ses principaux déterminants, ainsi que les stratégies d'action envisageables à court ou à plus long terme. La **Stratégie nationale de santé 2018-2022** (SNS) a été adoptée par le gouvernement à l'issue d'un processus de concertation avec les acteurs de la santé et les autres ministères concernés. Elle implique les choix du politique concernant l'évolution de l'hôpital public en matière de moyens, les orientations retenues en matière de prévention, le développement de certains axes comme la numérisation (hôpital numérique), le maintien à domicile, etc.

Le contexte actuel résulte de la recherche d'une mobilisation de l'ensemble des politiques publiques dans un objectif de **préservation** et d'**amélioration de la santé de la population**. L'établissement Santé publique France, créé en 2016, joue à ce titre un rôle de premier plan (expertise, observation épidémiologique, réponse aux crises sanitaires, etc.).

2. Objectifs

Les objectifs identifiés répondent de fait à plusieurs défis : les **risques sanitaires** en général (risque infectieux, par exemple la Covid-19 ou la grippe classique), mais aussi ceux liés à l'augmentation de l'**exposition aux polluants et toxiques**, les **maladies chroniques** et leurs conséquences (diabète, maladies cardiovasculaires, etc.), ou encore l'adaptation du système de santé aux **enjeux démographiques, épidémiologiques et sociétaux**.

Dans ce cadre global, la politique de santé se concentre aujourd'hui sur quatre thèmes prioritaires, identifiés par le ministère de la Santé. C'est autour d'eux que doivent s'organiser les grands chantiers :

- **La promotion de la santé :** il s'agit d'un enjeu fondamental car il est directement lié à la **prévention**, objectif majeur d'amélioration du système de santé pour l'avenir.
- **La lutte contre les inégalités :** celles-ci peuvent être territoriales (en fonction de notre lieu d'habitation, nous ne sommes pas tous égaux vis-à-vis de la qualité et de la quantité des soins) ou sociales (accès aux soins pour les personnes défavorisées).
- **La recherche de performance dans la qualité des soins :** cela recouvre surtout leur réelle pertinence, c'est-à-dire qu'il ne faut pas limiter les soins, mais les adapter aux besoins réels.
- **L'innovation :** elle permettra justement une meilleure qualité des soins, en insistant sur la recherche et son financement.

L'organisation de la santé

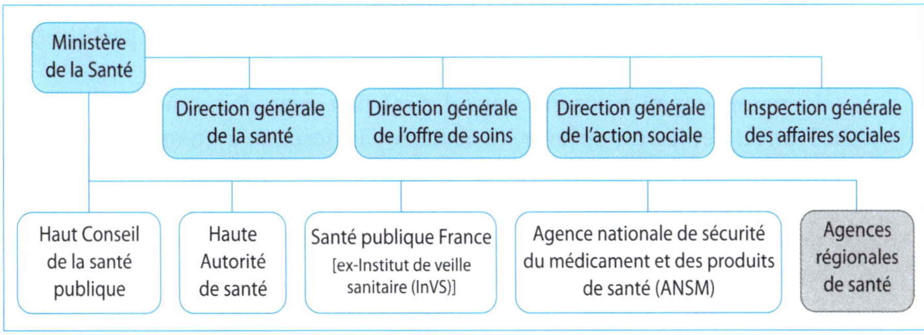

Source : ministère de la Santé.

3. Outils

La **promotion de la santé** n'est pas un objectif nouveau, mais elle suscite de plus en plus d'intérêt car elle permet des économies budgétaires (pour la Sécurité sociale) en forgeant une politique de prévention des maladies, notamment chroniques. Ces dernières ont en effet un impact considérable sur les budgets des services publics : par exemple, pour 2020, l'obésité a entraîné 20,4 milliards d'euros de dépenses, l'alcool 15 milliards d'euros, et le tabac 26,6 milliards d'euros. La **stratégie nationale de santé 2018-2022** y consacre des outils, visant en particulier à l'adoption de **comportements favorables à la santé** ou à la modification des comportements défavorables, en renforçant l'éducation.

Les pouvoirs publics favorisent notamment :

– une sensibilisation aux **pratiques addictives** (alcool, tabac, conduite dangereuse) grâce à divers médias ;

– les **campagnes de vaccination** contre la grippe ou la rougeole par exemple, notamment pour les personnes vulnérables ; à ce titre le gouvernement passe, de 2017 à 2021, de 3 à 11 vaccins obligatoires ;

– les messages concernant la **nutrition** (« 5 fruits et légumes par jour », etc.) ;

– la poursuite de la **limitation de certains médicaments** (somnifères, antalgiques).

La **lutte contre les inégalités** s'exprime aujourd'hui au travers des évolutions sociétales, avec notamment l'éducation à la sexualité dès le plus jeune âge (en lien avec l'Éducation nationale), ou encore le besoin de faire évoluer et d'assimiler les représentations sociales liées à l'identité de genre, à l'orientation sexuelle, à l'âge ou au handicap, ainsi qu'aux personnes vivant avec le VIH.

Il est également fondamental, dans cette optique d'égalité d'accès aux soins, de renforcer la présence médicale et soignante en fonction des besoins des territoires, en accroissant la présence de professionnels de santé dans certains territoires (avec les maisons de santé par exemple) et en allégeant les tâches administratives. Les pouvoirs publics ont également ouvert davantage de places au concours de médecine et des aides financières sont octroyées aux praticiens s'installant dans certains territoires. Il convient également de promouvoir les interopérabilités entre médecine de ville et hospitalière : à ce titre, le dossier médical partagé (DMP) est un outil précieux, avec pour ambition de le développer.

Le renoncement aux soins pour des raisons socio-économiques reste trop élevé en France. L'enjeu est de lever les obstacles à l'accès au système de santé :

- en limitant les dépenses de santé restant à la charge des assurés (le reste à charge pour les assurés est de 8 % actuellement) et en mettant en place la gratuité pour certains équipements (les prothèses dentaires et auditives, l'optique) pour les personnes éligibles ;
- en renforçant l'accès aux droits à la couverture maladie et en simplifiant les démarches administratives : un des outils essentiels reste la CMU-C (couverture maladie universelle, dont on peut bénéficier sous conditions de ressources du foyer), créée en 2016 afin de lutter contre les inégalités en matière d'accès aux soins (5,5 millions de personnes en bénéficient en 2020).

La performance dans la qualité des soins s'envisage sous l'angle d'une certaine efficience, en prenant en compte les coûts de la santé. L'évolution actuelle vise à garantir une qualité des soins, tout en limitant certaines dépenses « évitables ». C'est pour cette raison que l'un des volets de la politique de santé actuelle s'oriente vers la pertinence des prescriptions, des actes, des examens et des hospitalisations : mise en place de la journée de carence, limitation du remboursement de certains médicaments, promotion du médicament générique, développement de l'ambulatoire hospitalier, etc.

Le système de santé est ainsi piloté aujourd'hui grâce aux **Agences régionales de santé** (**ARS**) et à leurs **projets régionaux de santé (PRS)**, à la loi de financement de la Sécurité sociale (**LFSS**), à des objectifs de dépenses maximales (objectif national de dépenses d'assurance maladie, **ONDAM**), à des indicateurs adaptés (par exemple, le nombre de journées en ambulatoire), ou encore à la **mutualisation des plateaux techniques**.

L'**innovation et la recherche** entrent directement dans le champ des objectifs assignés et leurs outils nécessitent des fonds ajustés et une politique soutenue par les pouvoirs publics. On peut citer les **médicalisations à distance** (robotisation dans le cadre de la e-santé), la **recherche de nouvelles molécules** pour accroître la panoplie médicamenteuse (gestion de la douleur, suivi des maladies chroniques, etc.), ou encore la mise en place de **tests de dépistage** de plus en plus efficaces, notamment pour des maladies chroniques qui pourraient évoluer défavorablement (cancer colorectal, diabète) compte tenu de l'espérance de vie.

4. Résultats et débats

Il est aujourd'hui essentiel de se poser la question de la santé non seulement à l'**échelle nationale** (autonomie en termes d'approvisionnement, suffisance des équipements), mais aussi à l'**échelle internationale** (révision du rôle de l'OMS, développement de la veille sanitaire nationale et communautaire – dans le domaine épidémique notamment). Ces questions soulèvent des débats, en particulier depuis la pandémie liée à la Covid-19.

La France dispose d'un système de santé efficace, qui s'attache à maintenir l'accès de tous à des soins de qualité. Pour autant, cette politique a un **coût qui ne cesse de progresser**. Des indicateurs de performance, des objectifs dans le domaine des dépenses (tels que l'ONDAM), des notions de **rentabilité** (fermeture de lits d'hôpitaux) peuvent être inquiétants, mais l'absence de **limites budgétaires** serait contre-performante. Les pouvoirs publics visent donc la transformation du système de santé, afin de garantir la soutenabilité des dépenses, condition du maintien d'un accès de tous à des soins de qualité.

Le numérique et l'informatisation des données engendrent une meilleure qualité de vie des malades, avec la possibilité de rester à domicile, un accueil des patients par Internet, un contact par tablette numérique avec les personnels soignants, etc. Ils permettent aussi, grâce à des plateformes, de choisir ses rendez-vous médicaux (par le site Doctolib, par exemple) ou encore de consulter par Internet – ce système s'est d'ailleurs développé avec la Covid-19. C'est enfin une source de suivi budgétaire et matériel (gestion des médicaments à l'hôpital, par exemple). À sa charge, le numérique peut cependant susciter des lacunes en matière relationnelle (moins de contact avec les patients), une sensibilité parfois extrême de la technologie (cyberattaques récentes dans des hôpitaux), une sensibilité des données médicales (sécurité informatique et secret médical) ou encore une formation régulière des personnels de santé sur ces nouvelles formes de gestion.

Question à réponse courte

Quels sont les avantages du numérique dans le domaine de la santé ?

Le système de santé et les orientations évoquées dans les diverses stratégies nationales de santé (SNS) mettent en relief la nécessité de faire évoluer les politiques de santé vers davantage de numérique et d'informatisation des données. Les avantages sont multiples : la qualité des soins prodigués grâce à une numérisation des données partagées par tous les acteurs de santé – c'est notamment le but du dossier médical partagé (DMP) –, la possibilité pour les patients d'être traités avec rapidité en prenant en compte leurs spécificités (hôpital numérique, robotisation des interventions), ou encore la capacité, dans le domaine de la recherche, à disposer de données utiles par des stockages importants (*big data*).

FICHE 39 : La politique familiale

1. Contexte

La politique familiale concerne toutes les mesures prises par les pouvoirs publics et les organismes de Sécurité sociale, afin d'aider les familles à élever leurs enfants. Il peut s'agir de prestations financières, d'aides publiques à des organismes d'appui aux familles, de conseils et mesures de sauvegarde, etc.

Le contexte modernisé de la famille s'habille de nouvelles problématiques auxquelles l'État doit faire face légalement :

- une **paupérisation croissante des familles** (familles monoparentales, etc.), avec le constat d'une inégalité croissante entre les familles ;
- une évolution des mœurs, et notamment de la **définition même de la famille** et de ses conséquences en matière légale et réglementaire (aides publiques, droit des successions, etc.) ;
- un **abaissement notable de la natalité** en France, qui implique une problématique d'ordre économique au niveau de la solidarité intergénérationnelle ;
- la **protection de l'enfant**.

Ces éléments sont actuellement au cœur des objectifs réformateurs des pouvoirs publics.

2. Objectifs

De plus en plus de familles évoquent un équilibre précaire entre leur vie de famille et leur vie professionnelle, des difficultés relationnelles avec les enfants, voire des obstacles économiques et financiers au développement familial. Pour maintenir un **taux de natalité** suffisant, il convient ainsi de prendre en compte ces attentes, avec notamment la mise en place d'**incitations financières** (« familles nombreuses »).

Un des objectifs les plus prégnants de ces dernières années réside non pas dans la modification de la parentalité – l'autorité parentale reste protégée –, mais dans **le soutien et la protection à l'enfance**. De nombreux textes répondent déjà à cet objectif :

- La **loi du 8 février 2010** inscrit ainsi dans le Code pénal l'**inceste** commis sur les mineurs.
- La **loi du 14 mars 2016** relative à la protection de l'enfant entend développer la **prévention**.
- La **loi du 10 juillet 2019** vise à l'**interdiction des violences éducatives ordinaires.**

Un autre objectif, plus sensible et faisant généralement moins l'unanimité, est sur la table des négociations et concerne divers groupes d'influence : la définition de la famille, sa reconnaissance légale et ses droits. Outre l'aspect financier, qui reste un élément crucial de l'appui aux familles, la liberté de vivre ensemble sans être mariés s'impose, et nécessite une **redéfinition du couple**.

3. Outils

Les outils de la politique familiale sont essentiellement de deux ordres : l'appui social et structurel aux familles, et le cadre financier et matériel.

A. Les aides financières

Les **prestations familiales** sont des **aides financières accordées à ceux qui élèvent des enfants**. On y retrouve notamment les allocations familiales, versées dès le deuxième enfant à charge, la prestation d'accueil du jeune enfant (PAJE, depuis 2003), l'allocation de rentrée scolaire (créée en 1974), l'allocation d'éducation de l'enfant handicapé, les bourses d'études, etc. Ces prestations sont soumises à des conditions, souvent liées aux ressources, et permettent d'**atténuer les écarts de niveau de vie** entre les ménages sans enfant et ceux avec enfants disposant des mêmes revenus. Les prélèvements obligatoires (impôt sur le revenu en particulier) prennent aussi en compte la dimension familiale pour leur calcul ; le principal dispositif en est le quotient familial (contributions en lien avec le nombre d'enfants).

B. L'appui structurel

Dans les appuis apportés par la puissance publique, on trouve également des **structures d'aides et de conseil :** les services rendus par les assistantes de service social et les puéricultrices à domicile, les interventions des aides ménagères, ainsi que les aides aux vacances. Dans les prestations en nature figurent les contributions aux équipements liés à la garde des enfants (crèches, garderies, centres de loisirs).

Sur le plan des structures générales d'appui aux familles, l'Union nationale des associations familiales (**UNAF**) représente officiellement, depuis 1945, l'ensemble des familles françaises auprès des pouvoirs publics. Près de 25 000 représentants familiaux siègent ainsi dans les instances nationales, régionales, départementales et locales, où sont impliqués les intérêts familiaux. Les collectivités territoriales, département en tête, assurent – sous la dénomination de l'aide sociale à l'enfance (**ASE**) – un suivi poussé de l'enfance en appui d'autres acteurs (éducation nationale, tribunaux, médecins, etc.). Enfin, le **Haut Conseil de la famille (HCF)**, placé sous la tutelle du Premier ministre depuis 2016, est quant à lui chargé de rendre des avis et de formuler des recommandations sur les objectifs prioritaires des politiques, notamment de la politique de la famille et de l'enfance.

C. L'aide à la parentalité

D'autres **outils ayant une connotation parentale** viennent corroborer les positionnements politiques en matière familiale. On peut en particulier citer la mise en place de la prestation compensatoire en matière de divorce en 2000, le congé paternité en 2002 (passé de 11 jours à 28 jours au 1er juillet 2021), la loi pour l'égalité des chances en 2006 (renforcée par une loi de 2010) – qui crée un contrat de responsabilité parentale visant en particulier l'absentéisme scolaire –, les réformes sur la filiation (droits des adoptés notamment), l'accouchement sous X, ainsi que la possibilité de la suppression de l'anonymat.

Au sein de la politique familiale, l'enfant représente bien entendu le point d'ancrage principal : son éducation et sa protection sont notamment des centres d'intérêt pour le législateur. Depuis 2015, on trouve aussi bien des textes sur la gestion des biens des enfants mineurs, que sur le repérage et le suivi des situations de danger, le possible retrait de l'autorité parentale, le renforcement des contrôles sur les autorisations de sortie du territoire (AST), etc.

La redéfinition du couple et la nécessaire protection des enfants au sein des couples qui se créent viennent accentuer l'action du législateur. Le **pacs** est ainsi créé en 1999 et le « **mariage pour tous** » est autorisé par la loi du 17 mai 2013. Le premier mariage homosexuel est célébré le 29 mai 2013 et, aujourd'hui, 3,1 % des mariages célébrés en France le sont entre personnes de même sexe. Le législateur a également ouvert la voie de l'**adoption** aux personnes de même sexe mariées.

Les principales aides publiques aux familles

Sans conditions de ressources	Sous conditions de ressources	Avec ou sans conditions de ressources
Allocations familiales	Complément familial	Prime d'activité
Allocation de soutien familial	Prestation d'accueil du jeune enfant	Allocation personnalisée au logement
Allocation journalière de présence parentale	Allocation de rentrée scolaire	Allocation adulte handicapé
Allocation d'éducation pour enfant handicapé	Allocation de logement familial	Allocation journalière de proche aidant

4. Résultats et débats

Depuis la fin de la Seconde Guerre mondiale, la politique familiale française affiche une évolution adaptée à celle des mœurs de la société dans laquelle elle s'intègre. La politique familiale apparaît exemplaire en France. Depuis 1945, les pouvoirs publics s'efforcent, avec réussite, de promouvoir la natalité française, les différentes aides et incitations y ayant sans doute beaucoup contribué. Aujourd'hui, pourtant, on relève une **diminution continue du taux de natalité** : en 2020, on a enregistré une baisse de 2,5 % des naissances en un an, soit un des taux les plus bas depuis la fin de la Seconde Guerre mondiale, et particulièrement chez les femmes de 25 à 34 ans, pourtant les plus fécondes. Le taux de fécondité est actuellement à 1,84 – alors qu'il oscillait autour de 2 entre 2006 et 2014 –, ce qui apparaît insuffisant pour le renouvellement des générations.

Le couple continue à bénéficier sans conteste de l'**autorité parentale**. La loi de 2016 en prévoit pourtant son retrait « *lorsque l'enfant est témoin de pressions ou* *de violences, à caractère physique ou psychologique, exercées par l'un des parents sur la personne de l'autre* ». Pourtant, si la loi de 2016 interdit les violences éducatives, elle ne crée pas de sanctions pour les auteurs. Outre les différents sondages, tel celui de la Fondation pour l'Enfance (qui indique que 85 % des parents français ont recours à des violences dites éducatives et défendent un « droit à la fessée »), la jurisprudence admet l'existence de ces « **violences éducatives ordinaires** » en tant que tradition (ce fut le cas dans le cadre d'un arrêt de la Cour de cassation le 29 octobre 2014).

Aujourd'hui, la monoparentalité et la maîtrise de la fécondité sont devenues des éléments de la politique familiale, ce qui soulève les problématiques de l'extension de la procréation médicale assistée (**PMA**) – y compris *post mortem* ou pour une personne seule – et de la gestation pour autrui (GPA, c'est-à-dire le fait de faire appel à une mère porteuse). Le débat sur les origines (et l'anonymat pour les donneurs de sperme) est également un ancrage d'avenir sur ces problématiques.

Question à réponse courte

Comment les pouvoirs publics interviennent-ils dans la protection de l'enfant ?

La protection de l'enfant est devenue un élément fondateur de la politique familiale, avec la création de structures comme le service de protection maternelle et infantile, l'ASE, les observatoires de la protection de l'enfance, etc. Outre les structures, les pouvoirs publics mettent en œuvre un suivi médical et éducatif (scolaire), un système de signalement (notamment par l'Éducation nationale) ou encore l'accueil d'urgence pour les mineurs. Afin d'épauler la parentalité, l'accompagnement de la mère à la naissance et le soutien à la parentalité, l'aide à la gestion budgétaire des familles, entre autres, se poursuivent également.

FICHE 40 : Le vieillissement de la population

1. Contexte

Selon un **rapport de l'Insee**, au 1er janvier 2020, **les personnes âgées de 65 ans et plus représentaient 20,5 % de la population**, contre 19,7 % en 2018. Leur part a progressé d'environ 5 % en 20 ans. Ce vieillissement s'accélère depuis 2011, avec l'arrivée à 65 ans des générations nombreuses nées après la Seconde Guerre mondiale. Entre 2000 et 2020, la hausse est même de 2,4 % pour les personnes de plus de 75 ans, qui représentent aujourd'hui 10 % de la population. Parallèlement, la proportion des jeunes de moins de 20 ans diminue de 1,9 %, pour ne représenter plus que 23,7 % de la population en 2020.

Ce vieillissement se situe dans un mouvement que connaissent **tous les pays développés**. En 2018, la part des 65 ans et plus représentait ainsi 19,7 % de la population de l'UE, contre 16,2 % en 2003. La part de la population de l'UE âgée de 80 ans et plus devrait même plus que doubler entre 2018 et 2070, pour atteindre 12,6 % en 2070 ; la proportion des personnes âgées de 65 ans et plus augmenterait quant à elle de 9,5 points, pour atteindre 29,2. Hors d'Europe, au Japon, les plus de 65 ans représentent 28,7 % de la population.

La pyramide des âges en France en 2020 et en 2070 (projections)

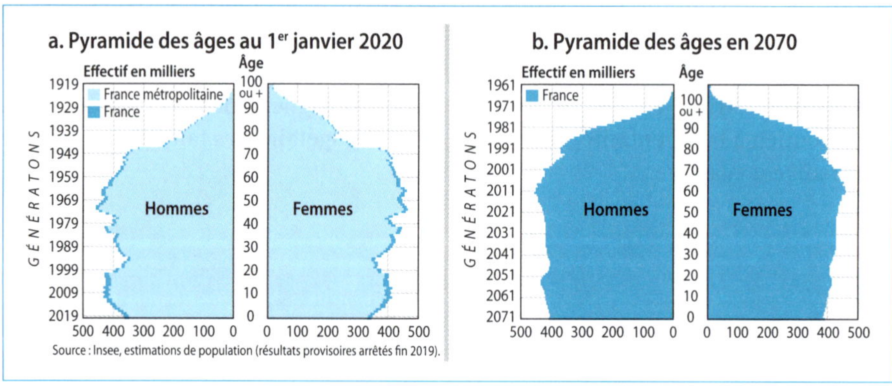

Sources : a. Insee, estimations de population (résultats provisoires arrêtés fin 2019) ; b. Insee, projection de population 2013-2070).

2. Objectifs

L'objectif premier est de tenter de **mesurer et** d'**anticiper un vieillissement de la population qui aurait des conséquences désastreuses**. En effet, selon le scénario des projections de population publié par l'Insee en 2016, si les tendances démographiques se maintenaient, la France compterait 76,4 millions d'habitants en 2070, mais la quasi-totalité de la hausse de la population concernerait les personnes de plus de 65 ans, avec une augmentation très forte des plus de 75 ans. En 2040, plus d'un habitant sur quatre aurait plus de 65 ans. En 2070, les plus de 65 ans représenteraient 28,7 % de la population. Quant aux moins de 20 ans, leur part continuerait de diminuer : 21,3 % en 2070.

Ce phénomène est lié à l'augmentation de l'espérance de vie (vieillissement par le haut) : entre 2009 et 2019, elle est passée de 77,7 à 79,7 ans pour les hommes, et de 83,7 à 84,9 ans pour les femmes. L'autre facteur résulte de l'arrivée dans ces classes d'âge de toutes les générations issues du *baby-boom*. Enfin, le nombre d'enfants par femme est en léger recul (vieillissement par le bas), même s'il se situe à un niveau appréciable pour un pays développé : alors que le ratio d'enfants par femme oscillait autour de 2 entre 2006 et 2014, il est 1,84 en 2020.

La « **gérontocroissance** », c'est-à-dire l'accroissement numérique des plus âgés, appelés aussi seniors, rebat les cartes de la solidarité intergénérationnelle et de la protection sociale. Elle grève en effet les comptes du système de retraite par répartition, qui repose sur les actifs. Elle pèse aussi sur les dépenses de Sécurité sociale. Si l'on en croit le **rapport sur la dépendance du 28 mars 2019, remis par Dominique Libault**, président du Haut-Conseil de financement de la Sécurité sociale, il y aura 70 % de personnes dépendantes de plus en 2060, soit 2,4 millions de personnes (contre 1,4 million en 2019). Dans le scénario retenu par les auteurs du rapport, le nombre de personnes âgées dépendantes augmenterait de 20 000 par an jusqu'en 2030, puis de 40 000 par an jusqu'en 2040. Ce phénomène nécessiterait de **trouver 9 milliards d'euros en plus d'ici à 2030 pour la dépense publique.**

Le deuxième objectif est d'**améliorer la prise en charge des seniors**. Il s'agit ainsi de mieux gérer la **dépendance** et de multiplier les établissements d'accueil pour soulager aussi les aidants familiaux. Les politiques publiques doivent ainsi permettre de vieillir dans de bonnes conditions.

Enfin, le but reste aussi d'**améliorer les conditions de vie des seniors**, en tenant compte de la pauvreté de certains retraités et en traitant leur isolement. Il faut permettre aux personnes âgées, de plus en plus nombreuses, de s'insérer dans la société, de sorte que la **fracture générationnelle** ne soit pas trop visible, en prêtant par exemple une attention particulière à la fracture numérique. La question de l'**adaptation de la société** tout entière vis-à-vis de ce que l'on a pu appeler le « péril gris » reste également posée.

3. Outils

C'est aujourd'hui Brigitte Bourguignon, **ministre déléguée en charge de l'Autonomie** auprès du ministre de la Santé et des Solidarités, qui est plus particulièrement en charge de cette politique.

A. La prise en charge de la dépendance

Les politiques publiques ont intégré l'enjeu du vieillissement depuis les années 1990. En 1997, la **prestation spécifique dépendance** a été créée, remplacée en 2002 par l'**allocation personnalisée à l'autonomie** (APA). C'est une aide financière versée aux personnes d'au moins 60 ans qui ont besoin d'être aidées pour l'accomplissement des actes essentiels de la vie courante ou qui requièrent une surveillance particulière. En 2019, 1,3 million de personnes bénéficiaient de l'APA, pour un coût de 6 milliards d'euros. Depuis la création de cette prestation, les dépenses totales au profit de l'APA ont été multipliées par 2,6 et le nombre de ses bénéficiaires a plus que doublé.

La loi du 30 juin 2004 a créé une **journée de solidarité pour l'autonomie des personnes âgées et des personnes handicapées**. Cette action passe par la mise en place d'une contribution de solidarité pour l'autonomie, collectée par la Caisse nationale de solidarité pour l'autonomie (CNSA). La loi du 11 février 2005 précise d'ailleurs et renforce les missions de la CNSA, compétente sur l'ensemble des politiques d'autonomie et qui assure une répartition équitable du montant des dépenses sur le territoire national.

B. L'adaptation de la société au vieillissement

La loi du 28 décembre 2015, relative à l'**adaptation de la société au vieillissement (ASV)**, permet d'accorder 700 millions d'euros par an à de nouvelles mesures visant à mieux prendre en charge les personnes âgées en perte d'autonomie. Cette somme est financée par la **contribution additionnelle de solidarité pour l'autonomie (CASA)**, créée en 2013 et prélevée sur une partie des pensions de retraite, d'invalidité et de préretraites. La loi privilégie le maintien à domicile par l'augmentation des plafonds d'aide de l'APA, ce qui permet l'accroissement du nombre d'heures d'aide à domicile. Il s'agit aussi de soutenir les proches aidants, en reconnaissant le **droit au répit**. Ceux-ci peuvent alors bénéficier d'une aide allant jusqu'à 500 euros par an pour financer la prise en charge de la personne dépendante dans une autre structure (hébergement temporaire, relais à domicile, etc.), afin qu'ils puissent se reposer ou dégager du temps pour eux. De plus, le 1er janvier 2017, le **congé de proche aidant** (trois mois, renouvelable, non rémunéré) est entré en vigueur. Une indemnisation du congé de proche aidant (allocation journalière du proche aidant, AJPA) a enfin été mise en place en octobre 2020, pendant trois mois.

C. Un cinquième risque couvert par la Sécurité sociale ?

Un projet relatif à la dette sociale et à l'autonomie avait déjà été évoqué en 2008, mais abandonné en raison du contexte économique et d'un endettement croissant. Le 9 juillet 2018, Emmanuel Macron en a fait renaître l'idée. Suite à la **concertation nationale « Grand âge et autonomie » organisée fin 2018**, 175 propositions de mesures ont été présentées dans le rapport Libault. Un **projet de loi relatif à la dette sociale et à l'autonomie** a été soumis par le gouvernement le 27 mai 2020, mais, là encore, le contexte difficile lié à la réforme des retraites puis à la crise de la Covid-19 ont retardé le processus, qui est toujours en attente même si l'objectif reste la prise en charge de ce risque d'ici à 2024. En 2020, deux tiers des Français étaient d'ailleurs favorables à ce projet, même si des débats demeurent quant à son financement (économies sur l'allocation adultes handicapés et sur l'allocation personnalisée d'autonomie, réduction de niches sociales et fiscales, hausse des prélèvements obligatoires, transferts d'autres branches).

D. La lutte contre l'isolement

Le 15 février 2021, Brigitte Bourguignon a lancé le **comité stratégique de lutte contre l'isolement des personnes âgées**, dans le but de créer un lieu de travail et d'échanges autour de la question. Le constat est parti du fait que 300 000 personnes âgées seraient en état de « mort sociale », ce qui a été particulièrement révélé par la crise sanitaire. L'objectif est de sensibiliser le grand public à cette cause, tout en luttant contre l'âgisme. Il s'agit de prévenir et de rompre l'isolement, de renforcer la politique territoriale de proximité et de diffuser les initiatives fructueuses et les bonnes pratiques.

4. Résultats et débats

Les **établissements d'hébergement pour personnes âgées dépendantes (EHPAD)** sont en sous-investissement depuis des années. Selon le rapport Libault, 24 % n'ont pas été rénovés depuis plus de 25 ans. Le reste à charge des personnes en établissement est en moyenne de 1 850 euros et excède les ressources des personnes âgées dans 75 % des cas. Il existe donc une inégalité réelle en matière d'accueil. Quant au **maintien à domicile**, le financement public est actuellement insuffisant. Au-delà des scandales liés aux mauvais traitements des personnes âgées dans nombre de ces établissements, ces derniers sont très mal répartis sur le territoire national. Actuellement, le nombre de places varie de 54 à 194 pour 1 000 habitants selon les départements. L'insuffisance des moyens alloués à ces établissements ne permet pas d'assurer une prise en charge digne pour les personnes âgées. La pandémie de Covid-19 a d'ailleurs mis en lumière ces dysfonctionnements.

La **prise en charge de la dépendance** reste lacunaire et le bilan de la loi ASV est contrasté. Un rapport du Conseil national consultatif des personnes handicapées (CNCPH) insiste sur l'insuffisante reconnaissance du rôle des aidants qui, le plus souvent, sont dans l'incapacité de conserver leur emploi.

Cela dit, dans le cadre de la **loi de financement de la Sécurité sociale pour 2020**, une enveloppe supplémentaire de 450 millions d'euros a été dédiée aux Ehpad pour 2020-2021, ainsi que 50 millions d'euros au secteur de l'aide à domicile.

Question à réponse courte

Faut-il craindre le « péril gris » ?

L'augmentation du nombre de personnes âgées est généralisée à l'ensemble des pays développés. Elle représente un risque important pour les finances publiques : le coût des retraites semble justifier une réforme qui a entraîné une forte contestation sociale, tandis que les dépenses de Sécurité sociale sont amenées à augmenter, à mesure qu'il faudra prendre en compte le risque dépendance. Il ne faut pourtant pas oublier d'envisager également la *silver economy*. Les seniors ont en effet plus de temps, sont en bonne santé plus longtemps et représentent, à ce titre, des consommateurs potentiels. Ils contribuent ainsi à créer des emplois.

Outre-mer

FICHE 41 : Les pôles

1. Contexte

Les mondes polaires désignent **deux régions géographiques** : l'Arctique et l'Antarctique. Elles donnent lieu à des **enjeux de différents ordres** :

- **Enjeux géopolitiques :** des bases militaires sont présentes en Arctique et des revendications territoriales portent sur l'Antarctique.
- **Enjeux économiques :** seul l'Arctique est concerné : hydrocarbures, minerais, terres rares, etc., difficiles à exploiter en raison du climat et du manque d'infrastructures ; des perspectives sont aussi ouvertes en matière d'énergies renouvelables, avec l'**hydrogène vert**, consistant à dissocier le dihydrogène [H_2] de l'oxygène [O] par électrolyse de l'eau [H_2O] ; les ressources naturelles de l'Antarctique ne peuvent, elles, pas être exploitées, en application du traité sur l'Antarctique.
- **Enjeux environnementaux et scientifiques :** la zone arctique est celle qui se réchauffe le plus vite sur Terre, et la fonte des glaces accentue le réchauffement climatique, compte tenu des différences de pouvoir réfléchissant de l'eau et de la glace. La fonte des calottes glaciaires de l'Antarctique et du Groenland participe à la hausse du niveau des mers.

L'**Arctique** désigne la région située autour du pôle Nord, au-delà du cercle polaire arctique (latitude 66° 34' Nord). Il couvre 21 027 000 km^2, dans l'océan Arctique et sur un ensemble de terres émergées : le Groenland – territoire danois autonome –, le nord du Canada et de l'Alaska américain, ainsi que le nord de la Russie et de la péninsule scandinave (Norvège, Suède, Finlande). Si la France n'a pas de territoire dans l'Arctique, **Saint-Pierre-et-Miquelon** est un archipel français **subarctique** situé dans le golfe du Saint-Laurent, au sud de l'île canadienne de Terre-Neuve, comptant 6 300 habitants.

L'**Antarctique** désigne le continent austral, d'une superficie de 14 millions de km^2, y compris des îles proches du pôle Sud. Le cercle polaire antarctique, délimité approximativement par le continent antarctique, correspond à un parallèle de latitude 66° 34' Sud. Les **Terres australes et antarctiques françaises** (TAAF) – réserve naturelle inscrite au patrimoine mondial de l'UNESCO depuis 2019 – constituent aussi une collectivité territoriale à statut particulier, et sont placées sous l'autorité d'un administrateur supérieur ayant rang de préfet. Les TAAF sont formées de **cinq districts**, dont des **îles subantarctiques** : l'archipel Crozet, les îles Kerguelen (300 îles, 7 215 km^2), les îles Éparses de l'océan Indien, les îles Saint-Paul et Nouvelle-Amsterdam et, sur le continent antarctique, la terre Adélie.

Carte des TAAF

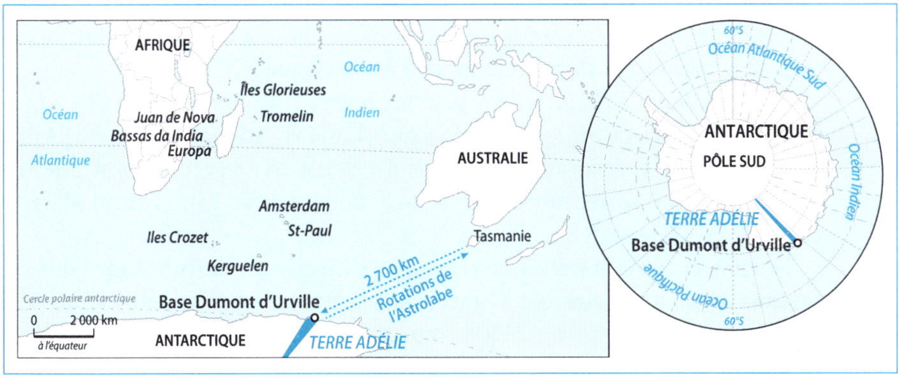

Source : d'après https://taaf.fr.

2. Objectifs

Dans l'**Arctique**, les rivalités stratégiques sont marquées par une montée en puissance de la Chine (très active en Islande et au Groenland, dont l'administration Trump a envisagé l'achat en 2019) et par le retour de la Russie sur la scène internationale, l'explorateur et député Artur Chilingarov ayant planté un drapeau russe en titane au pôle Nord en 2007. Il en découle des objectifs de recherche de stabilité géopolitique – visant notamment à régler les litiges frontaliers –, ainsi que des enjeux économiques réels. La libre circulation maritime est ainsi plaidée par les États non riverains, dont la France.

L'Arctique est d'abord une **zone de coopération**, grâce à des organisations internationales telles que le **Conseil de l'Arctique**. Instauré en 1996 par le traité d'Ottawa, le Conseil de l'Arctique constitue un **forum** intergouvernemental traitant des problèmes rencontrés par les États ayant une partie de leur territoire dans l'espace arctique et par les peuples autochtones de la région (dont les Inuits). Le Conseil de l'Arctique vise à promouvoir la **coopération scientifique**, le **développement durable** et la **coopération économique et sociale**.

Le déploiement de la présence française en Arctique répond à une stratégie définie dans le cadre de la **politique de l'Union européenne** : sécurité des approvisionnements énergétiques en hydrocarbures, politique de recherche et de développement visant au développement durable de l'Arctique (des programmes européens spécifiques y concourent : Europe créative et Horizon 2020), pêche, transports maritimes et navigation, sécurité. La France vise ainsi à faire de l'Arctique une « *zone stable, durable et prospère* », à l'échelle européenne et internationale, en favorisant la coopération régionale, notamment scientifique, pour préserver l'environnement et des écosystèmes fragiles.

À la suite du traité sur l'Antarctique signé en 1959 (et entré en vigueur en 1961) par 12 États (dont la France), suivi en 1991 par le protocole de Madrid, l'ensemble des territoires situés au sud du 60e parallèle Sud acquièrent un statut particulier : les activités militaires y sont interdites, ainsi que l'exploitation des ressources minérales – sauf si elle est menée à des fins scientifiques. Réserve naturelle consacrée à la paix et à la science, en application du protocole de Madrid, le continent est protégé par plusieurs accords internationaux, dont la Convention sur la conservation de la faune et la flore marines de l'Antarctique **(CCAMLR)**.

Le traité sur l'Antarctique a gelé les revendications territoriales sur ce territoire : la France revendique pour sa part la **terre Adélie**, région de l'Antarctique découverte par l'explorateur Dumont d'Urville en 1840, couvrant une superficie de 432 000 km², située entre 136° et 142° de longitude Est, et entre 90° (pôle Sud) et 67° de latitude Sud.

Les objectifs de la politique française s'inscrivent dans le cadre des **traités et forums internationaux** : en Antarctique, la France est partie consultative du traité sur l'Antarctique, signataire du protocole de Madrid et de la CCAMLR ; en Arctique, elle est observatrice au Conseil de l'Arctique et au Conseil euro-arctique de la mer de Barents. Elle a signé (par l'intermédiaire de l'Union européenne) le moratoire sur la pêche dans l'Océan arctique et est membre du Comité international pour la science arctique. L'engagement environnemental de la France dans les régions polaires s'appuie notamment sur la Conférence de Paris sur le climat de 2015.

3. Outils

Un **ambassadeur** est chargé de la négociation internationale pour les pôles. Établi à Brest et comptant une quarantaine de personnes, l'**Institut polaire français Paul-Émile-Victor (IPEV)**, du nom de l'explorateur polaire et ethnologue français (1907-1995), est chargé de mettre en œuvre la recherche française dans les régions polaires.

La France a publié des documents stratégiques (feuilles de route) sur l'Arctique et l'Antarctique en 2016. Elle dispose de **stations scientifiques** dans les régions polaires : deux stations antarctiques (dont la station franco-italienne Concordia, située dans le secteur antarctique australien), une station arctique (avec l'Allemagne) et trois stations dans les îles subantarctiques. Ouverte en 1956, la **base antarctique Dumont d'Urville** est située sur l'île des Pétrels, en terre Adélie, à 5 kilomètres des côtes. Elle joue un rôle de pointe dans les recherches sur l'atmosphère et l'évolution climatique, grâce à des carottages de glace à grande profondeur. La France possède aussi un **navire brise-glace polyvalent, *L'Astrolabe***, actif dans la recherche marine.

La présence humaine maximale française, pour l'année 2017, était de 13 personnes dans l'Arctique et de 135 personnes dans l'Antarctique. Chaque année, **3 300 Français** (dont 2 100 touristes) **visitent les TAAF** : 2 600 en Antarctique à proprement parler et 700 dans les îles subantarctiques.

Les principales industries polaires sont, pour la France, le gaz naturel liquéfié (GNL), le BTP, les télécommunications, la pêche et le tourisme. La France dispose d'une ingénierie de pointe en conditions de grand froid. Elle se classe au **7e rang des puissances scientifiques en Antarctique** pour ses effectifs et ses infrastructures, et peut ainsi être considérée comme une **puissance polaire moyenne**, reconnue aux plans scientifique, logistique et militaire.

4. Résultats et débats

Compte tenu de la présence française dans le Grand Sud, les activités de l'IPEV sont concentrées à 91 % sur l'Antarctique et les îles subantarctiques – ce qui traduit la nécessité pour la France de renforcer sa présence en Arctique, en utilisant mieux sa position à Saint-Pierre-et-Miquelon.

En tant que signataire du traité sur l'Antarctique et y menant des activités scientifiques substantielles, la France a le statut de **partie consultative au traité sur l'Antarctique**, membre de la réunion consultative au traité sur l'Antarctique (RCTA), dont la présidence est tournante. La France a organisé la **RCTA en juin 2021**, année du 60e anniversaire du traité sur l'Antarctique et du 30e anniversaire de la signature du protocole de Madrid, ce qui lui permet de promouvoir les grandes orientations de sa politique antarctique : soutien aux énergies renouvelables, promotion de la paix et de la recherche scientifique, réalisation d'aires marines protégées et encadrement des activités touristiques.

Question à réponse courte

Faut-il instaurer un traité sur l'Arctique, comparable au traité sur l'Antarctique ?

La plupart des experts estiment illusoire et naïf de transposer à l'Arctique le traité sur l'Antarctique, signé en 1959 et entré en vigueur en 1961. Ce traité prohibe les activités militaires et d'exploitation des ressources minérales, et fait du continent antarctique une réserve naturelle dédiée à la paix et à la science, tout en gelant les revendications territoriales des États. De fait, l'Arctique est, à la différence de l'Antarctique, une zone peuplée et où les territoires émergés sont aujourd'hui placés sous la juridiction d'États (qui y entretiennent une présence militaire, y compris sous forme d'armes nucléaires), nonobstant des conflits territoriaux, et dont les ressources minières sont d'ores et déjà exploitées (notamment les hydrocarbures d'Alaska, du Canada et de la mer de Barents).

FICHE 42 : L'outre-mer

1. Contexte

Les outre-mer désignent **13 territoires** :

– en **Amérique**, Saint-Pierre-et-Miquelon, quatre territoires des Antilles (la Guadeloupe, la Martinique, Saint-Barthélemy et Saint-Martin, ces deux derniers territoires ayant été détachés de la Guadeloupe en 2007) et la Guyane ;

– dans l'**océan Indien** : la Réunion et Mayotte ;

– dans le **Pacifique** : la Nouvelle-Calédonie, la Polynésie française, les îles Wallis et Futuna et l'île de Clipperton ;

– dans l'**Antarctique** : les Terres australes et antarctiques françaises (TAAF), auxquelles sont rattachées les îles Éparses de l'océan Indien, près de Madagascar, et les îles situées dans le sud de l'océan Indien (voir Fiche 41, *Les pôles*).

Les **identités culturelles** sont très diverses : la Guyane fait par exemple partie de l'ensemble sud-américain, sa population étant créole à 40 % et amérindienne à hauteur de 5 %, tandis que les Polynésiens forment les quatre cinquièmes de la population polynésienne.

Carte des outre-mer

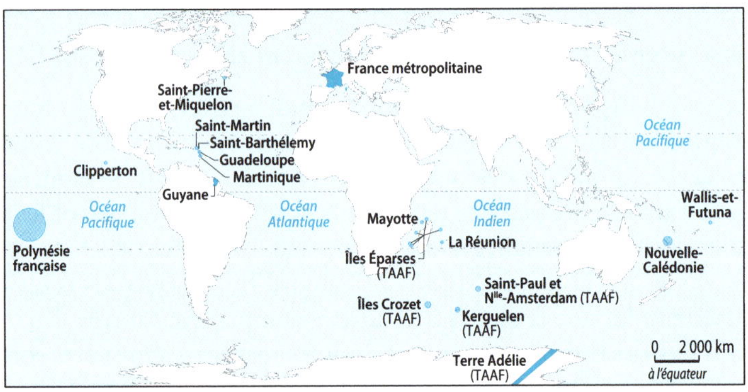

Source : https://fr.wikipedia.org/wiki/France_d%27outre-mer#/media/Fichier:France_Overseas.svg.

Dynamiques démographiquement, les outre-mer comptent **près de 3 millions d'habitants** (soit 4 % de la population française, dont 900 000 Réunionnais), répartis sur **plus de 120 000 km²** (sans les TAAF), dont 84 000 km² pour la seule Guyane française. Les zones maritimes autour de ces territoires permettent à la France de disposer de l'**un des deux plus grands espaces maritimes au monde** (avec les États-Unis, le classement des deux puissances évoluant selon la reconnaissance des revendications territoriales en cours dans le cadre du droit international de la mer), couvrant plus de 10 millions de km².

Les outre-mer sont issus des anciens empires coloniaux : la présence française à Saint-Martin, la Martinique et la Guadeloupe date de 1635, et la France a établi un protectorat en Polynésie en 1843. Ils ont des **statuts divers**, ainsi redéfinis depuis une révision constitutionnelle de 2003 :

- cinq territoires (Guadeloupe, Martinique, Guyane, Réunion et Mayotte), qui sont à la fois des départements et des régions d'outre-mer (DROM) ;
- les autres territoires, qui forment des collectivités d'outre-mer (COM).

En 1946, à l'initiative du député martiniquais Aimé Césaire, quatre des cinq actuels DROM (tous sauf Mayotte), jusqu'alors des colonies, sont devenus des départements d'outre-mer, ainsi intégrés à la République française.

L'organisation administrative de Wallis et Futuna se fonde sur une subdivision non pas en communes, mais selon ses trois royaumes coutumiers.

Les DROM font partie de l'Union européenne (UE) en tant que régions ultra-périphériques (RUP) et peuvent bénéficier des fonds structurels communautaires. Non-membres de l'UE, les pays et territoires d'outre-mer (PTOM) ont néanmoins des relations privilégiées avec l'UE, avec laquelle ils sont associés, qui contribuent à leur développement économique et social ; les habitants des PTOM bénéficient de la citoyenneté européenne.

2. Objectifs

La présence française outre-mer est un **enjeu de souveraineté et de puissance**, constituant un facteur de **rayonnement international** : la France administre des territoires où elle entretient également une part importante des bases militaires en dehors de la métropole, pouvant être utilisées dans le cadre des opérations extérieures.

L'**évolution institutionnelle**, s'appuyant sur la volonté des populations, permet de prendre en compte les **spécificités** des DROM-COM. À cet égard, les politiques publiques visent aussi à la sauvegarde des **identités culturelles** (y compris linguistiques) et à la promotion de l'**égalité** et de la **visibilité** des Français ultramarins, notamment en favorisant la mobilité des Ultramarins entre leurs territoires et la métropole.

Au regard du niveau de vie des Ultramarins, moins élevé que celui des Français métropolitains, le **développement économique et social** (dans ses différentes composantes, à savoir l'emploi, la formation, le logement, la santé, etc.) constitue l'un des enjeux majeurs des politiques gouvernementales. Le PIB par habitant n'atteint que les deux tiers du niveau de la France métropolitaine en Guyane, et un tiers à Mayotte. Le taux de pauvreté dans les outre-mer est deux à cinq fois plus élevé qu'en métropole. Le taux de chômage y est en moyenne plus de deux fois plus élevé. À cet égard, outre les ressources économiques traditionnelles (pêche et agriculture, ou encore nickel en Nouvelle-Calédonie), le **tourisme** est considéré comme un vecteur de développement, représentant entre 5 % et 10 % du PIB de la Polynésie française.

La diversité des outre-mer en fait des territoires privilégiés pour la **protection de l'environnement**, notamment la préservation de la biodiversité. Des programmes spécifiques de recherche y sont également conduits : Kourou abrite ainsi le **Centre spatial guyanais**, mis en service en 1968 pour le lancement de satellites, et aujourd'hui géré conjointement avec l'Agence spatiale européenne.

3. Outils

Héritier du ministère des colonies (disparu en 1946), le **ministère des Outre-mer** (appelé « de l'Outre-mer » jusqu'en 2012) mène une action dédiée aux politiques menées dans les DROM-COM : il exerce une mission de souveraineté comparable à celle du ministère de l'Intérieur en métropole et y coordonne l'action du gouvernement.

Placée auprès du Premier ministre, la **délégation interministérielle pour l'égalité des chances des Français d'outre-mer et la visibilité des outre-mer** a pour objectifs de :

- promouvoir et valoriser les outre-mer français ;
- prévenir les difficultés spécifiques que rencontrent dans le territoire métropolitain les Français d'outre-mer ;
- faciliter leurs relations avec leurs collectivités d'origine.

Outre ces institutions dédiées, les Français ultramarins sont représentés par des députés et des sénateurs, ainsi que par leurs élus locaux.

Cette spécificité a cependant été remise en cause, sur le plan médiatique, par le fait que la chaîne de télévision **France Ô**, membre du groupe France Télévisions, a cessé d'émettre en septembre 2020.

Compte tenu des spécificités des outre-mer, des **dispositifs particuliers** y ont été mis en place pour favoriser le développement économique et social. Par exemple, le **service militaire adapté (SMA)** s'adresse aux jeunes Ultramarins en vue de leur insertion professionnelle. Les investissements outre-mer bénéficient pour leur part d'un **régime fiscal plus favorable** depuis 1986.

4. Résultats et débats

Deux territoires figurent sur la **liste des territoires à décoloniser** selon l'ONU. L'accession à une plus grande **autonomie**, voire à l'**indépendance** à terme, y est engagée :

- En **Nouvelle-Calédonie**, les affrontements entre loyalistes (favorables au maintien dans la République française) et indépendantistes, qui avaient culminé avec la prise d'otages d'Ouvéa en 1988 (25 morts), ont conduit aux **accords de Matignon**, conclus la même année, approuvés par les Français par référendum et qui ont apporté des garanties économiques et institutionnelles pour la population kanake. Après deux référendums locaux en 2018 et 2020 ayant marqué une progression des partisans de l'indépendance (47 % en 2020), des discussions se sont engagées avec le gouvernement français pour élargir l'autonomie de la Nouvelle-Calédonie. Un nouveau référendum d'autodétermination est prévu en 2022, dans le cadre de l'accord de Nouméa signé en 1998.
- La **Polynésie française** bénéficie également d'une large autonomie : les compétences relevant du développement économique et social incombent aux

institutions polynésiennes (assemblée territoriale et gouvernement de la Polynésie française). L'indépendantiste Oscar Temaru a été à plusieurs reprises président de la Polynésie française.

L'enjeu d'une meilleure intégration régionale a été à l'origine de la nomination de trois **ambassadeurs à la coopération régionale** pour les DROM-COM.

Les enjeux d'**identité** et les revendications actuelles en faveur de l'**égalité sociale** avec les habitants de la métropole s'appuient sur une critique du passé colonial et esclavagiste : avec Léopold Sédar Senghor, le Martiniquais Aimé Césaire est ainsi à l'origine du concept politique et littéraire de **négritude**.

L'**insécurité** et le **manque d'infrastructures** ont été à l'origine d'un important **mouvement social en Guyane** en 2017. La mobilisation politique prend aussi la forme du mouvement pour déboulonner les statues de figures esclavagistes, puissant outre-mer et générant des polémiques : deux statues de Victor Schœlcher – à l'origine de l'abolition de l'esclavage en 1848, mais aussi vu par certains Ultramarins comme une figure de l'héritage colonial – sont tombées en Martinique le 22 mai 2020, jour de l'abolition de l'esclavage dans l'île.

Les demandes portent aussi sur une place accrue de l'**histoire des outre-mer** dans les programmes scolaires, qui ont été adaptés – en droit, plus difficilement en pratique – aux spécificités des DROM-COM. Ouvert en 2015 à Pointe-à-Pitre, le **Mémorial ACTe**, ou **Centre caribéen d'expressions et de mémoire de la traite et de l'esclavage**, a été mis en place à l'initiative notamment des indépendantistes guadeloupéens.

Par ailleurs, même s'ils ne donnent pas lieu à des affrontements, des **conflits de souveraineté** sont latents avec les Comores, Madagascar et Maurice. En revanche, la souveraineté française sur Clipperton a été reconnue par le Mexique en 1959, mais n'a pas empêché des incidents autour des zones de pêche : un accord avec le Mexique a été conclu en 2007 pour dix ans, et reconduit en 2017.

Question à réponse courte

Faut-il parler de l'outre-mer ou des outre-mer ?

En 1998, le Premier ministre Lionel Jospin affirmait : « *Il n'y a pas un outre-mer, mais des outre-mer.* » Cette observation s'appuyait sur un constat géographique, historique et culturel : les territoires constituant aujourd'hui l'outre-mer sont marqués par une très forte diversité, leur seul point commun étant d'être des héritages du colonialisme. La distance entre la Guadeloupe et Cayenne, en Guyane, atteint ainsi 1 600 kilomètres – soit près du double de celle entre Lille et Perpignan (900 kilomètres).

Il a cependant fallu attendre 2012 pour que la dénomination « ministère de l'Outre-mer » (qui a pu désigner dans certains gouvernements un secrétariat d'État ou un ministère délégué) devienne officiellement – et jusqu'à ce jour – « ministère des Outre-mer ».

Transition écologique et cohésion des territoires

FICHE 43 : La politique énergétique

1. Contexte

La politique énergétique nationale est encadrée par l'article 4 du traité sur le fonctionnement de l'UE (TFUE), qui fait de l'énergie une compétence partagée avec l'UE pour envisager un triple défi :

- mettre en œuvre la transition énergétique ;
- assurer l'approvisionnement des États membres ;
- maintenir des coûts supportables pour les ménages et les entreprises.

Pour ce faire, l'UE cherche à construire une véritable **Union de l'énergie**, prenant ainsi acte d'une grande dépendance dans ses approvisionnements tant en gaz qu'en pétrole, notamment vis-à-vis de la Russie. Par conséquent, le 25 juin 2019, face aux débats récurrents quant à la question du projet de pipeline Nord Stream 2 – devant relier la Russie et l'Allemagne –, le Conseil européen a défini des orientations pour l'avenir des systèmes énergétiques dans l'Union de l'énergie. Ces orientations définissent les priorités et les principes relatifs à l'élaboration des politiques futures visant à assurer la transition énergétique. L'objectif est de parvenir à « *un **système énergétique abordable, fiable, compétitif, sûr** et **durable*** », en accroissant « *les investissements dans les domaines des infrastructures, des technologies innovantes, du couplage des secteurs et de l'intégration sectorielle* ».

Dans ce cadre européen, la stratégie de l'État français mêle énergie et climat, comme c'est le cas pour beaucoup d'autres États signataires de l'accord de Paris de 2015, issu de la Conférence intergouvernementale de la COP21. Avec un objectif de **neutralité carbone en 2050**, elle repose sur la Stratégie nationale bas-carbone (SNBC), actée par la loi de transition énergétique pour la croissance verte (LTECV) de 2015 et relancée par la Programmation pluriannuelle de l'énergie (PPE) de 2018.

2. Objectifs

La politique européenne de l'énergie, quoique toujours incomplète, est une composante importante de la construction européenne, et ce depuis ses origines. Associé à l'acier, le charbon fut ainsi le premier secteur « communautarisé » en 1951.

Dans le cadre du TFUE (article 194), plusieurs objectifs sont aujourd'hui poursuivis au niveau européen, et donc national. Parmi ceux-ci, on peut citer :

- l'innovation et la compétitivité ;
- l'efficacité énergétique et les objectifs climatiques ;
- l'approvisionnement du marché intérieur de l'énergie.

Des objectifs nationaux d'efficacité énergétique doivent également être définis par les États membres pour décliner « localement » ces perspectives européennes.

Ces objectifs sectoriels s'intègrent assez logiquement dans les efforts européens relatifs à la lutte contre le dérèglement climatique. Pour la période 2020-2030-2050, les Européens se sont ainsi fixé trois objectifs : **réduire leurs émissions de gaz à effet de serre**, **augmenter la part des énergies renouvelables dans la consommation**

énergétique et, enfin, **améliorer l'efficacité énergétique**. Tenant compte des aléas économiques dus à la crise systémique de 2008, ces objectifs chiffrés à 20 % ont respectivement été rehaussés à 40 %, 32 % et 32,5 % à l'échéance 2030.

S'agissant de la **sécurité de l'approvisionnement**, l'enjeu revêt une importance particulière pour les Européens, dépendant à 54 % de leurs besoins en énergie de pays souvent soumis à d'importants risques géopolitiques et climatiques. Des mesures ont ainsi été adoptées depuis la fin des années 2000, à la suite notamment des ruptures des livraisons russes de gaz, et dans le cadre du paquet « Énergie propre », adopté fin 2018. L'harmonisation des réseaux de transport d'énergie, en vue d'améliorer leurs interconnexions, est entreprise. Dans le même temps, l'UE s'est efforcée de promouvoir une diversification de ses approvisionnements et de mettre en œuvre des mécanismes de solidarité régionale en cas de crise.

Les pays membres de l'UE se caractérisent par la grande diversité de leurs approches en matière d'énergie. Chaque État dispose en effet de son **propre bouquet énergétique**, ou « *energy mix* », à base de pétrole, gaz, charbon, nucléaire ou d'énergies renouvelables. Particulièrement pour ces deux sources d'énergie, les politiques publiques d'innovation ont montré leur intérêt pour placer les économiques nationales dans la concurrence internationale.

Peu de pays produisent une part significative de l'énergie qu'ils consomment, comme la France avec le nucléaire, le Danemark avec les renouvelables ou encore la Pologne avec le charbon. Ainsi, dans 12 des 27 États membres de l'UE, la dépendance énergétique dépasse les 60 %. Cette situation concerne des pays tels que l'Allemagne, l'Espagne ou l'Italie, tandis que les États de petite taille, comme Chypre, le Luxembourg et Malte, dépendent à plus de 96 % des approvisionnements extérieurs.

3. Outils

Afin de réaliser ce marché intérieur de l'énergie, les marchés nationaux de l'électricité et du gaz se sont progressivement ouverts à partir de 2004 pour les entreprises et collectivités, et de 2007 pour les particuliers. Depuis le paquet « Énergie propre » de 2018, des règles communes renforcées permettent également de mieux protéger les consommateurs par la concurrence effective entre fournisseurs d'énergie.

Les effets attendus de la concurrence

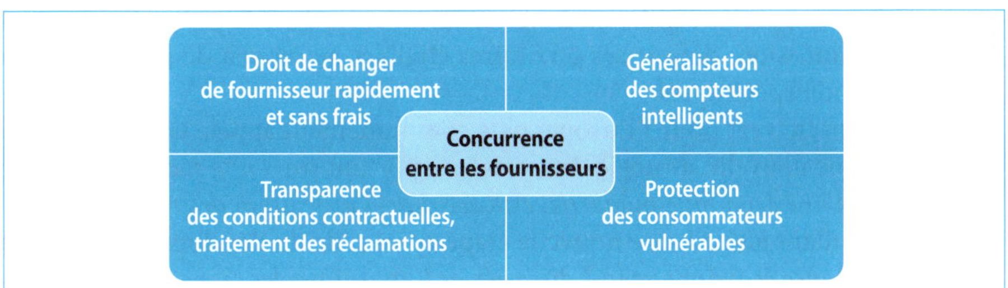

À l'avenir, les fournisseurs d'énergie auront ainsi la possibilité de fixer leurs propres prix sans régulation étatique des tarifs, même si les États membres conserveront la possibilité de continuer de réguler les prix pour les plus démunis, en application d'une logique de service d'intérêt économique général (SIEG).

La politique énergétique est en outre une composante essentielle de l'action globale de l'UE pour le climat. Pour pérenniser l'efficacité énergétique, des objectifs contraignants ont été adoptés en matière de réduction des émissions de gaz à effet de serre et de développement des énergies renouvelables. Le système d'**échange de quotas d'émissions**, révisé début 2018, participe également à cette stratégie européenne pour le climat.

Par ailleurs, l'UE souhaite massivement soutenir le développement des technologies à faible intensité carbone, notamment par le biais de **financements pour la recherche, le développement et l'innovation**. L'idée est aussi de s'assurer de relais de croissance, par une dimension « plus verte » de celle-ci. Plus précisément, il s'agit des domaines tels que le stockage de l'énergie, élément clé de la **transition énergétique**, et du développement des énergies renouvelables, dont la production est intermittente. Ces énergies renouvelables font logiquement l'objet d'un soutien important de la part de l'UE, tout comme la capture du carbone au travers du développement de puits de carbone naturels ou artificiels, ou encore l'expérimentation de la fusion nucléaire (réacteur EPR de Flamanville).

En France, cette logique à l'échelle continentale fut transposée par la **loi relative à l'énergie et au climat du 8 novembre 2019**. En décrétant l'urgence écologique et climatique, la loi prévoit d'atteindre la « neutralité carbone » dans l'Hexagone à l'horizon 2050, en divisant les émissions de gaz à effet de serre par un facteur supérieur à six, notamment par des actions sur le logement, les énergies hydrogène et renouvelables.

4. Résultats et débats

Le 11 décembre 2020, le Conseil européen a renforcé les objectifs climatiques pour 2030, avec un accord sur une réduction d'au moins 55 % des émissions de gaz à effet de serre d'ici à 2030 par rapport au niveau de 1990, au lieu des 40 % prévu jusqu'ici. Le Conseil a également rappelé que ces efforts pour atteindre ces **objectifs climatiques** seront soutenus par la relance économique européenne, notamment grâce au plan de relance Next Generation UE et au prochain Fonds pour une transition juste, doté de 7,5 milliards d'euros de fonds européens nouveaux. Pour pouvoir utiliser sa part du fonds, un État membre devra, dans le cadre d'un dialogue avec la Commission, définir ses territoires éligibles au moyen de plans territoriaux de transition spécifiques.

Ce pacte vert pour l'Europe, plus communément appelé *Green New Deal*, propose une nouvelle stratégie de croissance portant sur « *une société juste et prospère, dotée d'une économie moderne, efficace dans l'utilisation des ressources et compétitive* », allant jusqu'à une nouvelle étape après celle du développement durable, une « *croissance économique [...] dissociée de l'utilisation des ressources* ». Cette nouvelle approche peut aller jusqu'à remettre en cause des modèles nationaux fondés sur le nucléaire, que les États doivent prendre en compte en y renonçant (Allemagne) ou en tentant de le refonder (France).

La transition écologique de l'économie européenne

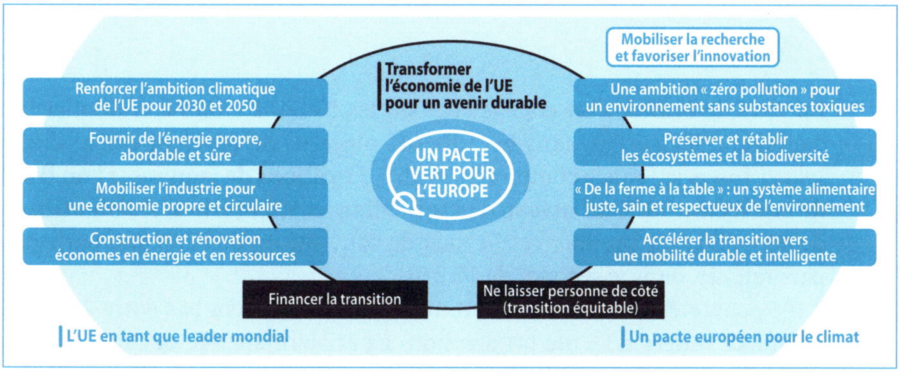

Source : L'accès au droit de l'Union européenne, https://eur-lex.europa.eu.

Question à réponse courte

La politique énergétique demeure-t-elle toujours une question de souveraineté ?

La question porte sur la pérennité d'un débat largement issu des chocs pétroliers de 1973 et 1979, qui ont fondé la politique énergétique française (développement du « tout électrique », filière nucléaire civile, transport par train rapide). La souveraineté d'un État ou d'un ensemble d'États est en effet une dimension importante quand il s'agit de dépendre plus ou moins d'une source d'approvisionnement d'une seule énergie. La remise en cause durable de notre démarche économique reposant sur les énergies fossiles est susceptible de permettre de recouvrer une partie de cette souveraineté partiellement perdue.

Malgré l'intégration d'une démarche de développement durable incluant réduction de la consommation d'énergie fossile et développement des énergies renouvelables, la nécessité d'une meilleure coopération européenne fait son chemin en raison des crises économiques systémiques qui remettent régulièrement en cause notre modèle productiviste.

FICHE 44 : La lutte contre la pauvreté

1. Contexte

En 2015, la France s'est engagée devant les Nations Unies à éradiquer la grande pauvreté d'ici à 2030, dans le cadre des objectifs de développement durable. Or, selon l'Insee, la France compte, en 2018, **5,3 millions de pauvres si l'on fixe le seuil de pauvreté à 50 % du niveau de vie médian**, et **9,3 millions si l'on utilise le seuil de 60 %.** Dans le premier cas, le taux de pauvreté est de 8,3 % (on parle de grande pauvreté) et, dans le second, de 14,8 %.

La pauvreté, après avoir atteint un point relativement bas entre 2002 et 2004, a connu 15 années de lente progression. La crise financière de 2008 a accentué les difficultés économiques. Pour l'année 2018, la forte augmentation est liée en partie à la baisse des allocations logement en 2017. Selon l'Insee, l'année 2019 enregistrerait une légère baisse de 0,1 % du taux de pauvreté à 50 % du niveau de vie médian, à mettre en lien avec l'augmentation de la prime d'activité versée aux salariés les plus modestes, suite au mouvement des « gilets jaunes ». Mais la **crise sanitaire actuelle** a un effet majeur, notamment sur les indépendants, les salariés précaires et les jeunes.

Évolution du nombre de personnes pauvres

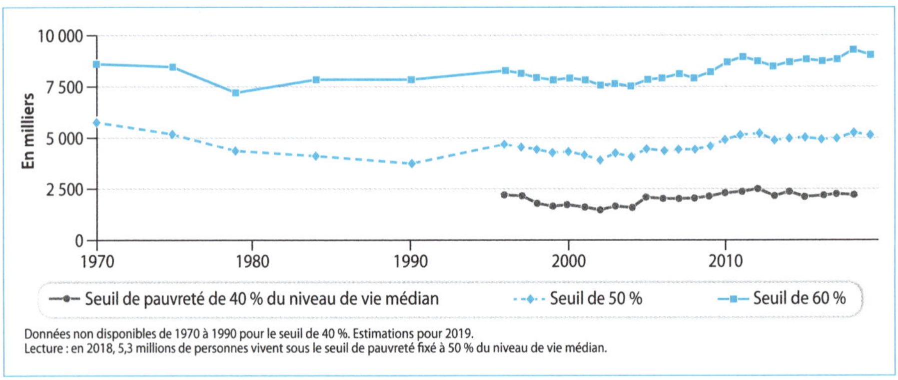

Source : Insee – © Observatoire des inégalités.

2. Objectifs

La politique de lutte contre la pauvreté s'inscrit dans le cadre de la **stratégie nationale de prévention et d'action contre la pauvreté**. Elle met l'accent sur :

– l'égalité des chances dès les premiers pas, pour rompre la reproduction de la pauvreté ;

– le fait de garantir au quotidien les droits fondamentaux des enfants, et ainsi lutter contre la présence d'enfants à la rue ;

– un parcours de formation garanti pour tous les jeunes, en investissant massivement dans la formation de la jeunesse et en instaurant une obligation de formation pour tous les jeunes jusqu'à 18 ans (la mise en place de l'école obligatoire dès 3 ans participe de cela) ;

– des droits sociaux plus accessibles, plus équitables et plus incitatifs à l'activité, en décomplexifiant le système des minima sociaux ;

– l'accompagnement de tous vers l'emploi, en encadrant les allocataires du revenu de solidarité active (RSA) et en simplifiant les démarches d'insertion professionnelle.

3. Outils

La politique de lutte contre la pauvreté dépend du **ministère des Solidarités et de la Santé**, dirigé par Olivier Véran.

A. Les prestations sociales

Lutter contre la pauvreté passe d'abord par la distribution de prestations sociales, sous certaines conditions, afin de maintenir les revenus.

Le **RSA**, mis en place en 2008, complète les ressources d'une personne démunie ou aux ressources faibles, afin de lui garantir un revenu minimal. En contrepartie, dans certaines situations, ses bénéficiaires (2 millions en 2020) ont l'obligation de chercher un emploi ou de définir et suivre un projet professionnel visant à améliorer leur situation financière, ainsi que leur insertion professionnelle ou sociale. Le RSA est géré par les conseils départementaux, et est versé par les caisses d'allocations familiales (CAF) et la mutualité sociale agricole (MSA). Le 1er avril 2020, le RSA socle s'élève à 564,78 euros pour une personne seule, sans activité, sans autres revenus et sans aides au logement.

Dans la même veine, la **prime d'activité**, créée par la loi du 17 août 2015 relative au dialogue social et à l'emploi, vise à soutenir l'activité et le pouvoir d'achat des travailleurs modestes. Elle est venue remplacer l'ancien RSA activité et la prime pour l'emploi.

Le **3 juin 2019**, Emmanuel Macron avait proposé de **fusionner le plus grand nombre de prestations sociales**, pour gagner en simplicité. Il s'agissait de créer un **revenu universel d'activité**. Ce projet est pour l'instant remis à plus tard.

D'autres aides complètent ces dispositifs de lutte contre la pauvreté, comme les aides au logement.

B. La stratégie nationale de prévention et de lutte contre la pauvreté

Le 13 septembre 2018, une **stratégie nationale de prévention et de lutte contre la pauvreté** a été présentée par le président de la République. Par la suite, la ministre des Solidarités et de la Santé a confié à France stratégie la mission d'évaluer la stratégie adoptée. En septembre 2019, un **comité d'évaluation** a vu le jour, regroupant des associations, des personnalités qualifiées, des chercheurs, avec l'appui des administrations et des établissements publics concernés. Y sont associées deux démarches participatives constituées l'une de personnes en situation de pauvreté, l'autre de 30 citoyens représentatifs de l'ensemble de la population.

Plusieurs mesures ont été mises en place :

– En 2019, des petits-déjeuners à l'école ont pu être servis à 110 000 élèves de maternelle et de primaire, dans les écoles des territoires défavorisés. Le budget devrait ensuite être renforcé. À partir d'avril 2019, des repas à la cantine à 1 euro ont été servis à plus de 8 000 élèves de 150 communes rurales, soit plus de 220 000 repas servis. Le dispositif a été élargi aux écoles maternelles en 2020.

– Un **bonus mixité a été créé**, pour encourager la mixité sociale dans les crèches.

– Une obligation de formation des jeunes jusqu'à 18 ans a été décidée, pour éviter tout décrochage scolaire et toute arrivée sur le marché du travail sans qualification.

– Pour garantir à chacun l'accès à une complémentaire santé, l'aide au paiement d'une complémentaire santé (ACS) est intégrée à la couverture maladie universelle complémentaire (CMU-c), avec une participation financière inférieure à 1 euro par jour.

– L'État met en place une « garantie activité », qui combine accompagnement social renforcé et insertion dans l'emploi pour 300 000 allocataires par an. Pour favoriser le retour à l'emploi des plus fragiles, le secteur de l'insertion par l'activité économique (IAE) peut accueillir plus de salariés.

Parallèlement, la **Délégation interministérielle à la prévention et à la lutte contre la pauvreté des enfants et des jeunes (DIPLPEJ)** a été créée par un décret du 24 octobre 2017. Elle est chargée d'organiser la concertation, de coordonner la préparation de la stratégie et de suivre sa mise en œuvre au sein du ministère des Solidarités et de la Santé.

Afin de décentraliser la lutte contre la pauvreté, un **décret du 24 janvier 2020** crée également, dans chaque région, des **commissaires à la lutte contre la pauvreté**. Ceux-ci assurent « *sous l'autorité du préfet de région, la coordination régionale et le pilotage interministériel de la politique de prévention et de lutte contre la pauvreté, en mobilisant l'ensemble des administrations concernées par les politiques publiques qui y concourent* ».

C. D'autres acteurs

Parallèlement, la **Délégation interministérielle à la prévention et à la lutte contre la pauvreté des enfants et des jeunes (DIPLPEJ), créée par un décret du 24 octobre 2017**, est chargée d'organiser la concertation, coordonner la préparation de la stratégie et suivre sa mise en œuvre au sein du Ministère des Solidarités et de la Santé.

Un **décret du 24 janvier 2020** crée également, dans chaque région, afin de décentraliser la lutte contre la pauvreté, des **commissaires à la lutte contre la pauvreté**. Il assure « sous l'autorité du préfet de région, la coordination régionale et le pilotage interministériel de la politique de prévention et de lutte contre la pauvreté ».

4. Résultats et débats

La politique de lutte contre la pauvreté a peu porté ses fruits, notamment parce que la pauvreté s'est aggravée en lien avec la crise de la Covid-19. De plus, force est de constater que les inégalités se sont également aggravées.

De plus, cette politique est de plus en plus ciblée. Au nom d'économies budgétaires, des conditions de plus en plus strictes sont mises en place pour que les personnes soient éligibles à certaines prestations. En conséquence, il devient de plus en plus complexe d'obtenir ces aides. Cela favorise également le non-recours : certaines personnes ne savent pas qu'elles ont droit à des prestations ou renoncent devant la difficulté à remplir des dossiers ou devant les lourdeurs administratives.

Se développe également le soupçon vis-à-vis des plus pauvres, à l'image du renforcement du contrôle des chômeurs. Le **principe de responsabilisation** fait également débat. Alors que certains sont partisans d'un **revenu universel de base**, sans condition de ressources, d'autres avancent que celui-ci serait ruineux et qu'il engendrerait un assistanat funeste et une diminution du travail.

Question à réponse courte

Faut-il ouvrir le RSA aux 18-25 ans ?

Le RSA complète les ressources d'une personne démunie ou aux ressources faibles, afin de lui garantir un revenu minimal. Il n'est cependant possible d'en bénéficier qu'à partir de 25 ans. C'était d'ailleurs déjà le cas de son ancêtre, le revenu minimum d'insertion (RMI). Certains refusent que le RSA puisse être déclenché à partir de 18 ans, sous prétexte que la grande majorité des jeunes sont soutenus par leur famille et qu'ils bénéficient d'autres prestations sociales s'ils sont en situation de pauvreté, comme la garantie jeune (497 euros par mois) qui sert à accompagner vers l'emploi et la formation les 16-25 ans qui se trouvent dans la précarité (ni emploi, ni études, ni formation). À droite, certains affirment également qu'un RSA à partir de 18 ans encouragerait l'assistanat. D'autres, au contraire, face à l'amplification de la précarité des jeunes, en lien avec la crise sanitaire, affirment qu'il faut relancer le débat. Certains jeunes sont en situation de rupture familiale et les inégalités croissantes au sein des familles font que l'État ne peut plus considérer que ce sont à elles de subvenir à leurs besoins. De plus, cela simplifierait des dispositifs d'aides vis-à-vis de la jeunesse, qui restent complexes et encouragent le non-recours.

FICHE 45 : La politique de la ville

1. Contexte

Dans les années 1980, une **série d'émeutes urbaines** ont révélé les conditions de vie difficiles de certains quartiers sensibles. Ceux-ci coïncident alors généralement aux « grands ensembles » développés dans les années 1970-1980 dans le cadre des **zones à urbaniser en priorité (ZUP)**. C'est ainsi que la politique de la ville est née, à la faveur de l'avènement de la gauche au pouvoir en 1981. Elle s'est alors orientée dans le sens d'un **développement social des quartiers**. Dans les années 1990, il s'est plutôt agi de multiplier les contrats de ville, signés entre l'État, les collectivités territoriales et leurs partenaires, et qui ont permis de réaliser des projets (création d'infrastructures, mise en place d'activités, etc.). Les années 2000 ont, quant à elles, plutôt mis l'accent sur la **rénovation urbaine**, sans que les problèmes soient vraiment résolus. En effet, pas plus tard qu'en mars 2021, des **violences urbaines** ont encore émaillé certains secteurs urbains, comme à La Duchère à Lyon ou dans les quartiers nord de Blois.

La **crise sanitaire** a encore mieux mis en lumière les inégalités territoriales de santé. Les sociologues Arnaud Alessandrin et Anastasia Meidani ont alors parlé d'« épidémie de classe », afin de souligner le fait que les quartiers dits prioritaires sont les grands perdants de la crise sanitaire. Cette situation est d'autant plus alarmante qu'elle se superpose à d'autres problèmes majeurs dans les « quartiers », où les **logements sont surpeuplés, voire insalubres**. L'effondrement des immeubles rue d'Aubagne à Marseille, le 5 novembre 2018, faisant huit morts, en a été un triste témoignage.

2. Objectifs

La politique de la ville est une **politique de cohésion urbaine et de solidarité, nationale et locale**, qui vise les quartiers défavorisés et leurs habitants. Elle affiche dix objectifs principaux :

- Lutter contre les inégalités, les concentrations de pauvreté et les fractures économiques, sociales, numériques et territoriales.
- Garantir aux habitants des quartiers défavorisés l'égalité réelle d'accès aux droits, à l'éducation, à la culture et aux équipements publics.
- Agir pour le développement économique, la création d'entreprises et l'accès à l'emploi par les politiques de formation et d'insertion professionnelles.
- Améliorer l'habitat.
- Développer la prévention, promouvoir l'éducation à la santé et favoriser l'accès aux soins.
- Garantir la tranquillité des habitants par les politiques de sécurité et de prévention de la délinquance.
- Favoriser la pleine intégration des quartiers dans leur unité urbaine, en accentuant notamment leur accessibilité en transports en commun, leur mixité fonctionnelle et urbaine et la mixité de leur composition sociale ; la politique de

la ville veille à ce titre à la revitalisation et la diversification de l'offre commerciale dans les quartiers prioritaires de la politique de la ville.

– Promouvoir le développement équilibré des territoires, la ville durable, le droit à un environnement sain et de qualité, et la lutte contre la précarité énergétique.

– Reconnaître et valoriser l'histoire, le patrimoine et la mémoire des quartiers.

– Concourir à l'égalité entre les femmes et les hommes, à la politique d'intégration et à la lutte contre les discriminations dont sont victimes les habitants des quartiers défavorisés, notamment celles liées au lieu de résidence et à l'origine réelle ou supposée.

3. Outils

C'est le **ministère de la Ville** qui se charge de la politique de la ville, en partie financée par l'Union européenne. Il est placé sous le giron du ministère de la Cohésion des territoires et des Relations avec les collectivités territoriales de Jacqueline Gourault. Depuis 2020, Nadia Hai occupe ainsi le poste de ministre déléguée chargée de la Ville. Les domaines d'intervention de la politique de la ville recouvrent de nombreuses politiques publiques, telles que le **développement économique**, l'**insertion professionnelle** et l'**emploi**, le **renouvellement urbain**, l'**éducation**, la **santé**, la **prévention de la délinquance** et la **sécurité**, la **médiation sociale**, la **culture**, le **sport**, etc.

Plusieurs lois ont lancé le processus :

– La **loi relative à la solidarité et au renouvellement urbains** (**SRU**), du 13 décembre 2000, tente d'imposer aux communes des agglomérations urbaines une offre d'au moins 20 % de logements sociaux sur leur territoire.

– La **loi d'orientation et de programmation pour la ville et la rénovation urbaine (dite loi Borloo)**, du 1er août 2003, est consacrée à la lutte contre les inégalités sociales et territoriales. Elle donne naissance à une **Agence nationale pour la rénovation urbaine (ANRU).**

– La **loi de programmation pour la ville et la cohésion urbaine** (**dite loi Lamy**), du 21 février 2014, recentre la politique de la ville sur la réduction des écarts entre les quartiers prioritaires et les autres. Cette loi est issue des réflexions du **Comité interministériel des villes (CIV)**, réuni le 19 février 2013 sous la présidence du Premier ministre. Environ 1 200 **quartiers prioritaires de la politique de la ville (QPV)** sont désignés sur un critère unique : la concentration de la pauvreté, calculée à partir du revenu des habitants. Ils remplacent les zonages formés par les zones urbaines sensibles (ZUS) et les contrats urbains de cohésion sociale (CUCS), dans un but de simplification. Un observatoire national de la politique de la ville doit mesurer l'évolution des inégalités et des écarts de développement au sein de ces unités urbaines et présenter un rapport annuel détaillé sur l'évolution des quartiers prioritaires. La loi définit également un principe de coconstruction de la politique de la ville avec les habitants, qui participent à la réflexion autour de projets de renouvellement urbain. Elle instaure un contrat de ville unique pour la ville et la cohésion sociale, qui permet de mobiliser les politiques d'éducation, d'emploi, de justice, de sécurité, de transport et de santé, en vue de rétablir une certaine égalité. Il s'agit également de prolonger le plan de rénovation urbaine pour terminer les projets entamés ou prévus, en collaboration avec l'ENROUE. À partir de 2015, des contrats de ville sont signés avec **plus de 1 500 quartiers prioritaires**. Des conseils citoyens sont également mis en place.

Taux de pauvreté « en quartiers de la politique de la ville » et « hors quartiers de la politique de la ville » par département

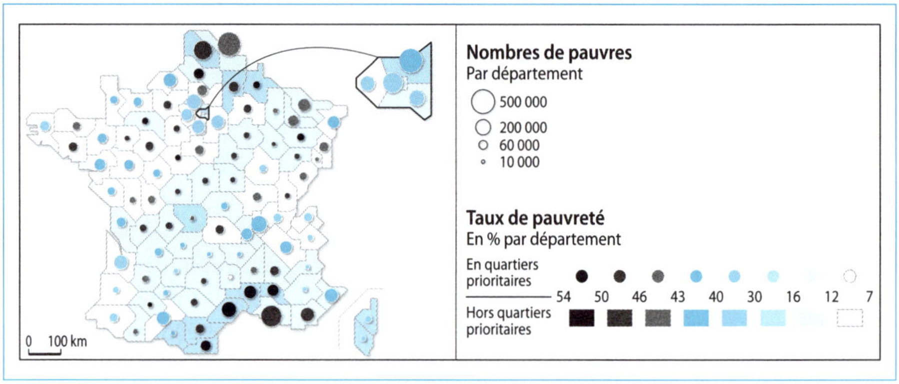

Source : CGET 2017 ; ONPV 2017 ; Insee-DGFIP, Cnaf, Cnav, CCMSA, fichier localisé social et fiscal (FiLoSoFi) 2013 ; Insee, recensement de la population 2013.

En novembre 2017, le président de la République a lancé à Tourcoing un **appel à la mobilisation nationale en faveur des habitants des quartiers**, qui représentent 5,4 millions d'habitants dans les plus de 1 500 quartiers prioritaires de la politique de la ville dans toute la France. La feuille de route gouvernementale de juillet 2018 s'est traduite en 40 mesures : projets de rénovation urbaine, (démolitions, réhabilitations, rénovations), renforcement de la police de sécurité du quotidien dans 47 quartiers de reconquête républicaine, dédoublement des classes et tutorats, mise en œuvre du plan d'investissement dans les compétences, dont 2 milliards d'euros sont consacrés aux quartiers, etc.

Le plan gouvernemental de **revitalisation des centres-villes (Action cœur de ville**), décidé en décembre 2017, vise à permettre de revitaliser ces espaces dans 222 villes de taille moyenne, dont une liste a été éditée en mars 2018. Il mobilise 5 milliards d'euros sur cinq ans et agit principalement sur la rénovation des logements – notamment en termes de performance énergétique –, sur la facilitation de l'implantation commerciale, la transition numérique des commerçants ou la facilitation des démarches d'implantation.

4. Résultats et débats

L'appellation « politique de la ville » a d'abord été critiquée. Beaucoup ont affirmé, et affirment toujours, que c'est un titre trompeur puisque son contenu ne concerne que les quartiers prioritaires de la ville et non l'ensemble des agglomérations urbaines.

La politique de la ville présente surtout **peu de résultats réels.** L'argent dépensé ne permet souvent pas d'atteindre les objectifs que l'on s'était fixés, et les inégalités ainsi que les discriminations continuent de s'accroître, comme le précisent les rapports de l'Observatoire national de la politique de la ville. Selon un rapport de 2017 réalisé par les sénatrices Annie Guillemot et Valérie Létard sur l'évaluation de la loi du 21 février 2014, la réforme de la politique de la ville est « *bien engagée* », mais souffre d'un manque de moyens. La Cour des comptes montre également dans plusieurs rapports que l'attractivité des quartiers n'a pas progressé.

On pointe aussi du doigt la **succession de plans sous différentes majorités politiques, sans véritable cohésion d'ensemble**. Malika Sorel, ancienne membre du Haut Conseil à l'intégration, parle de « *châtiment du tonneau des Danaïdes* » pour évoquer le fait que l'argent dépensé est en fait mal utilisé.

Enfin, si les initiatives ont engendré la rénovation de certains bâtiments et la destruction progressive des grands ensembles, il semble aujourd'hui évident que les problèmes de ces quartiers ne peuvent être résolus uniquement dans le cadre de questions d'urbanisme et sociales. Le politologue Gilles Kepel insiste par exemple sur la **progression de l'islam radical** dans ces espaces. Il s'agirait donc d'insister sur l'intégration et la prise en compte des flux migratoires.

Question à réponse courte

À quoi les délégués du préfet chargés de la politique de la ville servent-ils ?

Pour réaffirmer la présence de l'État et de la République au sein des quartiers prioritaires de la politique de la ville, les délégués du préfet ont été institués en 2009. Aujourd'hui plus de 300, ils ont pour mission de créer un lien direct entre l'État et les acteurs de terrain, de coordonner l'action des services de l'État, et de rendre la politique de la ville plus efficace et plus lisible. Ils exercent leur fonction à plein-temps dans 85 départements (métropole et outre-mer).

Ils peuvent ainsi s'assurer de la bonne articulation du projet de rénovation urbaine avec les autres volets du contrat urbain de cohésion sociale, ou encore jouer un rôle d'alerte et d'interface avec les acteurs concernés. Ils identifient les bonnes pratiques et contribuent à leur valorisation, repèrent également les éventuels dysfonctionnements et contribuent à y remédier. Ils instaurent des relations de confiance avec les associations et les habitants du quartier, identifient leurs aspirations, font remonter leurs difficultés et proposent des solutions pour prendre en compte leurs besoins.

Recruté par le préfet de département pour une durée de trois ans renouvelable, le délégué du préfet est rattaché au préfet lui-même, au préfet délégué à l'égalité des chances ou encore au sous-préfet à la ville.

FICHE 46 : Les politiques du logement, de l'habitat et de l'hébergement

1. Contexte

Selon une enquête de la Fondation Abbé Pierre, en 2019, **4 millions de personnes** étaient mal logées en France. Ce chiffre est d'ailleurs assez proche des 3,8 millions de personnes qui estiment vivre dans des conditions de logement « insuffisantes » ou « très insuffisantes », selon l'Insee. Être mal logé, c'est ainsi vivre dans un habitat de très mauvaise qualité, dans des logements privés du confort de base ou ne pas disposer de logement à soi, de vivre à la rue ou d'être hébergé par un proche ou une association. Selon la Fondation Abbé Pierre, la France compterait ainsi près de **300 000 personnes sans domicile fixe (SDF)**, dont 27 000 personnes qui vivraient dans la rue. Ce chiffre a doublé depuis la dernière enquête de l'Insee de 2016. En tout, près de 15 millions de personnes seraient atteintes par la crise du logement, ce qui implique des risques pour la santé, le risque d'expulsion, un confort insuffisant, ou encore un environnement quotidien et une vie de famille impactés.

2. Objectifs

La **politique du logement et de l'habitat** vise à satisfaire plusieurs objectifs :

- **Assurer à chacun un logement qui corresponde à ses besoins et à ses capacités financières.**
- **Encourager la mixité sociale**, en réaction à la concentration des populations en difficulté dans des zones défavorisées.
- **Favoriser l'accession à la propriété** de tous.
- **Développer ou rendre les logements plus durables** et plus économes en énergie.
- **Favoriser l'accessibilité des logements aux personnes handicapées**.
- **Développer l'activité économique du secteur du bâtiment**.

La **politique de l'hébergement** vise, en parallèle à la politique de lutte contre la pauvreté, à permettre aux personnes sans abri ou mal logées d'accéder durablement à un logement digne et adapté.

3. Outils

Depuis 2020, Emmanuelle Wargon assure la fonction de ministre chargée du Logement sous le giron du ministère de la Transition écologique et solidaire de Barbara Pompili.

A. Une politique peu décentralisée, contrairement à celle de ses voisins européens

L'**État** conserve de grandes prérogatives en matière de politique du logement, aussi bien pour ce qui concerne le cadre juridique que la définition des systèmes d'aides, la programmation des crédits, la promotion de la mixité sociale ou encore la garantie de mise en œuvre du droit au logement. Depuis 1983, cependant, le **Programme local de l'habitat** s'impose aux communes, puis aux intercommunalités. Ce document stratégique, élaboré pour une durée de six ans, définit ainsi « *les objectifs et les principes d'une politique visant à répondre aux besoins en logements et en hébergements, à favoriser le renouvellement urbain et la mixité sociale et à améliorer l'accessibilité du cadre bâti aux personnes handicapées en assurant entre les communes et entre les quartiers d'une même commune une répartition équilibrée et diversifiée de l'offre de logements* ». En 2004, la compétence concernant les **Fonds de solidarité pour le logement** (FSL) a quant à elle été transférée aux conseils généraux. Les FSL accordent des aides financières facilitant l'entrée ou le maintien dans un logement.

B. Un certain retrait de l'État, mais la permanence d'un cadre réglementaire

L'**État** s'est peu à peu retiré de l'intervention directe (par exemple, avec la construction de grands ensembles jusqu'aux années 1960), pour laisser le marché prendre le dessus. Il garde cependant des outils d'encadrement et d'incitation. Il fixe ainsi un **cadre juridique** : normes de construction, normes liées aux performances thermiques et acoustiques, à l'accessibilité au handicap et, pour le parc existant, conditions de décence et de salubrité. Il légifère également sur les **rapports locatifs dans le secteur privé**. La loi du 6 juillet 1989, toujours en vigueur, impose de rédiger un contrat écrit et de réaliser un état des lieux et des diagnostics immobiliers.

La loi portant sur l'évolution du logement, de l'aménagement et du numérique (dite **loi ELAN**) du 23 novembre 2018 permet d'abord l'encadrement des loyers dans les zones tendues. Elle améliore la prévention des expulsions locatives et crée un « bail mobilité », qui permet d'occuper un logement meublé pendant un à dix mois, non reconductible. Elle instaure aussi le bail numérique (en ligne), crée un régime de cohabitation intergénérationnelle solidaire, facilite la transformation de bureaux en logements, accélère le traitement de l'habitat indigne (lutte contre les marchands de sommeil) et régule la location en ligne de meublés touristiques, en s'assurant que les utilisateurs respectent la limitation de 120 nuits par an. Elle incite, dans les constructions neuves, à utiliser les éco-matériaux et à développer des solutions bas-carbone. Enfin, elle assouplit l'accessibilité aux personnes handicapées, puisque l'obligation de 100 % de logements accessibles au handicap moteur tombe à 20 % avec, en contrepartie, l'obligation pour tout logement neuf d'être évolutif pour s'adapter aux besoins des habitants tout au long de la vie.

C. Le logement social

Le logement social repose sur **deux groupes d'organismes d'habitations à loyers modérés (HLM)** et sur quelques sociétés d'économie mixte. Ces organismes construisent ou acquièrent des immeubles (ils sont maîtres d'ouvrage) et gèrent, en les louant, les logements. D'une part, on trouve les **offices publics de l'habitat (OPH)**, qui émanent des collectivités locales (communes, établissements publics de coopération intercommunale [EPCI] ou départements). Ancrés dans les territoires, ils mettent en œuvre les politiques souhaitées par la collectivité de tutelle. D'autre part, on trouve les **sociétés anonymes de HLM, appelées entreprises sociales de l'habitat (ESH)**, de droit privé. Elles construisent et gèrent des logements sociaux pour le compte de leurs actionnaires (grandes entreprises ayant des salariés à loger, grands groupes financiers, filiales d'Action logement – un organisme gestionnaire de la participation des employeurs à l'effort de construction). On compte actuellement **4,7 millions de logements sociaux** en France, qui logent 10 millions de personnes. Ils accueillent des catégories populaires, mais également des classes moyennes, afin de préserver la mixité sociale.

Le secteur du logement social s'est modernisé. Le parc s'améliore constamment et se développe. Il bénéficie d'un circuit de financement très efficace, en lien avec la possibilité d'un endettement sur le long terme et à coût réduit. Les prêts sont en effet délivrés par la Caisse des dépôts (CDC) et reposent sur l'argent des 65 millions de livrets A détenus par les Français.

La **loi relative à la solidarité et au renouvellement urbains (SRU)**, en 2000, modifie et améliore le droit de l'urbanisme et du logement en France. Ainsi, chaque ville est désormais obligée de compter au moins 20 % de logements sociaux, dans le but de développer une plus grande solidarité.

D. Les aides au logement et à l'accession à la propriété

L'État distribue différents types d'aides en matière de logement, dont le montant s'élève à 16 milliards d'euros par an.

Les aides au logement et à l'accession à la propriété

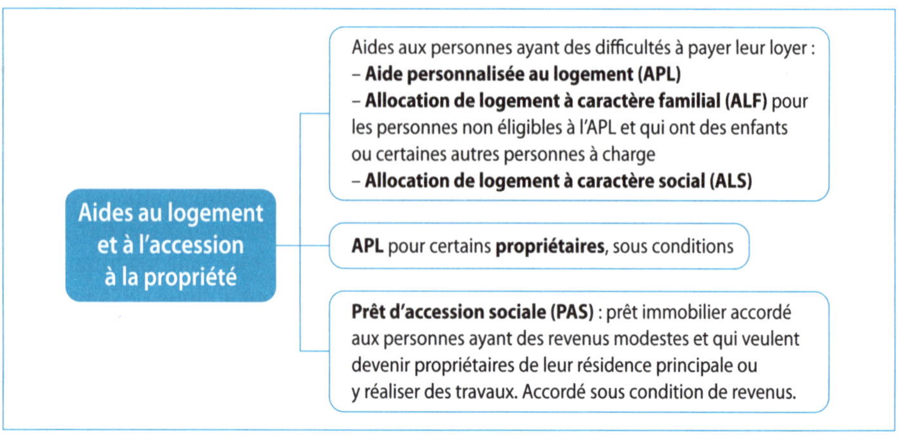

E. L'hébergement et la prévention des expulsions

Le **plan pluriannuel de lutte contre la pauvreté** du 21 janvier 2013 a permis de créer 700 places d'hébergement supplémentaires, 4 000 places en centres d'accueil pour les demandeurs d'asile (Cada), 7 360 places en logement adapté et 750 nouvelles places réservées aux femmes victimes de violences. Il ouvre désormais des capacités de mise à l'abri, indépendamment de la saison. Depuis mars 2016, le **plan d'action interministériel pour prévenir les expulsions locatives** agit en amont, pour trouver des solutions dès les premières difficultés de règlement des locataires et faire diminuer la moyenne des 11 000 expulsions annuelles. Enfin, le service du **numéro 115** permet d'orienter les personnes sans-abri vers des lieux d'hébergement.

F. La rénovation énergétique des bâtiments

En vertu de la **loi de transition énergétique du 17 août 2015**, les bâtiments privés résidentiels dont la consommation d'énergie primaire est supérieure à 330 kWh par an doivent être rénovés avant 2025. Elle met également en place un « chèque énergie » pour les ménages modestes, afin de lutter contre la précarité énergétique.

4. Résultats et débats

La politique du logement rencontre un **succès mitigé**. Il reste encore 1,8 million de logements vacants en France, ce qui pose la question d'une possible réquisition.

La politique de l'habitat et du logement fait aussi l'objet de nombreux débats entre propriétaires et locataires ou entre constructeurs de logements et pouvoirs publics, en lien avec les normes et les réglementations (celles-ci faisant l'objet de débats pour savoir s'il faut privilégier plutôt les uns ou les autres).

Les aides personnelles au logement réduisent les dépenses de logement des ménages modestes. Elles couvrent en moyenne 50 % du loyer principal hors charges pour les APL et 36 % pour l'ALS et l'AFL. L'ensemble de ces aides réduit d'un tiers l'effort financier des familles qui en bénéficient.

Question à réponse courte

Le droit au logement opposable est-il réellement effectif en France ?

Le droit au logement, instauré en 1989, découle des 10e et 11e alinéas du préambule de la Constitution de 1946. Il est devenu opposable grâce à la loi Dalo du 5 mars 2007, obligeant l'État à trouver un logement à tout demandeur considéré comme prioritaire.

La mise en place du Dalo rencontre cependant de fortes limites. Le référé du 9 mars 2017, publié par la Cour des comptes, montre que ce droit reste le plus souvent formel, en particulier dans les régions où la situation est la plus tendue, notamment en Île-de-France. On y enregistre 50 000 recours par an. Seul un tiers des demandeurs reçoit une réponse favorable et moins de 60 % de ceux qui ont été déclarés prioritaires sont relogés.

FICHE 47 : La politique de transport et de mobilité

1. Contexte

La politique européenne des transports, quoique toujours incomplète, est une composante importante de la construction européenne depuis ses origines. Mentionnée dès le traité de Rome de 1957, elle a évolué lentement. C'est seulement à partir de l'Acte unique européen (1986) puis du traité de Maastricht (1992), et donc de l'avènement du **marché intérieur européen**, que les événements s'accélèrent. La mise en place d'un espace européen sans frontières intérieures s'est accompagnée d'une libéralisation du secteur des transports, sans pour autant éclipser la notion de service public.

En France, la politique de transport a reposé sur deux axes : il a fallu participer à l'aménagement du territoire depuis et vers la capitale, et créer des entreprises de transport se développant sur des monopoles devenant des **acteurs européens majeurs**, comme Air France ou la SNCF. Ce dernier point suscite un débat vif et régulier sur cette politique de transport, opposant rôle social et d'aménagement du territoire aux objectifs de rentabilité et de satisfaction de l'usager devenu consommateur.

2. Objectifs

La politique de transport et de mobilité nationale est encadrée par les articles 90 et suivants du traité sur le fonctionnement de l'Union européenne (TFUE), mettant en œuvre la compétence partagée avec l'UE (article 4).

À l'instar des secteurs maritime (1986) et aérien (1987), qui furent les premiers à s'ouvrir à la concurrence, l'action de la puissance publique promeut des transports au service tant du marché intérieur que des territoires, pour ces derniers au travers des **obligations de service public**. Les questions environnementales sont devenues des éléments structurants de cette politique depuis les années 1990, et ont été confortées en 2001 avec le Traité de Nice.

Le traité permet aujourd'hui de poursuivre plusieurs objectifs au niveau européen, déclinés dans chaque État membre au travers, notamment, de la **loi d'orientation des mobilités**, publiée au *Journal officiel* le 26 décembre 2019. Parmi ces objectifs, on compte :

- Favoriser le marché intérieur par la libre circulation des personnes et des marchandises.
- Conforter l'attractivité économique du territoire.
- Assurer la cohésion territoriale (réseau transfrontalier et connexion avec les régions périphériques).
- Pérenniser les efforts de transition énergétique et passer d'une logique de transport à celle de la mobilité.

3. Outils

Pour transporter une personne ou une marchandise, plusieurs modes de transport peuvent successivement être utilisés, en fonction de critères de coût, de rapidité et de sécurité. Dès lors, le début de l'itinéraire a pour objectif de trouver le moyen de transport le moins coûteux et/ou le plus rapide ; la dernière partie de l'itinéraire sert quant à elle à rejoindre le point de destination finale.

Le même raisonnement peut s'appliquer à la recherche de la **sécurité**. En France, en 2019, dans le cadre du trajet domicile-travail, 69 % des personnes tuées l'ont été sur les routes. Le train pourrait être une alternative plus sûre, d'autant que près de 80 % des déplacements se font encore en voiture. Encore faut-il que, à la descente du train, il existe une offre de transport urbain suffisante, associant interconnexion des réseaux, pour inciter la population à renoncer à un mode de transport individuel.

Cette logique est déclinée à tous les échelons territoriaux. Ainsi, **le réseau transeuropéen de transport (RTE-T)** est le principal outil de cette politique. Lancé dans les années 1980, incorporé dans le traité de Maastricht en 1992, ce réseau vise à améliorer les infrastructures de transport pour faciliter les échanges au sein du marché intérieur, notamment par l'interopérabilité des moyens de transport. Il s'agit de faire en sorte qu'ils se complètent et de rendre plus fluide l'ensemble du réseau européen des transports. Cette orientation européenne se concrétise par une multitude de projets nationaux et transnationaux (franchissement ferroviaire de la Garonne à Bordeaux ou du Rhin à Strasbourg).

La plupart des projets financés par la Commission européenne concernent la mise en place de grands axes routiers, ferroviaires, fluviaux, maritimes et aériens reliant les États membres. Les aéroports de Paris Roissy, de Francfort-sur-le-Main ou encore de Lyon St-Exupéry sont ainsi connectés aux réseaux ferroviaires, la future liaison ferroviaire entre Varsovie et Helsinki passant par les pays baltes sont des exemples des projets prioritaires liés au RTE-T.

Le traitement des problématiques comme les embouteillages citadins, les exigences de sécurité et la pollution de tous les modes de transports deviennent des dossiers cruciaux dans les années 2000. Ainsi, dans son Livre blanc « la politique européenne des transports à l'horizon 2010 » de 2001, la Commission européenne a pour objectif un rééquilibrage des différents modes de transports. Ce document d'orientations stratégiques marque la prise en compte des questions environnementales au niveau national, comme lors des Assises de la mobilité en 2017, qui ont abouti à la loi d'orientation des mobilités du 26 décembre 2019.

Aujourd'hui, la politique européenne des transports concerne aussi bien le transport routier et ferroviaire que les transports aérien et maritime, qui étaient exclus du Traité de Rome de 1957. Au-delà de l'ouverture à la concurrence du secteur des transports et du développement des infrastructures, les objectifs fixés par l'UE se sont notamment progressivement élargis à d'autres domaines, tels que :

- la sécurité du matériel et la sûreté des installations ;
- la protection de l'environnement ;
- les droits des voyageurs, notamment en cas de retard ou d'annulation du contrat de transport.

Ces orientations sont alors déclinées à l'échelle des différents acteurs, autant de l'État – par les trains d'équilibre du territoire (TET) qui assurent un service de grandes lignes rapide entre les principales villes françaises non reliées par la grande vitesse –, des collectivités locales, communes et intercommunalités qui cherchent à favoriser les transports doux (tram, vélo, etc.), que des régions, compétentes pour le transport ferroviaire de proximité.

4. Résultats et débats

Après de lourds investissements dans les infrastructures de transport longue distance (TGV, aéroports ou autoroutes essentiellement), les nouvelles orientations sont tournées vers la mobilité au quotidien et l'intermodalité, cette conception de la mobilité globale qui associe plusieurs modes de transports tirant parti de la révolution numérique pour proposer de nouveaux services aux usagers.

C'est le sens de la loi d'orientation des mobilités de 2019, qui prévoit 13,4 milliards d'euros d'investissement sur cinq ans pour décarboner la mobilité. Cela passe par la promotion de transports plus propres, comme le covoiturage, la mobilité urbaine à vélo ou encore l'inscription dans la loi de la fin des ventes de voitures à énergies fossiles carbonées d'ici à 2040, le déploiement de la recharge électrique ou encore le développement des zones à faibles émissions. Certaines intercommunalités ont par ailleurs décidé de mettre en place l'interdiction de véhicules trop polluants.

Au niveau du continent, dans les « Objectifs de la stratégie "Transports 2050 vers un espace européen unique des transports" », la Commission européenne fixait en 2011 les grands objectifs de l'UE dans le domaine des transports à l'horizon 2050, et propose 40 initiatives à mettre en œuvre d'ici 2020, comme le transport interurbain privilégiant le train (passagers comme marchandises) et le bateau pour le seul fret ou encore l'objectif « zéro décès » dans les transports routiers.

La stratégie de la Commission européenne en matière de transports s'articule autour de deux priorités.

La stratégie européenne en matière de transport

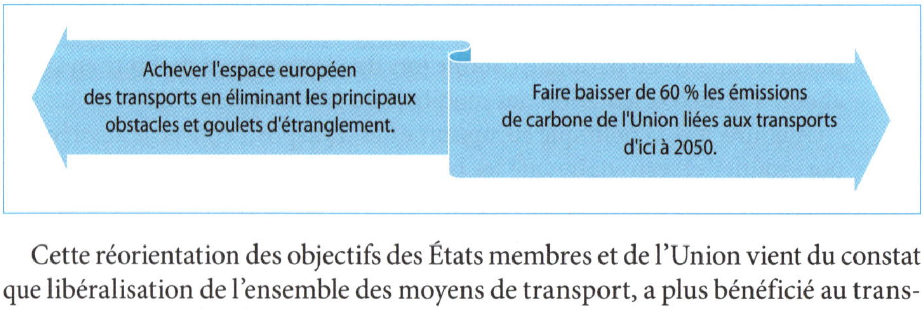

Cette réorientation des objectifs des États membres et de l'Union vient du constat que libéralisation de l'ensemble des moyens de transport, a plus bénéficié au transport routier, qui s'est largement développé depuis le lancement de cette politique, creusant le fossé avec les autres modes de transport, notamment du ferroviaire. Le secteur du transport aérien fut l'autre bénéficiaire, accentuant les problèmes de pollution et de congestion. Un revers de la médaille qu'il a fallu prendre en charge à partir des années 2000, dans l'accompagnement de son développement (gestion du bruit et de la pollution) que la limitation de celui-ci (débats autour des extensions ou des créations d'aéroports, renoncement aux lignes intérieures).

En décembre 2020, la Commission européenne présente une « Stratégie pour une mobilité durable et intelligente ». Son objectif ? Aboutir à une transformation numérique et écologique réussie des systèmes de transports européens, qui devront être plus résilients face aux crises à venir.

Le besoin de systèmes de transport compétitifs est impérieux pour pouvoir affronter la concurrence au niveau mondial, soutenir sa croissance économique, créer des emplois et assurer la qualité de vie au quotidien de la population. Souvent toute réforme du modèle de transport (moins vite, moins loin) a pu être interprétée comme un frein à la mobilité. Mais les crises régulières, depuis les chocs pétroliers jusqu'à la pandémie de Covid-19, ont montré que la réduction de la dépendance de notre système de transport à l'égard d'un mode de transport utilisant une ressource principale pouvait se faire sans sacrifier son efficacité ni compromettre la mobilité.

Question à réponse courte

La puissance publique doit-elle faire de la décarbonation du transport une priorité ?

La question porte sur les nouvelles orientations des choix politiques en matière de transport et de mobilité. Les crises ont révélé, sans toujours la remettre en cause, la prééminence de l'énergie tirée du pétrole dans notre offre de transport, que ce soit dans les trajets de courte ou de longue distance (autoroute ou ligne aérienne). Cependant, le poids des questions environnementales dans les débats de société, ainsi que la pandémie de Covid-19 – en stoppant les échanges internes et externes aux pays – ont montré l'importance d'une réelle décarbonation du transport, par l'interdiction future des véhicules diesel ou des trajets court-courriers en avion.

1. Contexte

Les politiques publiques de protection de l'environnement visent à **préserver les milieux** (espaces, ressources naturelles) **et les espèces vivantes** (biodiversité, que ce soit les plantes ou les animaux) formant les **écosystèmes**, menacés par les effets du réchauffement climatique essentiellement imputable aux activités humaines. Certains invoquent le manque d'adaptation pour expliquer la disparition de sociétés (voir *Effondrement* de Jared Diamond, concernant l'île de Pâques ou encore les Vikings du Groenland), même si les thèses sur la **collapsologie** (en anglais, *to collapse* signifie « s'effondrer ») sont controversées, compte tenu des incertitudes scientifiques sur l'ampleur des évolutions.

Les experts internationaux évaluent l'ampleur du **réchauffement climatique entre 2 °C à 7 °C d'ici à 2100** selon les mesures qui auront été prises, avec des effets multiples : diminution des cultures, perte de biodiversité, augmentation des risques de catastrophes naturelles et submersion des terres. En France, **un sixième des espèces animales et végétales** (soit 2 400) **est menacé d'extinction**. À plus grande échelle, certains scientifiques estiment qu'une sixième extinction de masse est en cours. C'est par exemple le cas des espèces suivantes :

- Le guépard : on comptait 100 000 guépards au début du XXe siècle, alors qu'ils sont moins de 7 000 aujourd'hui. Ils ont essentiellement disparu en raison de la perte de leur habitat.
- La girafe : en 30 ans, sa population a chuté de 40 %, essentiellement à cause de la perte de son habitat et du braconnage.
- Le lion : il a disparu de 90 % des territoires où il était présent.
- L'orang-outan : on ne pourrait compter plus que 47 000 orangs-outans en 2025, en raison de la déforestation et du braconnage.

Certaines catastrophes ont permis d'accélérer la **prise de conscience** écologique. Ce fut le cas du naufrage du pétrolier *Amoco Cadiz* en 1978, ou encore des accidents nucléaires de Tchernobyl en 1986 et de Fukushima en 2011. Des acteurs politiques et associatifs se sont ainsi organisés. En 1974, l'agronome René Dumont a été le premier candidat écologiste à une élection présidentielle en France. En 2019, la lycéenne suédoise Greta Thunberg a quant à elle été consacrée personnalité de l'année par le magazine *Time*, après avoir été à l'origine des grèves étudiantes pour le climat.

2. Objectifs

La lutte contre le réchauffement climatique implique une action sur ses causes, et notamment une **diminution des émissions de gaz à effet de serre** (GES), qui bloquent et réfléchissent une partie du rayonnement thermique. Signé en 1997, le protocole de Kyoto, accord international conclu dans le cadre des Nations Unies, vise à réduire les émissions de GES. À cette fin, les productions d'énergies fossiles

– hydrocarbures et charbon – doivent diminuer au profit des énergies renouvelables – solaire, éolienne, hydraulique, géothermique et issues de la biomasse. Des économies d'énergie sont encouragées dans les transports et pour le logement. Les circuits courts entre producteur et consommateur favorisent aussi un moindre impact des transports.

Les politiques de l'environnement préviennent aussi la **pollution de l'air, de l'eau et des sols** par les particules fines, les produits chimiques (comme les pesticides, tout particulièrement dans l'agriculture), les plastiques et les autres formes de déchet (produits électroniques, nucléaires, etc.). La **gestion des déchets** porte sur une diminution des volumes de déchets, leur tri et leur recyclage.

La conciliation entre les objectifs environnementaux et la croissance économique se manifeste par le concept de **développement durable**, défini comme suit dans le rapport Brundtland de l'ONU en 1987 : le développement durable « *répond aux besoins du présent sans compromettre la capacité des générations futures de répondre aux leurs* ».

Les politiques de préservation de l'environnement visent ainsi à **modifier les comportements des acteurs économiques** (producteurs et consommateurs), par une action incitative ou contraignante. Elles intègrent dans les prix des biens et des services le coût des dommages causés à l'environnement (appelés externalités négatives) ou permettent de déduire des charges fiscales les effets positifs sur l'environnement (externalités positives).

3. Outils

Les politiques peuvent être menées au plan national, local (par exemple, les collectivités territoriales favorisant les transports moins polluants) ou international.

La France s'est affirmée comme un acteur important des sommets internationaux, auxquels elle a participé activement. Depuis 1972, l'ONU organise ainsi tous les dix ans des sommets mondiaux : les **sommets de la Terre**. Le premier d'entre eux a conduit à créer le Programme des Nations Unies pour l'environnement (PNUE), organisation de l'ONU coordonnant les actions menées en la matière et apportant une assistance aux pays en développement.

Lors du troisième sommet, à Rio de Janeiro en 1992, a été adoptée la **Convention-cadre des Nations unies sur les changements climatiques** (CCNUCC). Les États parties à cette convention tiennent des Conférences des parties (en anglais, *COP*) : la 21e COP (ou **COP21**), organisée à Paris en décembre 2015, visait à limiter le réchauffement climatique à moins de 2 °C d'ici à 2100. Premier accord universel sur le climat, l'accord de Paris de la COP21 est entré en vigueur dès novembre 2016, après avoir été ratifié par 55 États représentant 55 % des émissions de GES et s'engageant à réduire leurs émissions. L'UE s'est ainsi engagée à les réduire de 40 % d'ici à 2030 par rapport à 1990. Pour la France, la **loi énergie-climat de 2019** prévoit d'atteindre la neutralité carbone à l'horizon 2050 et de diminuer de 40 %, par rapport à 2012, la consommation d'énergie fossile d'ici à 2030. La neutralité carbone se définit comme un équilibre entre les émissions de carbone et son absorption de l'atmosphère par les puits de carbone. La stratégie nationale bas-carbone a été définie dès 2018, en vue d'atteindre la neutralité carbone.

Pour sa part, la politique environnementale européenne repose sur :

– le **principe de précaution,** inspiré par le philosophe Hans Jonas et défini lors du sommet de Rio en 1992 : il faut anticiper les risques pour l'environnement, malgré l'absence de certitudes, au regard de l'état des connaissances scientifiques à un moment donné ;

– le **principe de prévention**, visant à empêcher la survenance d'une situation dommageable ;

– le **principe du « pollueur-payeur »**.

Ces trois principes figurent dans la **Charte de l'environnement**, qui a valeur constitutionnelle en France depuis 2005.

Le **ministère français de l'Environnement** a quant à lui été créé en 1971 ; le premier titulaire a été Robert Poujade. Il est devenu le **ministère de la transition écologique**, pour tendre à un nouveau modèle économique et social fondé sur le développement durable.

Suite au mouvement des « gilets jaunes » en 2019, le gouvernement a associé 150 citoyens, tirés au sort au sein de la **Convention citoyenne pour le climat**, pour définir des mesures visant à atteindre les objectifs de la COP21 tout en assurant la justice sociale. Le gouvernement retient l'interdiction des systèmes de chauffage extérieur, la prise en compte de la performance énergétique comme critère de décence d'un logement et l'interdiction, à partir de 2022, des chaudières au fioul et au charbon. Il rejette cependant la limitation de vitesse à 110 km/h sur les autoroutes et une taxation des entreprises pour financer la transition énergétique.

Les questions fiscales sont ainsi source de débats. La **fiscalité écologique** était estimée à 52 milliards d'euros en 2017 en France, soit seulement 2,3 % du produit intérieur brut (en deçà de la moyenne européenne : 2,5 %). Elle porte principalement sur la consommation d'énergie, en particulier les énergies fossiles, selon le principe d'une **taxe carbone** pour limiter les émissions de GES, et est d'abord à la charge des ménages. La taxe carbone a été mise en place en 2014 ; son augmentation en 2018 sous l'effet de la hausse du prix des carburants a été un des motifs de la révolte des « gilets jaunes » et a été abandonnée.

4. Résultats et débats

Les mesures environnementales pèsent d'une part sur les ressources plus limitées des pays en développement et, d'autre part, sur les ménages les moins aisés, ce que doivent prendre en compte les politiques environnementales.

Si le développement durable est plutôt consensuel, **les mesures normatives adoptées ne suffisent pas pour atteindre les objectifs fixés**, que ce soit contre le réchauffement climatique ou pour l'essor des énergies renouvelables. La décision politique prend aussi en compte d'autres impératifs (comme l'impact sur le coût de production, les prix et l'emploi), ce qui freine les évolutions réglementaires : ainsi, seuls certains plastiques à usage unique sont interdits en France. En février 2021, « **l'affaire du siècle** » s'est conclue par une condamnation de l'État par le tribunal administratif pour carence des pouvoirs publics dans la lutte contre le changement climatique.

D'aucuns prônent alors un **éco-socialisme** pour remplacer l'économie de marché. Les partisans de la **décroissance** considèrent que la croissance économique a plus d'effets néfastes que positifs, mais les ménages restent réticents à changer leurs habitudes de consommation : l'état d'urgence sanitaire face à la pandémie de Covid-19 a ainsi ravivé les craintes de mesures technocratiques, qui seraient imposées autoritairement sans véritable concertation.

Les débats sur les sources d'énergie pour favoriser la transition énergétique font ressortir la part encore mineure des énergies renouvelables en France dans la production d'énergie (marquée par une part importante du nucléaire, soit 40 %) et la consommation d'énergie.

Consommation d'énergie primaire par type d'énergie en 2017

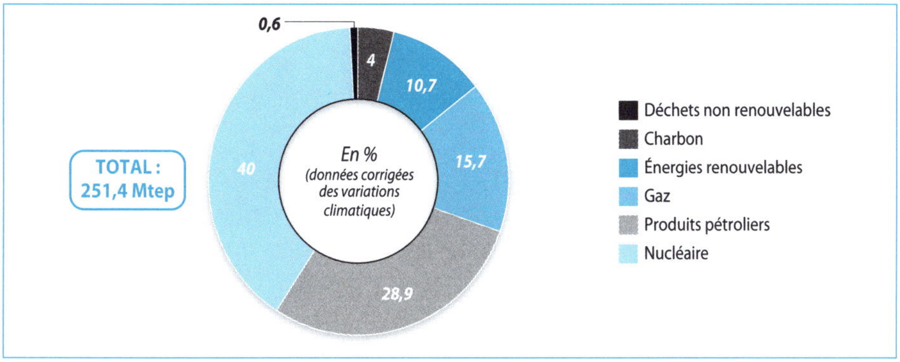

Source : SDES, d'après les *sources* par énergie.

Les opposants au nucléaire observent que l'objectif de réduire la part d'électricité issue du **nucléaire** d'ici à 2025 a été abandonné, alors que les deux tiers des réacteurs nucléaires auront atteint leur durée de vie initialement prévue (40 ans) d'ici à 2027.

Question à réponse courte

L'écologie est-elle une priorité de la cité ?

La cité doit être entendue au sens de la cité grecque antique, c'est-à-dire de l'État démocratique où les citoyens interviennent dans les choix politiques. Mais l'écologie est-elle réellement une priorité des politiques publiques ? Après une prise de conscience écologique, dans un contexte de meilleure connaissance scientifique des évolutions en cours, la notion de développement durable est désormais prise en compte, en rupture avec les logiques productivistes issues de la révolution industrielle. Les mesures prises sont toutefois conciliées avec d'autres objectifs, notamment l'augmentation de la croissance économique, ou encore le soutien de l'emploi et du pouvoir d'achat. « L'affaire du siècle » en est une illustration : les objectifs de lutte contre le réchauffement climatique ne sont en effet pas atteints, malgré l'urgence à freiner l'impact de changements d'ores et déjà irréversibles.

Culture

FICHE 49 : La politique culturelle

1. Contexte

La politique culturelle semble **de moins en moins une priorité** pour les gouvernements, face à la crise économique (dette importante) et sanitaire (fermeture des lieux culturels). La politique culturelle doit en outre prendre en compte la **mondialisation**, qui tend à une certaine uniformisation, ainsi que la **révolution numérique**, qui bouleverse les modes de consommation de la culture.

2. Objectifs

L'**article 1er du décret du 24 juillet 1959**, écrit par Malraux, créant le ministère de la Culture affirmait déjà que l'objectif premier était de « *rendre accessible les œuvres capitales de l'humanité, et d'abord de la France, au plus grand nombre possible de Français ; d'assurer la plus vaste audience à notre patrimoine culturel, et de favoriser la création des œuvres de l'art et de l'esprit qui l'enrichissent* ». Pour cela, plusieurs mesures ont été prises au fil du temps : prix unique du livre, aides au cinéma, reconnaissance de l'exception culturelle, etc.

Lors de son **discours du 24 juillet 2019, pour célébrer les 60 ans de la création du ministère de la Culture, Franck Riester**, alors à la tête de ce portefeuille, avait dégagé six grands objectifs pour la politique culturelle :

- **Émanciper le citoyen par l'art et la culture.** Il s'agit de considérer que les arts et la culture sont nécessaires pour construire des valeurs communes et renforcer la cohésion nationale.
- **Soutenir la filière création et favoriser l'économie du travail artistique.**
- **Faire de la culture un levier de cohésion et d'attractivité des territoires.** Les 30 000 lieux de culture présents en France doivent être mis en valeur et intégrés dans la logique d'aménagement du territoire. La culture doit être considérée comme un levier de développement territorial (2,3 % du PIB, 635 000 emplois) et participe par ailleurs à l'attractivité touristique de la France.
- **Protéger et mettre en valeur le patrimoine.**
- **Garantir l'accès à des médias diversifiés et pluralistes partout en France.**
- **Réaffirmer la souveraineté culturelle de la France et son rayonnement.** La France dispose de la première industrie cinématographique européenne et du premier réseau de salles du continent.

3. Outils

A. La création culturelle et les droits culturels

La **loi du 7 juillet 2016 relative à la liberté de création, à l'architecture et au patrimoine (LCAP)** a ainsi confirmé la liberté de la création artistique (article 1er) et la nécessité d'une politique de service public définie et mise en œuvre par l'État, les collectivités territoriales et les établissements publics, construite en concertation avec les acteurs de la création artistique (article 3).

La **loi du 7 août 2015 portant Nouvelle Organisation territoriale de la République (loi NOTRe)** et la **loi du 7 juillet 2016** ont fait entrer dans le droit positif français la notion de **droits culturels**, en référence à la Convention sur la protection et la promotion de la diversité des expressions culturelles du 20 octobre 2005, issue des travaux de l'Unesco. S'opposant à l'idée d'une culture au service unique de clientèles artistiques, affaire de professionnels, elles promeuvent au contraire une logique transversale, attachée aux personnes et non aux œuvres.

Le **rapport de Bruno Racine**, *L'auteur et l'acte de création*, **remis le 22 janvier 2020**, réfléchit à l'état des mutations que les activités de création ont pu connaître ces 30 dernières années. Il insiste sur la fragilisation du statut d'artiste-auteur et encourage l'État à donner un véritable statut à ces derniers et à renforcer les politiques de soutien à leur encontre.

B. La politique culturelle extérieure

CulturesFrance est un opérateur créé en 2006, chargé de promouvoir la culture française dans le monde, et placé sous la tutelle du ministère des Affaires étrangères et du ministère de la Culture. Il est remplacé en 2011 par l'**Institut français** (par **décret du 30 décembre 2010** faisant suite à la loi relative à l'action extérieure de l'État adoptée le 12 juillet 2010), qui travaille en lien avec le réseau des Alliances françaises, les établissements AEFE et l'espace francophone. L'**inauguration du Louvre Abu Dhabi**, le 8 novembre 2017, a constitué un temps fort de cette politique.

C. La protection et la conservation du patrimoine

Les pouvoirs publics doivent entretenir et gérer l'important patrimoine culturel de la France : 43 180 monuments historiques, dont 14 367 classés et 28 813 inscrits. La mise en place du **loto du patrimoine**, à partir de septembre 2018, a permis de restaurer certains des 1 000 sites en péril.

D. Démocratiser réellement l'accès à la culture

Né en 2019, le **Pass Culture** est une application mobile qui permet à 150 000 jeunes de 18 ans, dans 14 départements, de bénéficier de 500 euros pour accéder à des propositions culturelles variées près de chez eux. Ce dispositif est généralisé à l'ensemble du territoire français depuis mai 2021, et élargi aux jeunes à partir de 13 ans. Les collégiens recevront ainsi 25 euros par an, les lycéens 50 euros par an, et 300 euros à leurs 18 ans, ce qui fait bien 500 euros.

Les pouvoirs publics tentent de favoriser l'**éducation artistique à l'école**. Lors de sa nomination au ministère de la Culture, en mai 2017, Françoise Nyssen avait réaffirmé l'objectif que 100 % des enfants aient accès aux trois dimensions que sont la pratique artistique, la fréquentation des œuvres et la rencontre avec les artistes, et puissent faire l'acquisition de connaissances dans le domaine des arts et de la culture. Le président de la République Emmanuel Macron a fait de l'**ouverture des**

bibliothèques le dimanche et en soirée l'une de ses priorités en matière culturelle. Depuis, le nombre de bibliothèques ouvertes le dimanche a augmenté de façon non négligeable, malgré la réticence de certains personnels.

Depuis 2017, des **Microfolies**, équipements culturels et numériques, ont été conçues dans le but de permettre un accès à la culture pour tous. La première a été créée à Sevran (93). Elles permettent une approche virtuelle de célèbres musées, mais sont aussi dédiées à la créativité.

E. La réforme de l'audiovisuel public

Le projet de loi relatif à la communication audiovisuelle et à la souveraineté culturelle à l'ère numérique, présenté au Conseil des ministres le 5 décembre 2019, vise à actualiser la loi du 30 septembre 1986 sur la liberté de communication, pour tenir compte des bouleversements induits par la révolution numérique. En effet, face à la baisse des recettes publicitaires et à une certaine désaffection du public pour le média télévision, le modèle de financement de la création culturelle français, qui dépend assez largement des grandes chaînes de télévision, principaux contributeurs au fonds d'aide à la création à travers le Centre national du cinéma et de l'image animée (CNC), est en péril.

Ce projet de loi reprend les propositions du **rapport de la mission d'information sur une nouvelle régulation de la communication audiovisuelle à l'ère numérique**, présenté par Aurore Bergé en octobre 2018.

Principaux éléments du rapport de la mission d'information sur une nouvelle régulation de la communication audiovisuelle à l'ère numérique

Objectifs de la mission d'information

- **Soutenir la création audiovisuelle :** diminuer les asymétries de réglementation entre les diffuseurs français et les services de vidéo à la demande ; faire contribuer ces derniers au financement de la création.
- **Encourager les annonceurs publicitaires à rester sur le secteur :** augmentation des coupures publicitaires autorisées, possibilité de géolocalisation de l'audience, etc.
- **Supprimer les restrictions à la diffusion de films** certains jours ou certaines heures de la semaine.
- **Défendre les droits d'auteur et les droits voisins** (droit des artistes-interprètes, des producteurs de musique, de vidéo, des secteurs de la communication audiovisuelle, de la presse, etc.) : obliger les fournisseurs de service de partage de contenus en ligne à s'assurer de l'accord des auteurs pour la diffusion et l'exploitation de leurs œuvres.
- **Réorganiser le service public audiovisuel :** la holding France Médias doit regrouper France Télévisions, Radio France, France Médias Monde et l'INA.

F. Les conseils des territoires pour la culture et la crise liée à la Covid-19

Le **Conseil des territoires pour la culture (CTC)**, créé en octobre 2019, vise à réunir, plusieurs fois par an, les principales associations et fédérations représentant les collectivités territoriales et vise à créer des partenariats culturels entre les territoires, notamment ruraux et urbains. L'impact de la crise de la Covid-19 a entraîné la mise en place de CTC locaux qui répond à une demande de différenciation des territoires.

Par l'**arrêté du 22 juillet 2020** et le **décret du 29 juillet 2020** portant mesures d'urgence en matière de revenus de remplacement des artistes et techniciens intermittents du spectacle, les droits des intermittents du spectacle, très affectés par l'arrêt de la plupart des activités culturelles pendant la crise sanitaire, ont été prolongés jusqu'au 31 août 2021.

4. Résultats et débats

Les **coûts de la politique culturelle** sont régulièrement pointés du doigt, celle-ci étant considérée par certains acteurs comme moins importante. De plus, on assiste à une forte rigidification du **budget du ministère de la Culture**. La multiplication des équipements et l'ampleur du patrimoine font que la quasi-totalité de ses ressources est fléchée, ce qui empêche toute nouvelle politique d'ampleur.

Plusieurs rapports témoignent du fait que les **déséquilibres culturels entre les régions** restent importants, notamment entre Paris et les régions. Quant à la situation actuelle, liée à la crise de la Covid-19, elle favorise de nombreux débats : à quel rythme faut-il rouvrir les établissements culturels et selon quelles modalités ? Comment aider au mieux des entreprises culturelles qui ont beaucoup souffert depuis plus d'un an ?

Question à réponse courte

Le ministère de la Culture est-il toujours le principal acteur de la politique culturelle en France ?

Le ministère de la Culture est le socle de la politique culturelle. Cela dit, sa marge de manœuvre semble de plus en plus restreinte, malgré quelques augmentations récentes de ses moyens : pour l'année 2021, la rue de Valois bénéficie ainsi de 3,82 milliards d'euros, chiffre en hausse de 4 % par rapport à 2019. Mais d'autres instances interviennent également en matière de culture. Les grands établissements publics culturels comme le musée du Louvre disposent de plus en plus d'autonomie. Les directions régionales des affaires culturelles (DRAC) sont aussi renforcées, dans le cadre de la réforme de l'« État territorial ». La mise en place en 2009 d'un Conseil de la création artistique a également été perçue comme un affaiblissement de la marge de manœuvre stratégique du ministère de la Culture.

1. Contexte

Selon l'Académie française, le terme média désigne « *tout moyen de communication servant à transmettre et à diffuser des informations, des œuvres* ». Au pluriel, **les médias** (francisation de l'expression anglaise *mass media*) correspondent à la **transmission** et à la **diffusion** à une large échelle de l'**information**, de la **publicité** et de la **culture**. La présente fiche met l'accent sur la communication.

Par leur influence, les médias ont été qualifiés de **quatrième pouvoir** (à côté des trois pouvoirs traditionnels, que sont le législatif, l'exécutif et le judiciaire), notamment par Balzac à propos de la presse en 1840. En outre, une immixtion excessive de l'État dans le quatrième pouvoir est une caractéristique des régimes autoritaires.

L'affiche, la presse, le cinéma, la radiodiffusion, la télévision et Internet constituent les principaux médias. Avant la radio puis la télévision, la **presse** a occupé une position centrale dans le domaine de l'information **jusqu'au milieu du XXe siècle**, après être devenue un support privilégié de la liberté d'expression sous la Révolution française.

À l'heure actuelle, **Internet** acte plusieurs évolutions majeures : à une information jusqu'alors essentiellement émise et reçue se substitue une interactivité accrue entre l'émetteur et le destinataire ; par ailleurs, la numérisation des données entraîne une baisse des coûts de conception et de diffusion. Les nouvelles possibilités d'échanges à l'ère de la mondialisation et du numérique ont conduit le Canadien Herbert Marshall McLuhan, théoricien de la communication, à forger l'expression de « *village planétaire* » (ou « *village global* ») en 1967.

Les principales sources d'information des Français

Réponse à la question : « en général, par quel moyen êtes-vous d'abord informé de l'actualité nationale ou internationale ? »

La télévision	46 %
Internet	34 %
La radio	14 %
La presse écrite (sur version papier)	5 %
Pas de réponse	1 %

Source : 34e baromètre Kantar/« La Croix » sur la confiance dans les médias, janvier 2021.

2. Objectifs

Les politiques publiques autour des médias prennent en compte les objectifs (fondés sur la protection des libertés), les contenus et les acteurs des médias. Comme pour la culture, la question se pose d'une spécificité ou non du marché de l'information. Le refus d'un regroupement excessif des médias entre quelques grands groupes

(Lagardère, Socpresse appartenant à Dassault, groupe Amaury, etc.) a entraîné en réaction l'adoption des **mesures anti-concentration**, qui sont cependant des limitations à la liberté d'entreprendre.

Parmi les **objectifs** d'une politique publique des médias figure la garantie de la **liberté d'opinion**, définie à l'article 10 de la Déclaration des droits de l'homme et du citoyen du 26 août 1789 (DDHC) : « *Nul ne doit être inquiété pour ses opinions, même religieuses, pourvu que leur manifestation ne trouble pas l'ordre public établi par la Loi* ». Sur cette base, la **liberté d'expression** définie à l'article 11 de la DDHC fait expressément référence à la **liberté de la presse** : « *La libre communication des pensées et des opinions est un des droits les plus précieux de l'Homme : tout Citoyen peut donc parler, écrire, imprimer librement, sauf à répondre de l'abus de cette liberté dans les cas déterminés par la Loi.* »

En application de l'article 11 de la DDHC, la liberté des médias est une des conditions du **pluralisme** des opinions dans une société démocratique, garantie (politiquement) par le refus de la censure et (techniquement) par la libre circulation de l'information. L'accessibilité aux médias pose aujourd'hui la question de l'accès à Internet ; les investissements dans les réseaux réduisent la **fracture numérique**.

Les politiques publiques portent enfin sur la place et le rôle des différents **acteurs** quant à la réglementation de leurs activités. Le métier de journaliste a été encadré de longue date.

Les nouveaux médias *via* Internet ont créé de nouveaux métiers, faisant émerger la figure de l'**influenceur**. La frontière entre professionnels et non-professionnels de l'information s'est estompée.

La gouvernance d'Internet témoigne du recul relatif du rôle des États, puisque les normes proviennent également du secteur privé et de la société civile. Deux questions centrales sont la neutralité d'Internet et le contrôle des contenus indépendamment de la localisation de l'hébergeur.

3. Outils

Si la communication ne fait plus l'objet d'un ministère dédié depuis la fin du monopole exercé par l'État sur la radio et la télévision, la politique des médias incombe toujours à une direction d'administration centrale, coordonnant les politiques publiques pour tous les médias : la **Direction générale des médias et des industries culturelles** (DGMIC).

Outre l'exercice de ses fonctions législatives et réglementaires, l'État est un acteur des médias en France par l'existence d'un **pôle audiovisuel public (France Télévisions, Arte France, Radio France, Institut national de l'audiovisuel)**, principalement financé par la **redevance audiovisuelle** due par les détenteurs d'un appareil récepteur de télévision (138 euros par ménage et par an en France métropolitaine en 2021). Par ailleurs, LCP-La Chaîne Parlementaire et Public Sénat relèvent de l'audiovisuel public, étant rattachés à l'Assemblée nationale et au Sénat.

En outre, trois médias publics ont une diffusion orientée vers l'international, qui participe du **rayonnement de la France à l'étranger** : France 24, chaîne d'information internationale en continu qui diffuse depuis décembre 2006, Radio France Internationale (RFI) et Monte Carlo Doualiya.

Le panorama des médias publics nationaux français est complété par des sites Internet et des comptes officiels sur les réseaux sociaux, dont dispose désormais toute institution nationale (présidence de la République, Assemblée nationale, etc.) ou locale (ville de Paris, etc.).

Dans le cadre du soutien au pluralisme, l'État verse des **aides directes et indirectes à la presse**, sous la forme de subventions, de tarifs postaux réglementés et d'un taux réduit de TVA. Les aides directes à la presse s'élèvent à 300 millions d'euros par an, et les aides indirectes à 1 milliard d'euros.

Les abonnements de l'État à l'Agence France Presse (AFP) soutiennent la principale agence de presse française, témoignant d'un appui public à un acteur clé pour les sources des médias.

Le **contrôle des contenus** est opéré par le **juge** au regard de la loi de 1881 sur la liberté de la presse, qui réprime les crimes et délits commis par voie de presse, comme la provocation aux crimes et délits, l'injure ou la diffamation. Ces infractions obéissent à un régime spécifique (notamment, la prescription dans un délai de 3 mois) et sont appréciées par le juge au cas par cas, dans un équilibre avec la liberté d'expression. Autorité administrative indépendante, le **Conseil supérieur de l'audiovisuel (CSA)** est quant à lui compétent pour les médias opérant par voie d'image : il réglemente la diffusion d'images violentes et pornographiques et peut prononcer des sanctions en cas de manquement. Enfin, une première loi a été adoptée en France en 2018 contre les effets de la désinformation sur les élections, en permettant d'agir en urgence (sous 48 heures) pour obtenir une dépublication avant le scrutin.

À l'échelle européenne, le **règlement général sur la protection des données** (RGPD), applicable depuis mai 2018 dans les 27 pays membres de l'Union européenne, protège les données à caractère personnel sur Internet, permettant des actions correctives devant être engagées sous peine de sanctions. Le RGPD n'a pas d'équivalent aux États-Unis et a été par ailleurs critiqué comme créant un désavantage compétitif pour les entreprises européennes.

4. Résultats et débats

Les **réseaux sociaux**, où peut intervenir anonymement tout citoyen, ont renouvelé les débats sur la régulation des médias – tant à l'échelle nationale qu'internationale, le réseau Internet étant transnational et décentralisé. Un équilibre est à trouver entre le respect des libertés et la répression des crimes et délits.

Sur le **plan législatif**, plusieurs thèmes sont débattus : la désinformation, l'interdiction de la provocation, dans le but manifeste qu'il soit porté atteinte à l'intégrité physique ou psychique, à l'identification d'un membre des forces de l'ordre en opération (résultant de la loi « sécurité globale »), le cyberharcèlement, la cyberdépendance, la lutte contre la propagande djihadiste sur Internet (par la création du délit de consultation régulière de sites terroristes), etc.

Les **fausses informations** (*fake news*) ont été dénoncées en particulier lors du Brexit et de la présidentielle américaine de 2016, par l'utilisation massive de données sur Facebook (scandale Cambridge Analytica, 2018). Elles traduisent une défiance à l'égard des médias traditionnels et des experts, tout en montrant la capacité de dirigeants – comme Donald Trump – à communiquer par les réseaux sociaux. Des médias ont réagi en créant des rubriques consacrées à la vérification de l'information. La France sanctionne désormais la désinformation dans le cadre d'une campagne électorale.

Question à réponse courte

Faut-il avoir peur des GAFAM ?

L'ère numérique a entraîné la formation de groupes américains en position dominante, par une concentration verticale : l'acronyme GAFAM désigne ainsi Google, Apple, Facebook, Amazon et Microsoft. Les GAFAM représentaient, en 2019, 45 % de la capitalisation du NASDAQ. Leur poids économique en a fait des groupes d'influence sur les décideurs politiques, collectant et contrôlant de nombreuses informations personnelles, et disposant d'un pouvoir de surveillance de nature à menacer la démocratie, selon le linguiste et philosophe américain Noam Chomsky. Des ONG exigent l'interdiction de vente de données personnelles. Le règlement RGPD constitue une réponse à l'échelle communautaire.

Les GAFAM répondent par la mise en place de procédures visant à garantir la neutralité d'Internet, mais ils restent des acteurs privés, créant de fait une souveraineté fonctionnelle remplaçant la souveraineté territoriale des États selon le professeur de droit Frank Pasquale. Compte tenu des liens des GAFAM avec le renseignement américain, la souveraineté numérique implique le développement d'entreprises nationales dans le champ d'activité des GAFAM.

Test bilan

Ce test final va vous permettre d'évaluer votre progression par rapport à votre niveau de connaissance de départ en matière de politiques publiques. Il consiste une nouvelle fois en un QCM de 20 questions avec, pour chacune d'elles, quatre propositions de réponse, dont aucune, une ou plusieurs sont correctes. Ces questions portent également sur les trois parties de cet ouvrage et les réponses sont toutes dans les fiches que vous avez lues et mémorisées. Il s'agit toujours de connaissances incontournables que vous devez posséder pour vous présenter aux concours de la fonction publique.

QCM

❶ Quel organisme épaule le gouvernement en matière de réforme des retraites ?

☐ **a.** Le Conseil d'orientation des retraites.

☐ **b.** Le Haut Conseil des retraites.

☐ **c.** La Direction générale des retraites.

☐ **d.** La Mission d'orientation des retraites.

(Voir Fiche 36, *La réforme des retraites*)

❷ Qu'affirme notamment la réforme territoriale de l'État du 12 juin 2019 ?

☐ **a.** Une décentralisation plus poussée.

☐ **b.** La création de 13 régions en France métropolitaine.

☐ **c.** Une déconcentration plus poussée.

☐ **d.** La création des métropoles.

(Voir Fiche 3, *La réforme de l'État*)

❸ Qu'a annoncé le président de la République le 13 juillet 2019 en matière de politique de défense ?

☐ **a.** La création d'un commandement militaire dédié à l'espace.

☐ **b.** La création d'un corps de cybersoldats.

☐ **c.** La fabrication d'un nouveau porte-avions.

☐ **d.** Le lancement d'un projet d'armée européenne.

(Voir Fiche 17, *La politique de défense*)

❹ Qu'est-ce que le DMP en matière de politique de santé ?

☐ **a.** Le dossier médical partagé.

☐ **b.** Le dossier médical personnalisé.

☐ **c.** Le dossier médical pilote.

☐ **d.** Le dossier médical protégé.

(Voir Fiche 38, *La politique de santé*)

5 La France dispose en 2021 d'environ :

☐ **a.** 109 000 policiers.
☐ **b.** 129 000 policiers.
☐ **c.** 149 000 policiers.
☐ **d.** 169 000 policiers.
(Voir Fiche 18, *La politique de sécurité intérieure*)

6 Quelle(s) aide(s) aux familles est (sont) conditionnée(s) aux ressources du ménage ?

☐ **a.** Les allocations familiales.
☐ **b.** L'allocation journalière de présence parentale.
☐ **c.** La prestation d'accueil du jeune enfant.
☐ **d.** L'allocation de logement familial.
(Voir Fiche 39, *La politique familiale*)

7 Quelles peines de prison sont désormais interdites, en vertu de la volonté de la puissance publique d'instaurer une nouvelle échelle des peines ?

☐ **a.** Les peines de moins de 15 jours de prison.
☐ **b.** Les peines de moins d'un mois de prison.
☐ **c.** Les peines de moins de 2 mois de prison.
☐ **d.** Les peines de moins de 3 mois de prison.
(Voir Fiche 19, *La politique pénale*)

8 Combien de personnes sont employées actuellement dans l'administration pénitentiaire ?

☐ **a.** 81 500. ☐ **b.** 86 500. ☐ **c.** 91 500. ☐ **d.** 96 500.
(Voir Fiche 19, *La politique pénale*)

9 Quelle(s) proposition(s) est (sont) vraie(s) à propos de l'effet d'éviction en économie ?

☐ **a.** Il s'agit d'un déplacement trop important des ressources d'épargne disponibles vers l'État, au détriment des autres agents économiques.
☐ **b.** Il peut être causé lorsque l'État emprunte auprès de sa population.
☐ **c.** Il favorise l'inflation.
☐ **d.** Il s'agit d'une solution au déficit budgétaire.
(Voir Fiche 7, *La politique budgétaire*)

10 Lesquelles des propositions suivantes sont des audits d'analyse et des performances des services publics ?

☐ **a.** RGPP. ☐ **b.** MAP. ☐ **c.** CAP22. ☐ **d.** CNIL.
(Voir Fiche 3, *La réforme de l'État*)

11 À propos du Conseil de l'Arctique, la France :

☐ **a.** en est membre à part entière.
☐ **b.** en a le statut d'observateur.
☐ **c.** n'en est pas membre.
☐ **d.** en a été exclue parce qu'elle ne siégeait pas.
(Voir Fiche 41, *Les pôles*)

⓬ Combien de personnes travaillent dans la fonction publique en France en 2021 ?

☐ **a.** 4,6 millions.
☐ **b.** 5,6 millions.
☐ **c.** 6,6 millions.
☐ **d.** 7,6 millions.
(Voir Fiche 9, *L'État employeur*)

⓭ Quel document a valeur constitutionnelle en France depuis 2005 ?

☐ **a.** La Charte de l'environnement.
☐ **b.** La Convention européenne des droits de l'homme.
☐ **c.** La Convention internationale des droits de l'enfant.
☐ **d.** La Déclaration des droits de l'homme et du citoyen.
(Voir Fiche 48, *La protection de l'environnement*)

⓮ Que précise le décret du 19 avril 2019 en matière de politique de l'enseignement supérieur ?

☐ **a.** La création des grades LMD (licence, master, doctorat).
☐ **b.** L'augmentation des frais d'inscription pour les étudiants étrangers.
☐ **c.** Une plus grande autonomie pour la Conférence des présidents d'université (CPU).
☐ **d.** Une plus grande autonomie pour les universités.
(Voir Fiche 28, *La politique de l'enseignement supérieur*)

⓯ Comment désigne-t-on les territoires d'outre-mer des pays membres de l'UE ?

☐ **a.** Les RUP.
☐ **b.** Les PTOM.
☐ **c.** Les COM.
☐ **d.** Les TAAF.
(Voir Fiche 42, *L'outre-mer*)

⓰ Quel est l'objectif de la France quant au budget de recherche et développement en termes de PIB ?

☐ **a.** 2 %. ☐ **b.** 3 %. ☐ **c.** 4 %. ☐ **d.** 5 %.
(Voir Fiche 29, *La politique de la recherche*)

⓱ Quel code compile les textes relatifs au droit des étrangers depuis 2005 en France ?

☐ **a.** La CNDA.
☐ **b.** L'OFPRA.
☐ **c.** Le CESEDA.
☐ **d.** DUBLIN.
(Voir Fiche 13, *Les politiques migratoires*)

⓲ Quelle a été la position de la France vis-à-vis de la clause dérogatoire du cadre général budgétaire face à la crise de la Covid-19 au sein de l'UE ?

☐ **a.** Elle l'a soutenue.
☐ **b.** Elle s'y est opposée.
☐ **c.** Elle est restée neutre.
☐ **d.** Elle a refusé de la présenter.
(Voir Fiche 22, *La politique étrangère de la France*)

⓳ En 2020, combien d'établissements sont labellisés par l'AEFE ?

☐ **a.** 535.
☐ **b.** 585.
☐ **c.** 635.
☐ **d.** 685.

(Voir Fiche 23, *Le rayonnement de la France à l'étranger*)

⓴ Que signifie l'acronyme NOTRe, du nom de la loi votée en 2015 ?

☐ **a.** Nouvelle organisation des transports écologiques.
☐ **b.** Nouvelle organisation territoriale des régions.
☐ **c.** Nouvelle organisation territoriale de la république.
☐ **d.** Nouvelle organisation des transports éthiques.

(Voir Fiche 5, *La décentralisation et son bilan*)

Corrigé du QCM d'autoévaluation

1. a. ; **2.** c. ; **3.** a. ; **4.** a. ; **5.** c. ; **6.** c. et d. ; **7.** b. ; **8.** a. ; **9.** a., b. et d. ; **10.** a., b. et c. ; **11.** b. ; **12.** b. ; **13.** a. ; **14.** b. ; **15.** a. et b. ; **16.** b. ; **17.** c. ; **18.** a. ; **19.** a. ; **20.** c.

Analyse des résultats

Résultats	Vous avez entre 0 et 7/20	Vous avez entre 8 et 11/20	Vous avez entre 12 et 16/20	Vous avez 17/20 ou plus
Analyses et conseils	Vos révisions ont été insuffisantes et vous n'avez pas bien exploité le manuel ou vous n'avez pas bien effectué le travail de mémorisation. Nous vous conseillons de faire des fiches pour résumer les principaux éléments, puis de prendre du temps pour bien retenir les différentes notions.	Les résultats sont un peu justes, mais il semble y avoir du progrès, du moins sur certaines parties des fiches. L'objectif est de revoir les fiches sur lesquelles vous n'avez pas su correctement répondre, pour compléter vos connaissances.	Vos connaissances sont désormais plus solides. Cela dit, il reste encore quelques points à revoir. Une relecture de l'ouvrage serait à coup sûr profitable pour mémoriser ce qu'il reste à savoir.	Bravo ! Vous avez atteint un très bon niveau de connaissances. Cela dit, il pourrait être intéressant de relire le manuel, afin de consolider ces connaissances et de mettre encore plus en relation tout ce que vous avez appris.

Conclusion

1. Des politiques publiques à la croisée des chemins

On a longtemps parlé d'un modèle français des politiques publiques. Il était fondé sur « *la concentration de l'expertise technique légitime au sein de l'État, le contrôle de l'agenda politique par l'élite politico-administrative, le rôle moteur de l'administration dans le développement économique et la fragmentation des systèmes de représentation dans une logique sectorielle* », affirme le directeur de recherche Pierre Muller dans son ouvrage *Les politiques publiques.*

Cette vision a incontestablement eu des effets positifs. Elle a permis à la France de combler son retard au cours de la seconde moitié du XXe siècle et a été un vecteur de cohérence de l'action publique. Pourtant, plusieurs facteurs remettent en cause la centralité de l'État dans la définition et la mise en œuvre des politiques publiques. À l'échelle mondiale, l'inscription dans la globalisation fait émerger de nouveaux acteurs et entraîne de nouvelles hiérarchies, recomposant les modalités de la puissance. À l'échelle régionale, la construction européenne pousse à une logique plus décentralisée, tandis que les peuples aspirent de plus en plus à participer à la prise de la décision. L'échelon étatique, comme seul responsable des politiques publiques, est donc remis en question.

Parallèlement, on se rend compte que la sectorisation des politiques publiques n'est plus une solution, compte tenu du fait que nombre de problèmes sont transversaux et doivent être gérés en tant que tels. La lutte contre le réchauffement climatique, la lutte contre la pauvreté, les questions liées à la sécurité, et quelques autres encore, relèvent désormais de plusieurs ministères et de plusieurs acteurs publics.

Elles sont enfin de plus en plus soumises à une évaluation et à l'étude de leur efficacité, ce qui conditionne en effet la reconduction possible des mandats politiques, lors des échéances électorales. Il s'agit donc, pour les élus, de montrer que leurs politiques répondent aux problèmes posés. Mais il convient aussi de faire des économies dans un contexte de difficultés budgétaires et d'abandon de certaines compétences de l'État au secteur privé.

De nouvelles formes de participation se jouent donc, où les citoyens semblent devoir être de plus en plus associés, à condition que cela ne soit pas un prétexte ou un vernis en vue de renforcer la légitimité du pouvoir. En cela, les politiques publiques participent pleinement de la réinvention de la citoyenneté au sein d'un État qui cherche à se décentraliser.

2. Pistes d'approfondissement

Pour aller plus loin dans ces réflexions, il est indispensable de se conformer à ce qui suit :

– Suivre l'actualité, qui regorge d'exemples de politiques publiques menées ou de débats dont elles sont le centre. La lecture d'un quotidien ou d'un hebdomadaire, ainsi que l'écoute de podcasts semblent ici plus que nécessaires. Ces activités vous donneront des exemples précis et vous permettront d'actualiser certains éléments extrêmement récents ou encore pris dans le processus législatif au moment où le présent ouvrage est paru.

– Consulter des sites Internet utiles pour approfondir certaines données :

- Le site *Vie publique* (https://www.vie-publique.fr/) est particulièrement bien réalisé. Thématique par thématique, il aborde les principales politiques publiques, les principales mesures prises et donne accès à nombre de rapports publics à l'origine des politiques publiques. Chaque page explique aussi où en est le processus d'adoption d'une mesure : rapport présenté au gouvernement, vote à l'Assemblée nationale et/ou au Sénat, promulgation par le président de la République, etc.
- Les sites Internet des différents ministères concernés mettent également en avant les politiques publiques adoptées ou parfois en débat. L'exemple de la page du ministère de la Cohésion des territoires le montre bien : https://www.cohesion-territoires.gouv.fr/politiques-publiques.

Il peut également être intéressant, notamment pour certains concours, de pouvoir comparer les politiques publiques françaises avec des politiques publiques mises en œuvre dans d'autres pays de l'Union européenne ou d'autres puissances comparables à la France. Pour cela, la lecture de l'actualité internationale est également recommandée.

Achevé d'imprimer en août 2021
sur les presses de la SEPEC (France)
Numéro d'impression : 09467210730
Numéro d'éditeur : MAGSI20190953
Dépôt légal : août 2021

IMPRIM'VERT®

PEFC 10-31-1470 / Certifié PEFC / Ce produit est issu de forêts gérées durablement et de sources contrôlées. / pefc-france.org